KB150124

 GC 녹십자웰빙

인천광역시교육청

SAMSUNG

kr Clean & Green

대한민국 국방부
Ministry of National Defense

롯데정보통신

서울특별시립
장애인생산품판매시설

TELSTAR
_HOMMEL

KAIST 한국과학기술원
Korea Advanced Institute of
Science and Technology

강남대학교
KANGNAM UNIVERSITY

경상북도
GYEONGSANGBUK-DO

나우코스

농촌진흥청

대전광역시 서구
SEO-GU DAEJEON DISTRICT

검찰
PROSECUTION SERVICE

ETRI
한국전자통신연구원

삼육대학교
SAHMYOOK UNIVERSITY

서강대학교
SOGANG UNIVERSITY

SEMES

주식회사 에스에이치엘

WELCRON
웰크론

JEI 재능교육

전주대학교

CROWN

충남대학교
CHUNGNAM NATIONAL UNIVERSITY

대한민국해군
REPUBLIC OF KOREA NAVY

Huons

KDB산업은행

KARI 한국항공우주연구원
KOREA AEROSPACE RESEARCH INSTITUTE

한화건설

  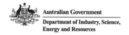

씽크와이즈가 학교를 만났을 때

씽크와이즈가
학교를 만났을 때

강수정, 문희연, 김진경, 이소라, 이수운, 강영진
권예선, 유소연, 박인숙, 정현아, 정영미, 박혜진

북마크

마음 속 생각을
정리하여 드립니다

마인드맵이 교수-학습 방법으로 한창 인기를 얻을 때, 마인드맵을 컴퓨터로 구현하면 참 좋겠다는 생각을 한 적이 있었다. 시간이 지나 인천교육연수원 부장으로 근무할 때 한 연구사님이 1년 치 연수 계획을 수립하여 결재를 맡으러 왔다. 연구사님은 1년 동안 진행해야 할 연수 내용과 방법을 월별로 일목요연하게 한 장으로 정리하여 보여주었다. 그 자료를 보는 순간 교사 때 학생들에게 열심히 가르쳤던 마인드 맵이 떠올랐다.

너무도 기쁘고 신기해서 이 자료 어떻게 만들었는지 연구사님께 물었더니 그는 싱긋 웃으며 한번 배워볼 의향이 있느냐고 나에게 물었다. 당연히 그렇다고 대답하고 연구사님이 일러주는 대로 따라하기를 10분이 지났을까 어느 정도 방법을 익힐 수 있게 되었다. 나는 곧바로 하나의 주제를 중간에 써 놓고 그 주제에 대해 떠오르는 생각을 단어로 적어나갔다. 단어로 이루어진 생각의 가지들이 만들어지고 가지에서 연관된 또 다른 가지를 만들 수 있었다. 이 신기한 도구의 이름이 무엇이냐고 물었더니 '씽크와이즈'라고 했다. 이 기막힌 작품을 왜 이제야 알려주었냐는 나의 말에 연구사는 다시 한번 웃는다. 그리고 써본 사람이 너무 좋아서 혼자만 쓰기 때문에 보급이 어렵다고 했다.

정말 나도 그러고 싶은 마음이 들었다. 흥분한 마음을 가라앉히고 생각했다. 나는 연수부장이니 그 역할에 충실해야 한다. 고민하던 끝에 연구사님들에게 우리가 같이 써보는 시간을 가지는 것이 어떠냐고 의견을 물었고 강사를 불러 자체 연수를 실시했다. 강사는 간단한 도구 익히기를 끝낸 다음 우리에게 과제를 주었다. 교원연수부 제주도 연수계획 수립하기였다. 여기저기서 좌판 두드리는 소리가 들렸다. 순식간에 교통편, 먹거리, 볼거리, 숙박 장소 등이 한눈에 펼쳐졌다. 좀 더 설명이 필요한 부분은 인터넷 주소를 첨부하고, 멋진 그림을 붙여넣었다. 10분도 채 안 되어 근사한 제주 2박 3일 연수계획이 마련되었다. 협업의 힘이 씽크와이즈라는 도구를 통해 재해석되어 나왔다.

여세를 몰아 선생님 관리자 연수를 실시하자고 하였다. 연구사님들도 찬성이었다. 늘 그렇듯 연수가 연수로 끝난다면 의미가 없었다. 그래서 연수를 하고 연수를 한 선생님이 전문학습공동체를 만들어 학생들에게 적용해보고 적용한 사례를 책으로 만들었으면 한다는 의견을 전했다. 그런데 며칠 전 박혜진 장학사님에게서 반가운 소식을 들었다. 씽크와이즈를 활용한 수업사례를 책으로 펴낸다는 소식이었다. 너무 반가웠다. 박혜진 연구사님이 연수원에 있을 때 이 연수를 주관하고, 그때 연수한 선생님들이 전문학습공동체를 만들어 학생들을 가르치고 경험했던 이야기들이 이 책에 가득 담겨 있었다. 연수가 연수로 머물지 않았다는 것에 흐뭇했다.

씽크와이즈는 생각의 물꼬를 트고 이것을 조직화하여 하나의 프로젝트로 완성해 가는 과정을 자세히 보여준다. 학교에서 과정 중심의 평가를 중시하지만 평가 도구가 마땅하지 않다. 이 도구를 활용한다면 어떻게 과제를 해결해 나갔는지 자세히 알아볼 수 있다.

우리가 하는 일들은 규모가 크거나 적거나 모두 프로젝트 활동이다. 프로젝트는 혼자 기획할 수 있지만 협업을 동반한다. 이 경우 협업의 과정을 보여줄 뿐만 아니라 협의 결과를 함께 공유할 수 있다. 토론은 말로만 하는 것이 아니라 토론의 주제에 대한 생각을 각자 써 내려가거나 상대방의 의견에 내 의견을 첨언할 수도 있다.

생각은 있으나 어떻게 생각을 정리해야 할지 모르는 경우, 생각의 실마리를 찾지 못해 어려움을 겪는 경우, 새로운 학습 방법에 도전하고 싶을 경우, 체계적인 업무를 하고 싶은 경우, 자신이 생각하는 프로젝트를 완성하고 싶은 경우, 심지어 나의 버킷리스트를 작성하고 싶은 경우, 여행 계획을 세우고 싶은 경우 등 이 책은 이 무궁무진한 방법을 혹은 업무 방법을 씽크와이즈를 통해 어떻게 실현했는지 말해주고 있다. 마음속의 생각을 정리하여 무엇인가를 하고 싶은 분들께 이 책을 권하고 싶다.

인천동아시아국제교육원 원장 유충열

4차 산업혁명과 메타버스 시대가 요구하는 디지털역량 교육을 실천하다

모든 것의 디지털화(Digital Transformation)를 추구하는 4차 산업혁명과 새로운 디지털 세상을 암시하는 메타버스(Meta Universe)시대는 갈수록 인간의 디지털 역량을 요구한다. "매년 전 세계가 만들어 내는 새로운 정보의 양은 인류가 2000년간 축적한 것에 맞먹는다."라고 구글 창업자가 말한 것처럼, 디지털이라는 단어는 우리 삶의 일부가 되어있다.

원천기술의 연구개발보다는 일본, 미국, 독일 등으로부터 선진기술을 가져와 결과물을 분해, 분석, 복제, 양산을 통해 지난 50년간 성장하면서, 우리는 어느 날 선진국의 입지에 들어섰다. 이제 중국과 베트남이 그러한 전략으로 따라오니, 우리는 더이상 물러설 곳도 없고, 진정한 선진국으로의 내적인 변화를 해야 하는 상황에 들어서 있다. 언제나 그랬듯이 변화의 시작점은 교육에 있다. 그동안 발전의 최대 원동력이 교육이었듯이 미래에 대한 기대 역시 교육에 둘 수밖에 없다.

"지금까지 살아온 자가 앞으로 살아갈 자를 미리 가르치고 훈련시키는 것"을 교육이라고 정의한다면, 4차 산업혁명과 메타버스로 대변되는 거대한 패러다임 변화에 대해 우리 교육이 좀 더 전문적이며 선제적인 변화를 시도하여야 한다. 그런 면에서 2021년 인천시 전문적학습공동체 교사들의 다양한 활용사례는 교육 패러다임의 변화를 위한 의미심장한 결실이라고 할 수 있다.

본 활용사례집은 디지털 정보와 디지털 도구를 사용하여 생각하고, 소통하고, 관리하고, 학습하는 모든 과정에 대한 선생님들의 진정성 넘치는 경험이 알차게 기록되어 있다. 본 활용사례집은 4차 산업혁명과 메타버스가 요구하는 미래 디지털역량 교육을 우리나라의 교사들이 얼마나 유연하고 빠르게 대처하고 발전시킬 수 있는지를 보여주는 대한민국 교육의 내재적 품질수준의 단면이다. Study 중심에서 Learn 중심으로, 성적보다 역량중심으로, Teaching에서 Coaching 중심으로, Task에서 Project 중심으로, 오프라인에서 온라인 중심으로의 변화…. 팬데믹을 비롯한 여러 가지 중요한 패러다임 변화를 이렇게 짧은 기간에 디지털 마인드맵을 활용하여 다양하게 성공적으로 시도한 사례는 세계적으로도 드물다. 우리 교사들은 역시 훌륭하다. 그리고 겸손하다.

1993년 "정리되지 않는 생각을 정리하는 것을 도와주는 소프트웨어는 왜 없을까?"라는 단순한 생각에서 시작하여 씽크와이즈를 개발하였다. 2000년 세계 최초 "맵을 워드로 자동변환", 2010년 "마인드맵 기반 팀단위 협업" 등을 개발하며 해외시장에 100만 개 이상을 수출해왔다. 상상이 믿음을 낳고, 믿음이 언젠가 현실이 된다는 그 누군가의 말처럼 항상 마음속으로 바라왔던 우리 교육현장에서의 활용, 이제 그 믿음과 꿈이 현실이 되어가고 있음에 수고하신 모든 선생님들에게 고개 숙여 감사드립니다.

(주)심테크시스템 대표 정영교

우리들의 첫 마음을
보통의 기록에 담아 보냅니다

처음, 시작이라는 말은 두렵지만 두근거림과 설렘을 동시에 줍니다. 이 책이 시작된 그 처음을 떠올려 봅니다. 2020년 12월에 인천의 중학교, 고등학교 선생님들이 「디지털 맵 활용 연수」라는 이름으로 모였습니다. 생소한 '씽크와이즈'라는 도구를 접하며 온라인으로 꽤 많은 시간을 배우고 또배웠습니다. 낯설기도 하고 어렵기도 한 씽크와이즈를 대하는 각자의 마음과 시작은 다 달랐습니다. "다양한 원격수업 도구를 배워서 뭐라도 해 보자.", "디지털 맵이 뭐지?", "이번 방학을 의미 있게 보내자." 등등 우리들의 처음은 다른 이유와 다른 목적과 가벼운 동기로 시작되었습니다.

연수를 통해 다양한 씽크와이즈 사용자들을 만난 선생님들의 가장 큰 반응은 "우아~"였던 것으로 기억합니다. 씽크와이즈를 통한 기록과 정리를 직접 해낸 분과 실질적인 업무에 활용하는 분과 자기주도학습을 실천하고 있는 학생까지 성별, 나이, 직업, 환경이 다른 다양한 분들의 사례는그야말로 선생님들의 마음에 아주 빠르게 들어차고 말았습니다. '어떻게 해야 하는지 구체적인방법은 잘 모르겠는데 나도 배워서 해 보고 싶은 것이 있다.'라는 조금은 비슷하고 같은 마음으로오프라인에서 한 번도 만나지 못한 사람들이 동지가 되기 시작했습니다. 연수 시간은 정해져 있는데 배우다 보니 묻고 싶은 것도 많고, 잘하고 있는지 점검도 받아 보고 싶고, 다른 사람들은 어떻게 하고 있는지 궁금해지기 시작했습니다.

그러다가 급기야는 연수 시간으로 인정되지도 않는 남은 시간을 자유로운 Q&A 자투리 연수로만들었습니다. 연수로 만들었다기보다는 '그냥 시간 되시는 분들은 들어와서 함께 나눠 보자.'라는 가벼운 제안이었습니다. 그런데 시간을 쪼개서 Q&A 시간에도 많이들 참여하여 묻고 답하고배우며, 그 시간들을 기록한 영상을 돌려보며 진짜 공부를 시작하였습니다. 그 진짜 공부는 연수가 끝난 후에도 전문적학습공동체로 이어져 각자 만든 맵을 소개하고 공유하며 다양한 씽크와이즈 사용자들 앞에서 발표하는 자리까지 만들었습니다. 그리고 이 모든 과정을 담아 각자의 아주보통의 기록들을 모아서 또 누군가 이런 보통의 경험이 필요한 사람들에게 이야기하고 싶다고 생각하게 되었습니다.

이 책은 이런 이야기를 조심스럽게 그러나 정성껏 담아낸 책입니다. 저는 우연히 알게 된 씽크와이즈를 더 배우고 싶어서 연수로 만들고, 연수 운영자가 아닌 수강생이 되어서 함께 배웠습니다. 심테크의 이영선 부장님은 강의로 정해진 시간 외에 사적인 시간을 들여 우리의 수많은 질문 속에서 명쾌한 답과 무한한 칭찬을 해서 우리가 여기까지 올 수 있게 도와준 일등 공신입니다.

중학교부터 고등학교까지 가르치는 교과도, 학년도, 상황도 다른 여러 선생님들은 이 책의 가장 빛나는 주인공이고요. 무한한 지지와 격려를 아끼지 않으신 심테크 정영교 대표님, 모임을 만들어서 계속 성장해나갔으면 좋겠다고 제안해 주신 인천동아시아국제교육원 유충열 원장님은 변함없이 저희들의 행보를 따뜻하게 바라봐주셨습니다. 그리고 거친 글과 투박한 표현을 멋진 책자로 완성해준 북마크 식구들 덕분에 우리들의 작은 이야기가 책 한 권으로 나올 수 있었습니다. 또한 보이지 않는 곳에서 이 책의 교정과 검토를 도맡아 하신 분들에게도 이렇게라도 마음을 표현해 보고 싶습니다. 이 자리를 빌려 이 책의 시작부터 끝까지 함께해주신 모든 분에게 깊은 감사 인사를 보내드립니다. 마지막으로 이 책을 읽어주실 분들에게도요.

이 책 속에 있는 수많은 시행착오와 화려하지 않은 기록들도 책을 읽는 분에게 의미 있게 다가갈 수 있을까요? 그렇게 되기를 간절히 바라 봅니다. 기능 하나도 정성껏 배우려고 했던 마음, 배운 기능을 활용하여 학생들과 함께 수업했던 경험들, 다른 사람에게 내 업무를 잘 전달해보고 싶었던 야무진 욕심, 내 취미를 일목요연하게 정리하고 싶었던 시도 등은 저마다의 이유로 값진 기록으로 기억되었으면 좋겠습니다.

2022년, 이 책이 저희에게는 가장 큰 선물이 될 것 같습니다. 다시 한번 감사드립니다.

인천광역시교육청 중등교육과 장학사 박혜진

CONTENTS

선물 같은 너,
씽크와이즈~!!

강수정(강서중학교, 교육연구부장)

선물 같은 너,
씽크와이즈~!!

내가 처음 씽크와이즈를 만난 것은 2017년 연수를 통해서였다. 당시 내가 속한 학교는 자유학기제 연구학교였고, 그중 하나의 사업이 '샘플래너'라는 도구를 활용한 학생들의 학습능력 및 사고능력 향상이었다. 이 '샘플래너'는 '씽크와이즈'와 같은 프로그램이다. 자유학기제에 사용하면서 그런 명칭을 붙인 것이었다.

당시에는 내가 그 사업의 담당자도 아니었고 다른 일로 바빠 관심을 갖지 못했다. 그냥 쓱 지나가면서 보기에도 참 효율적인 프로그램인 것 같았지만 컴퓨터가 항상 있어야 하고 시간을 따로 내서 작업해야 하니 애들이 하기 싫을 수도 있겠다는 느낌이었다. 사용을 일반화하기는 어렵겠다는 생각이었다.

그렇게 조용히 그 프로그램을 잊어가던 때에 내게 분배된 많은 공문 중에서 「디지털 맵… 직무연수」라는 제목이 눈에 들어왔다. 씽크와이즈와 정식으로 만나는 계기였다. 이쯤에서 조금은 부끄러운 나의 모습을 소개하자면, 나는 기본적으로 '정리가 되지 않는 여자'이다. 교사로서 아이들을 가르치는 것 외에도 하루하루 내게 부여된 업무를 처리하다 보면 1년만 지나도 어마어마한 업무기록이 쌓이는데, 이것들을 제대로 정리하지 못해 매년 새롭게 시작하는 기분으로 살아가는 사람이다. 물론 자료를 버리는 것은 아니기 때문에 작년의 자료를 찾아서 활용하기도 하지만 찾지 못해 쓰지 못하는 자료들도 많다 보니 분명히 어딘가에 있는데 '있어도 못 써먹는' 현실에 종종 분노가 치밀어 오른다. 스스로 실망도 하고, 나는 왜 이럴까 자책도 한다.

그러던 차에 '씽크와이즈'를 다시 만나보니 사막에서 간절한 생수를 발견한 기분이었다. 처음 만났을 때와 달라진 것이 없는데 내 눈에만 달라 보이는 마법 같은 매력들이 퐁퐁퐁 샘솟듯이 보였다. 본래 사람은 자기가 절실하게 필요할 때 그 가치를 알아보는 것이다. 첫 만남부터 시작해서 '씽크와이즈'의 진가를 확인하고 사용하기까지 5년이라는 시간을 흘려보냈다니 참으로 스스로가 원망스러울 뿐이다.

1. 수업편

(1) 중2 역사 수업 준비하기

지난 1월에 있었던 '디지털 맵 활용' 연수는 내게 많은 것을 일깨워줬고, 많은 방법을 알게 해주었다. 사실 작년에 처음 맡아서 어리숙하게 진행했던 연구부장의 업무를 속성으로 정리하고자 하는 것이 첫 목표였는데, 연수를 진행하는 과정에서 더 급한 불을 꺼야겠다는 생각이 들면서 목표가 수정되었다. 씽크와이즈는 다른 과목들보다 조금 늦게 2015 교육과정이 적용되는 중2 역사수업 준비라는 불을 끄기에 안성맞춤인 소화기였다. 교직 경력 20년이 훌쩍 넘어가는 시점에서 이토록 알찬 연구를, 이토록 짧은 시간 동안에 해냈다는 것에 큰 희열을 느낀다.

2015 교육과정이 새롭게 적용된 중학교 2학년 역사

중학교의 사회 과목은 다른 과목과 달리 매우 다양한 학문 분야가 뒤섞여 있다. 이 때문에 학부에서 일반사회, 지리, 역사로 각각 자신의 전문 분야를 공부했던 사회 교사들은 몇 학년을 가르치느냐에 따라 준비해야 하는 내용이 달라진다. 그나마 큰 도시의 학교는 교사의 수가 많아 전공이 보장되기도 하고, 역사 과목의 경우에는 높은 수준의 전문성이 요구되기에 다른 사회 전공자가 가르칠 일이 거의 없다.

내가 근무하는 전교생 35명에 각 학년당 1개 학급만으로 구성된 소규모 학교에서는, 모든 학년의 모든 과목을 가르쳐야 한다. 참고로 나의 전공 분야는 일반사회, 즉 정치-경제 분야이고 난 나의 전공 분야를 너무나 사랑한 나머지 지리나 역사 등의 다른 전공 분야는 개론이라도 들어보려 한적이 없는 미련하고 시야가 좁은 사람이다.

물론 오랜 경험에서 오는 노하우가 있다고는 하나 어쩔 수 없이 잘 모르는 분야를 가르쳐야 할 때도 있다. 올해가 나에게 그런 해이다. 다른 과목들은 진작 2015 교육과정이 적용되면서 안정적으로 정착되어 있다. 하지만 역사 과목은 역사 왜곡 논란으로 올해 중2가 되는 학생부터 2015 교육과정의 적용을 받아 순수하게 '세계사'와 '한국사'를 구분하여 배우게 된다.

나의 경우에는 교직 경력 6년째 되던 해에 나의 의사와 상관없이 울며 겨자 먹기로 일 년 동안 한국사와 세계사를 가르쳤던 적이 있기에 아주 처음이라고는 할 수 없지만, 딱 일 년뿐이었던 경험을 기반으로 새롭게 수업 준비를 하는 것은 여간 부담스러운 일이 아니었다. 내가 학창 시절 제일 싫어했던 과목이 국사와 세계사였다는 사실은 덤이다. 이런 상황에서 씽크와이즈와의 재회는 가뭄에 단비처럼 감사한 것이었다. 나는 자연스럽게 씽크와이즈를 이용하여 1) 교육과정 분석 (성취기준과 수준 분석), 2) 교수-학습 과정 및 내용, 3) 평가계획, 4) 생활기록부 세특 작성이라는 기나긴 여정을 시작하였다.

가. 세계사 맥락 잡기(교과서 내용 정리)

일단 무작정 씽크와이즈를 실행하고 제일 이쁜 가지를 선택하여 역사를 최상위 주제로 하는 마인드맵을 그렸다.

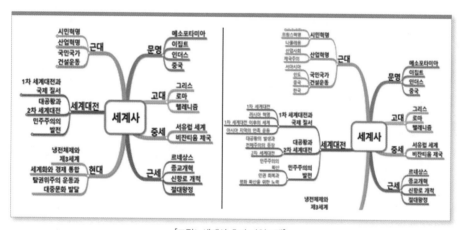

[그림1. 세계사 초기 마인드맵]

이렇게 알록달록 이쁘게 가지를 그려놓고 보니 마치 다 된 듯한 만족감과 성취감이 가득 들어차기 시작했다. 이제 다음 단계는 각 단원을 구성하고 있는 하위 주제들을 정리할 차례이다. 여기서부터는 공부를 해야 해서 시간이 조금 걸렸지만, 교과서의 내용을 한 번 읽으면서 핵심 주제와 그 주제에서 반드시 알아야 하는 키워드를 중심으로 가지를 만들어 내려갔다.

이 작업 과정에서 느낀 씽크와이즈의 강점!! 머릿속에 있는 것을 혹은 주제와 관련된 모든 것을 다 쏟아놓을 수 있다는 것이다. 일단 다 쏟아놓고 유목화하는 작업이 매우 수월했다. 시민혁명 중 미국 혁명에 관련된 키워드를 먼저 생각나는 대로 쏟아놓고 그다음 '원인, 과정, 결과, 의의'로 유목화하여 다시 정렬하는데 1분도 안 걸린 듯한 기분이었다.

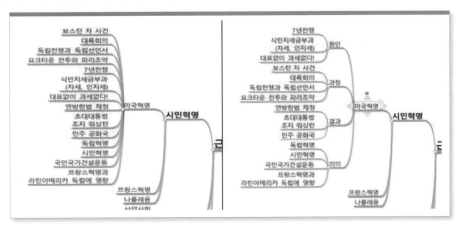

[그림2. 키워드 유목화하기]

나. 수업 차시 및 세부 내용 정리하기

도형을 이용하여 주제를 눈에 띄게 표시해주고, 테두리 기능을 이용하여 1차시 분량끼리 하나로 묶어서 전체 수업에 소요되는 차시를 한눈에 파악할 수 있도록 정리해주었다. [그림3]의 맵

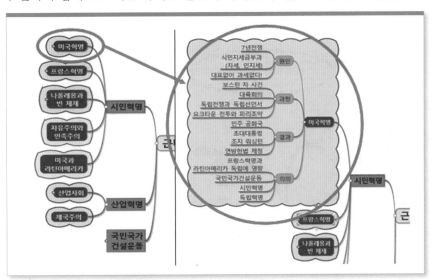

[그림3. 차시별 테두리 및 1차시 수업내용]

을 보면 시민혁명을 다루는 중단원은 하나의 테두리 안에 1차시 분량의 수업내용을 묶어서 구성하였기 때문에 시민혁명 단원의 수업을 하는데 총 5차시의 시간이 필요하다는 것을 한눈에 알 수 있다. 수업을 진행하는 교사의 입장에서 정기고사를 보기 전에 마무리해야 하는 수업의 분량과 필요한 차시를 일일이 계산할 필요 없이 한눈에 볼 수 있도록 정리된다는 것이 얼마나 감사하던지!

오른쪽의 커다란 글상자는 미국 혁명에 관련된 키워드를 원인과 과정, 결과, 의의를 기준으로 유목화하여 1차시 분량의 수업내용을 정리한 것이다.

씽크와이즈 하나만 있으면 한 교과의 1년 동안의 수업내용을 시작으로 매 차시별 수업내용까지 거시적 정리에서 미시적 정리를 총망라할 수 있다. 이렇게 신날 수가 있을까! 재회한 씽크와이즈의 매력에 풍덩 빠질 수밖에 없는 이유다.

다. 학습자료 링크하기

이제 씽크와이즈 맵 하나만 있으면 실제 수업도 가능하도록 실질적인 학습자료를 맵과 연결하는 작업을 할 차례다. 각 학습주제 도형을 클릭하고 하이퍼링크를 연결하면 그 주제 혹은 단원과 관련된 학습자료를 PPT부터 한글 학습지, 엑셀, 그림까지 모든 자료를 링크할 수 있다. 간단한 것들은 첨부해도 되지만 그렇게 되면 맵이 좀 무거워지고 느려질 수 있어서 용량이 큰 외장하드에 자료를 담고 맵에 링크를 걸면 그림처럼 필요할 때 원하는 학습자료를 꺼내서 사용할 수 있다.

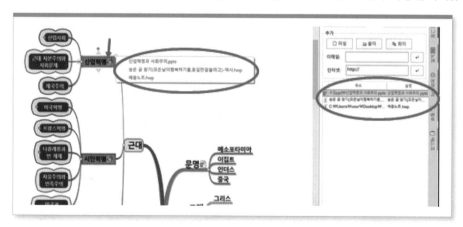

[그림4. 주제별 학습자료 링크하기]

일단 이 정도면 수업하는 데 불편함이 없다.

(2) 학습내용과 바로 연계하는 평가하기

학습내용과 평가는 항상 함께 가야 하는 것이 맞다. 학생들이 수업 시간에 도달해야 하는 목표지점에 도달하였는지, 학습 활동에 얼마나 열심히 참여하여 배움을 얻어냈는지, 학습내용을 얼마나 잘 기억하고 있는지 여부를 체크하기 위해 평가는 필수적이고, 평가의 내용은 반드시 차시별 학습내용을 담고 있는 것이 당연하다.

그런데 본시 학습내용은 교사에 의해 구조화되어 전달되기 때문에 교과서에 있는 모든 내용이 다 포함되기 어렵고, 특히 더 중점을 두어 강조되는 것이 조금씩 다를 수 있다. 나의 경우에도 작년과 동일한 학년에 동일한 교과서로 수업을 하지만 형성평가나 수행평가의 내용과 유형이 매년 달라진다. 수업을 마치고 나면 항상 부족했던 부분과 넘쳤다고 생각되는 부분을 피드백하고 수정하게 되는데 그에 따라 다음 수업의 내용이 조금씩 다르게 구조화되기 때문이다.

그러다 보니 형성평가 문항을 만들 때 가끔 수업시간에 다루지 않은 것들이 포함되는 경우가 있어서 아이들에게서 "선생님! 이거 안 배웠는데요."라는 볼멘소리를 듣게 되는 경우가 있다. 물론 중간고사나 기말고사와 같은 정기고사에서 이런 일이 생기면 큰일이 난다. 교육과정 - 수업·평가 - 기록의 일체화가 강조되는 요즘에는 수업내용과 형성평가의 내용을 연계하는 것은 특히나 중요하다. 씽크와이즈는 수업과 평가를 연계하는 데에도 큰 효율을 가지고 있다.

학습내용과 연계하는 평가계획 맵

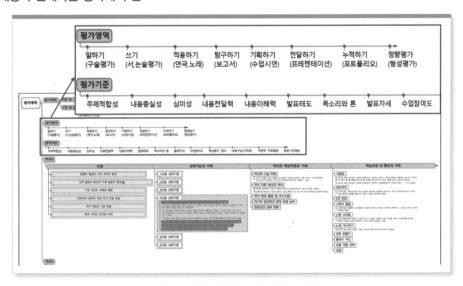

[그림5. 평가계획 맵 만들기-평가영역과 기준]

평가계획을 담고 있는 맵을 하나 따로 만들고 1) 평가영역과 평가기준을 생각나는 대로 쭉~ 써보았다. 올해 안 하더라도 단원의 내용을 수업하면서 적용하기 좋은 아이디어가 퐁퐁 솟아날 수 있으니까.

교과의 단원을 나누어 그 옆에 2) 각 단원에 해당하는 성취기준과 핵심역량/학습내용에 따른 활동도 각각의 가지를 만들어 넣었다. 학생부 기록을 수월하게 하기 위한 장치이다.

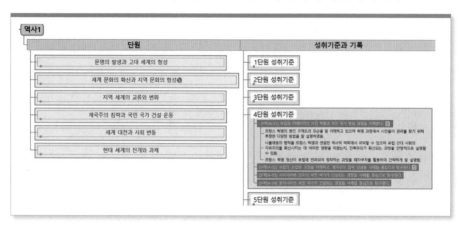

[그림6. 평가계획 맵 만들기–단원과 성취기준]

교수학습내용을 정리한 3) 교과 맵에 평가계획 맵을 말풍선 기능으로 연결해 주었다. 학습내용과 관련된 평가에 대한 아이디어가 머리를 스칠 때마다 클릭 한 번으로 평가 맵에 도착하기 위해서다.

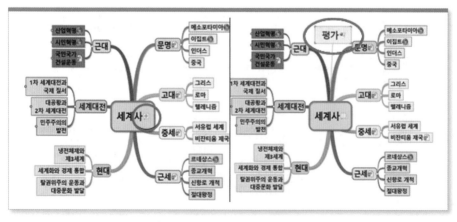

[그림7. 교과 맵과 평가 맵 연결하기]

해당하는 성취기준에 4) 노트 기능을 이용해 문제를 입력하거나 기록을 해두었다. 이렇게 수업할 때마다 평가할 내용을 기록해 놓으면 나중에 정기고사 문항을 출제할 때 매우 좋은 소스가 될 수 있다. 노트에 정리되어 있는 짤막한 문제들은 내가 학생들에게 수업할 때 강조해서 가르쳤던 내용일 테니 수업과 연계된 평가를 하기에 매우 적당한 문항이다.

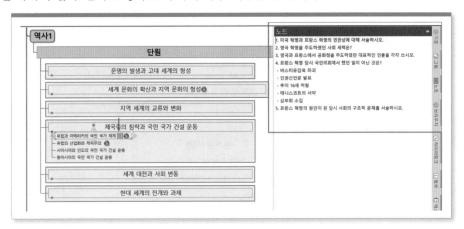

[그림8. 노트 기능으로 평가문항 관리하기]

그뿐만 아니라 맵의 제일 위쪽 가지에 5) 평가의 유형과 문항 출제유형, 그리고 문항의 각종 양식을 링크해두면 문제를 출제할 때마다 양식을 다운받아야 하는 수고를 덜 수 있다. 또한 수행평가 영역도 명료하게 정리해두고 각 평가유형에 해당하는 양식을 링크해두었다.

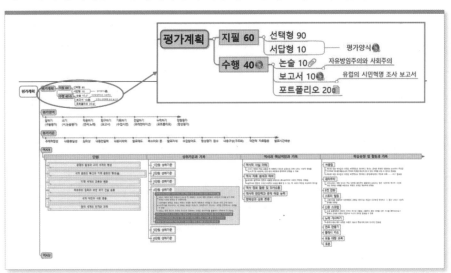

[그림9. 평가계획 맵 만들기-평가유형과 양식 정리하기]

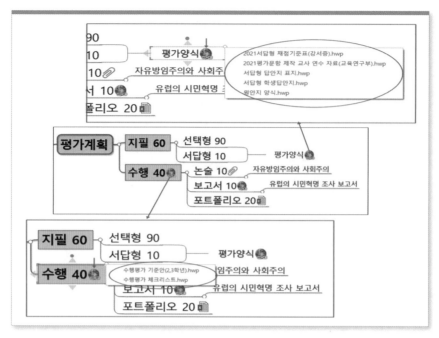

[그림10. 평가양식 링크하기]

그리고 이제 5) 수행평가를 어떤 단원에서 실시할 것인지 단원과 수행평가 영역, 평가지 양식 등을 링크하였다. 아이들에게 수행평가에 대해 안내할 때에도 이 파일을 화면에 띄우고 단원을 기반으로 설명하면 아이들이 평가의 시기와 내용을 이해하기가 쉬워 수행평가 안내 미비에 대한

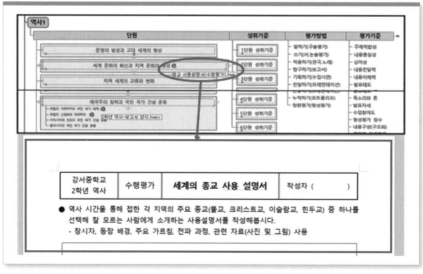

[그림11. 평가 단원 및 평가지 링크하기]

징징거림은 듣지 않아도 된다. 자기들끼리 "야! 지난번에 선생님이 다 보여주면서 말씀해주셨잖아!"라고 못 들었다는 아이에게 핀잔을 주는 풍경이 벌어지고 나는 짐짓 여유롭게 그럴 수도 있으니 너무 비난하지 말라고 달래는 역할을 하게 된다.

이렇게 준비하는 과정 자체가 시간이 너무 오래 걸리지 않느냐는 말을 하는데 전혀 그렇지 않다. 평가유형이나 영역, 방법 등과 같은 계획은 이미 3월이 시작되기 전에 다 세워져 있고 교육과정 계획서에 포함되는 것들이라 씽크와이즈에 정리하기 위해 따로 문서를 만들 필요는 없다. 내가 지금까지 학습활동이나 평가를 위해 씽크와이즈로 한 일은 그저 전체 내용을 정리해서 마인드맵으로 구조화하고, 그 체계 안에 기존에 가지고 있던 자료를 링크하고 첨부해서 하나로 엮어놓았을 뿐이다. 결코 많은 시간이 걸리지는 않는다.

(3) 학교생활기록부 세특 작성하기

이제 평가를 했으니 기록을 해야 한다. 생활기록부에 아이들의 활동 내용과 성취 정도, 목표 도달 여부를 정리해서 입력한다. 특색있는 아이들만 입력하면 되지만 우리 학교는 학생이 너무 적어서 되도록 다 적어주었다. 몇 명 안 되는데 누구는 써주고, 누구는 한 마디도 안 써주면 괜스레 미안해지니까….

아이들이 도달해야 하는 성취기준은 모두 똑같으므로 그 하위에 구분된 성취수준에 따라 아이들을 평가하고 기록한다. 교사는 기본적으로 교육과정에서 목표로 하는 성취기준을 만족하기 위한 학습목표를 세워야 하고, 그 목표에 도달하기 위한 학습활동 계획을 세운다. 학교생활기록부에 입력되는 과목세특은 이 모두를 담고 있어야 한다.

성취기준과 학습목표, 그리고 학생이 학습목표에 도달했는지 여부, 목표에 도달하기 위한 학습활동은 무엇이었으며 그 활동에 학생이 어떻게 임하였는지를 세특에 친절하게 써주면 되는데 학기 말이 되어서 이것을 한꺼번에 기록하려고 하면 여간 힘든 것이 아니다. 한 학기 동안 해온 학습활동이 기억도 잘 나지 않거니와 학생 개개인의 학습활동의 특성을 다 일일이 구분하고 다르게 서술하는 것은 매우 높은 수준의 언어적 창의성이 필요하기 때문이다. 이걸 해결하고 싶은 욕구에 씽크와이즈를 이용해 교육과정 성취목표와 교과 핵심역량, 학습활동, 평가결과를 총망라한 학교생활기록부 교과세특 입력 방법을 좀 찾아보았다.

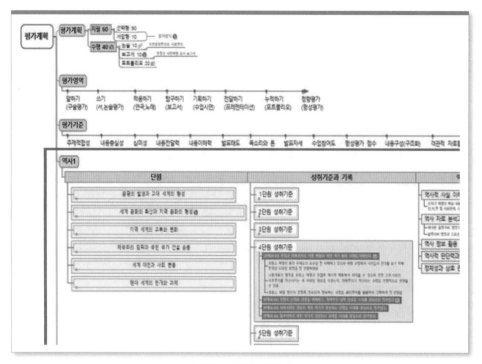

[그림12. 교과세특 기록하기]

가. 성취기준 분석하여 학생 활동에 적용하기

일단 교과세특은 학생의 활동을 교사가 관찰하고 그 내용을 정리해서 기록하면 되는데 중요한 것은 교육과정에서 지향하는 성취목표를 달성했는지 여부가 드러나도록 써야 하고 긍정적으로 써야 한다. 이 아이가 발전할 수 있는 방향, 경쟁력이 있고 잘하는 부분을 강조해야 한다. 아이가 수업 시간에 활동한 내용을 바탕으로 서술하게 된다. 이 조건을 충족하려면 학습활동을 성취기준과 연계하여 설계하여야 한다. 성취기준을 분석하는 것은 가장 우선해야 할 일이 될 것이다. 각 성취기준을 분석하면 지식 습득에 중점을 두어야 할지, 자료를 탐구하고 정보를 읽는 활동을 해야 할지, 토론을 통해 정확한 입장을 정하고 주장하는 활동을 해야 할지, 수업의 방향이 정해지고 학생들에게 어떤 활동을 시키고 어떤 기준으로 평가할 것인지의 구체적인 방법도 정해진다. 먼저 각각의 성취기준에 따라 수업을 통해 학생들이 도달하고자 하는 목표지점이 어디인지, 어떤 활동을 통해 도달할 것이고 어느 정도 수준에서 평가할 것인지를 노트 기능을 이용해 정리하고, 그 내용을 바탕으로 예시를 기록한다.

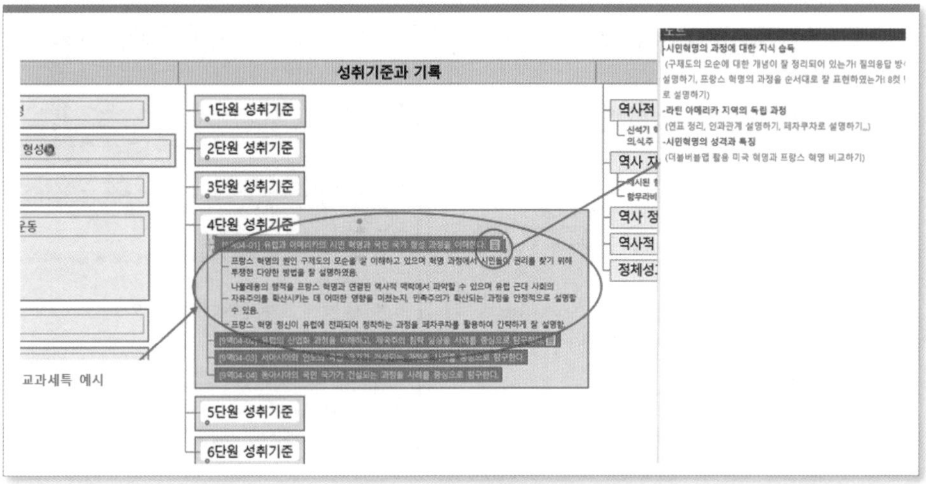

[그림13. 성취기준과 교과세특 기록 예시]

나. 역사 교과의 핵심역량 중심으로 기록하기

각 교과마다 학생들에게 키워주고자 하는 핵심역량이 있다. 역사 교과의 핵심역량은 역사적 사실을 이해하는 능력, 사료를 분석하여 해석하는 능력, 역사 정보를 획득하여 토론하고 평가하는 정보활용 및 의사소통 능력, 과거 사례에 비추어 현재의 문제를 해결하는 문제해결 능력, 역사에 대한 이해를 바탕으로 현대사회에서 요구하는 역사의식을 함양하고 상대를 존중하는 태도를 갖는 능력이다.

이 핵심역량은 모든 단원에 모조리 포함되는 것이 아니고 단원마다 중점을 두어야 하는 역량들이 대충 구분이 된다. 내용에 따라 토론이 필요한 가치의 문제가 중요한 경우도 있고, 역사적 사실을 있는 그대로 이해해야 하는 지식 습득의 문제가 중요한 경우도 있고, 주변 친구들과의 상호 작용과 협업이 중요한 경우가 각각 다르기 때문이다.

이 부분은 단원을 구분하지 않고 그냥 한곳에 정리했다. 아무래도 핵심역량을 수업내용과 연결해 기록하는 것이 가장 어려웠던 것 같다. 일단 너무 힘들었다. 아이들이 9명뿐인데 이걸 이렇게 모두 정리해야 하나? 내가 너무 오버하는 것이 아닌가 하는 생각도 했다. 씽크와이즈를 사용하면서 처음으로 힘들었다. 쓸데없는 짓을 하는 것 같다고 생각했다. 아직 많이 부족하고 빈 곳도 많지만 올해가 지나고 2년, 3년 시간이 지나면서 점점 많이 쌓여갈 자료들을 생각하니 뿌듯하다.

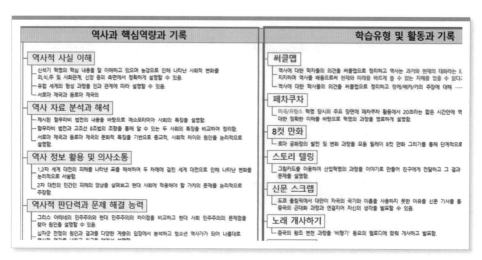

[그림14. 핵심역량, 학습활동과 교과세특 기록 예시]

다. 수업활동을 중심으로 기록하기

[그림14]의 초록색 글박스에 해당하는 부분이다. 원래는 역사수업 시간에 활용하는 활동들을 참고하려고 옆에 만들어 두었던 가지인데, 구체적인 활동과 관련된 내용을 중심으로 하는 세특 기록 예시도 있으면 좋겠다는 순간적인 생각으로 몇 자 적어두었다. 실제로 1학기 세특 기록에서는 활동을 중심으로 한 서술이 가장 유용하게 사용되었던 것 같다. 수업 시간에 활용하는 활동들은 앞으로 차차 더욱 풍성하게 채워지지 않을까?

2. 일상편

(1) 초딩 막내딸의 학습 도구

나에게 워낙 유용하게 사용된 씽크와이즈를 지금 활발하게 사고력을 키워가고 있는 나의 아이들에게 적용하고 싶은 것은 인지상정! 특히나 방대한 양의 정보를 모두 모아 깔끔하게 구조화하고 정리하는 경험을 한 이상 이 좋은 프로그램을 그냥 썩힐 수는 없었다.

우리 집에서 가장 어린, 그래서 가장 말을 잘 듣는 막내 딸내미에게 무작정 적용했다. 컴퓨터를 사용해 워드 작업을 하는 것이 아직 서툴고 낯설어서 거의 내가 도와주었지만, 자신의 활동과 작품이 컴퓨터에 쌓이는 것이 신기하고 신나는 딸내미는 머지않아 스스로 이 정리 활동을 알아서 할 것이라 믿는다. 그리고 작은 소망이 있다면 저~기 아래에 있는 딸내미의 씽크와이즈 목록에 '일기'를 넣는 것이다. 지금 꼬시는 중인데 곧 넘어오지 않을까?

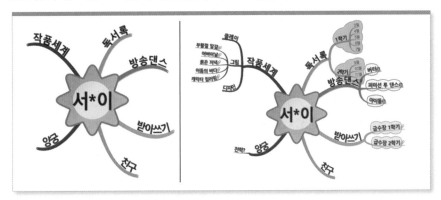

[그림15. 초등학생 막내딸의 씽크와이즈 맵]

가장 중점을 두는 부분은 작품세계 영역이다. 아무래도 자신이 직접 만들고, 그린 작품들이 아무 곳에나 산발적으로 흩어져 있지 않고 클릭하면 바로 볼 수 있도록 맵 하나에 정리한다는 사실이 좋은 것 같다. 독서록의 경우 학교에서 검사받느라 노트에 매일매일 쓰는데 그걸 다시 컴퓨터로 옮기기에는 업무가 너무 벅차신 모양이다.

딸아이의 맵에 포함되는 파일들은 되도록 링크로 걸지 않고 바로 첨부를 하도록 했다. 외장하드에 따로 저장하는 번거로움이 아무래도 어린아이에게는 귀찮게 여겨질 수 있을 것 같다. 링크가 아니라 직접 첨부를 하면 클립 모양으로 표현되고 클립 모양을 클릭하면 바로 창이 뜨면서 작품이 보인다. 방송댄스에서 배우는 동영상의 경우 유튜브 주소를 링크하고, 받아쓰기는 급수장만 첨부해서 숙제할 때 여기저기 돌아다니는 급수장을 찾아야 하는 수고로움을 덜어드렸다.

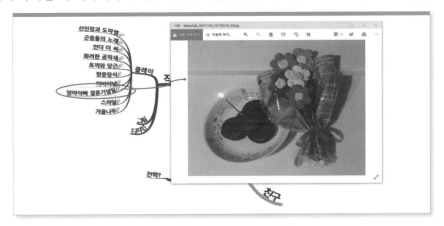

[그림16. 파일 첨부로 작품 정리하기]

(2) 중딩 둘째 아들의 시험공부

사실 아들 녀석은 우리 집안의 씽크와이즈 선구자다. 이게 무슨 말이냐면 내가 씽크와이즈를 처음 접하고 스쳐 지나간 얼마 후, 우연히 아들의 친구 엄마로부터 '생각코딩'이라는 학습 방법에 대해 듣게 되었는데 그것이 전에 자유학기제 사업 중 하나였던 '샘플래너'와 같은 프로그램이었다.

워낙 따로 돈을 들여 학원의 도움을 받는 학습을 선호하지 않는 엄마였기에 잠깐 고민을 하기도 했다. 하지만 친구들과 함께 놀고 싶은 아들의 소망과 잠깐 만났지만 인상이 나쁘지 않았던 씽크와이즈의 매력에 힘입어 친구들과 그룹을 만들어 학습을 시작하였다. 이 '생각코딩' 그룹이 우리 아들이 태권도 이외에 유일하게 사교육에 발을 들여놓은 사건이었다.

나는 공부는 스스로의 힘으로 해야 한다고 굳게 믿는 조금은 선진적일 수도, 조금은 현대 사회의 교육 현실에서 뒤처진 것일 수도 있는 생각을 하는 엄마다. 학원에서 선생님들이 짜주는 일정에 맞춰 선생님들이 주도하여 이끌어가는 학습은 장기적으로 아이를 수동적이고, 관습적으로 만들 수 있다고 생각하는 내가 아이를 친구들과 묶어서 학습 그룹을 만들었다는 것은 씽크와이즈가 가진 생각하는 능력을 키워주고, 무의식 속에 있는 지식을 끄집어내어 정리해주는 기능을 믿었다는 것이다. 그리고 나의 기대는 어긋나지 않았다. 지금 중3이 된 아들은 다년간에 걸친 씽크와이즈 경력을 자랑하며 자신의 학습 동반자로서 잘 사용하고 있다.

가. 교과서 내용 씽크와이즈로 정리하며 복습하기(학습내용 구조화)

아들은 시험공부를 할 때 안정적인 씽크와이즈를 찾는다. 본인의 노트북에 설치되어 있는 것은 무료 기간이 지난 체험판이어서 만들 수 있는 가지의 수에 한계가 있다. 무료 버전은 50개 이상의 가지를 생성하면 저장이 되지 않는다. 그래도 만족스럽단다. 지나면 지우면 된다고···.

아들은 교과서 단원의 내용을 일정한 주제를 가지고 유목화한다. 가만히 보면 시간을 많이 들여서 공부하는 것 같지도 않다. 그럼에도 불구하고 결과가 나쁘지 않은 이유는 그나마 씽크와이즈 덕분(?)이라고 생각한다.^^

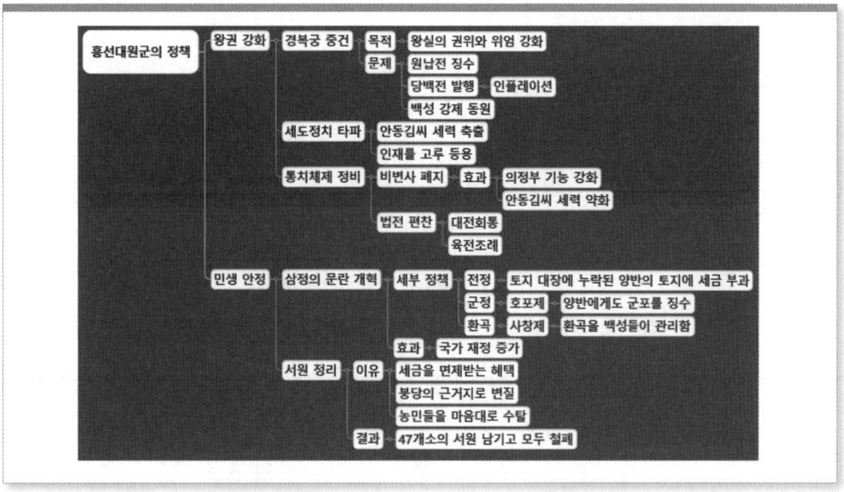

[그림17. 교과내용 씽크와이즈로 유목화하기]

나. 백지 테스트(핵심 키워드로 마인드 맵 정리)

시험공부의 대미라고 할 수 있다. 공부 잘하는 학생들이 주로 사용한다는 공부 방법 중의 하나가 백지 테스트다. 한마디로 아무것도 없는 백지 위에 자신이 공부한 교과의 내용을 써 내려가는 것이다. 나는 이 공부 방법을 학교에서 가르치는 학생들에게도 많이 강조한다. 아무것도 없는데 교과 내용을 머리에서 출력해 종이에 옮기려면 학습한 내용이 체계적으로 구조화되어 입력되지 않으면 불가능하다.

씽크와이즈는 일단 입력할 때부터 구조화되어 들어가기 때문에 그 상대로 출력하는 것이 그렇게 어렵지 않다. 그렇다고 씽크와이즈로 공부한 내용이 한 치의 오류도 없이 100% 출력되기를 기대한다는 건 지나친 맹신이자 광신이다. 안 나오는 것도 있고, 잘못된 내용이 출력되는 경우도 있다. 씽크와이즈는 이럴 때 1) 잘못된 부분을, 혹은 누락된 부분을 수월하게 수정하고 추가할 수 있는 디지털 마인드맵이다. 수정하는 것이 쉽기 때문에 일단 내가 믿는 대로 마구마구 자유롭게 끄집어내는 것이 가능하다. 종이 위에 그리는 것과는 차원이 다르다. 또 하나의 장점은 2) 구조화되지 않은 키워드들을 일단 출력한 후 유목화가 가능하다는 것이다.

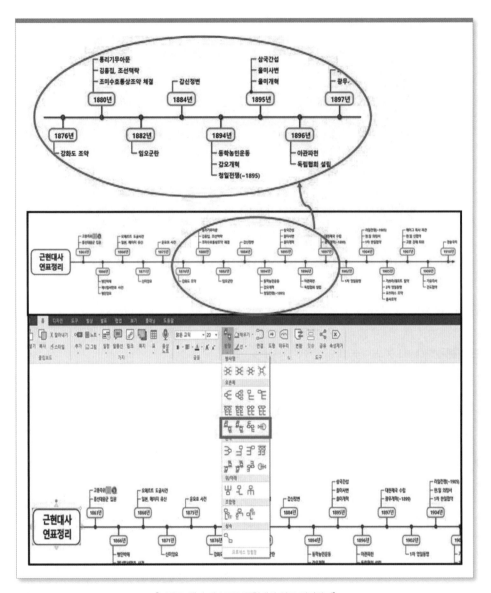

[그림18. 백지 테스트로 근현대사 연표 정리하기]

(3) 고등학생 큰딸의 입시 대비

각 학교 급별로 1명씩의 자녀를 두고 있는 나의 관심사는 다양할 수밖에 없고 그로 인해 힘들기도 하다. 아이 셋이 다들 당면하고 있는 상황이 다르다 보니 상담도 여러 방면으로 해야 하고, 놀아주면서 공부도 같이 해줘야 하고, 잔소리도 적당히 해주어야 하고, 먹는 것도 각각의 입맛에 맞춰 대령해야 한다. 가끔은 짜증과 화가 날 때도 있으나 그래도 행복하다.

이런 내게 요즘 가장 많이 신경이 쓰이는 부분은 큰 딸이다. 아무래도 대입을 앞둔 고딩이다 보니 입시에 대한 준비를 신경 쓰지 않을 수 없는 것이다. 부끄럽지만 나는 우리나라 입시 제도를 잘 모른다. 큰아이에게 입시가 당면하게 되니 이제야 주변에서 정보를 주워들으며 무심한 엄마임을 한없이 미안해하고 있다.

가. 나를 바라보는 메타인지(자소서 밑거름 정리하기)

사죄하는 마음으로 큰딸을 위해 생각한 것이 자소서 기초 자료를 만들어 주는 일이다. 좋아할지 모르겠지만…. 물론 초안만 내가 만들어 주고 내용을 전개하고 정보를 추가하는 건 딸내미에게 넘길 것이다. 내 생각에 자소서는 말 그대로 나를 소개하는 것이므로 나에 대해서 잘 알아야 한다고 생각한다. 딸의 자소서는 딸을 소개하는 것이므로 내가 아는 큰딸에 대한 정보를 씽크와이즈에 정리했다.

[그림19. 자소서 자료 정리하기]

나. 아는 것이 힘이다(정보의 바다에서 보물 찾기)

1) 사회 이슈 정리하기(신문스크랩)

2021년을 시작하면서 우리 학교 아이들이 워낙 시골의 조용한 곳에서 정적으로 지내다 보니 바깥의 매우 시끄러운 상황들에 관심이 없고 한없이 평안하기만 한 것이 마음에 걸려 일주일에 1번씩 신문 기사를 스크랩하고 정리하는 시간을 가졌다. 이때 준비한 신문 기사를 딸내미에게도 주고 정리하라고 했는데 아직 잘되고 있는 것 같지는 않다. 계속하다 보면 시사 이슈에도 강해지고 씽크와이즈로 신박하게 정리하는 방법도 스스로 찾지 않을까 하는 기대를 하고 있다.

[그림20. 신문 스크랩 정리하기]

2) 독서 정리하기

독서 내역 정리는 자소서 맵에 하나의 가지로 정리했다. 가까이 독서 이력만 보고 싶을 때는 [Ctrl+Enter] 기능을 이용해 독서 이력 가지만 볼 수 있다.

여기에 정리한 독서록이나 서평 등을 링크해서 연결하면 되지만, 우리 딸내미의 게으름과 다른 학업의 우선순위에 밀려 아직 연결은 안 된 상태이다. 조만간 독서 맵도 훌륭하게 정리되지 않을 까 한다.

독서이력	
2020년 이전	**2021년**
유진과 유진(이금이)	1월, 향수(파트리크 쥐스킨트)
죽음1,2(베르나르 베르베르)	2월, 자기앞의 생(에밀 아자르)
거기, 내가 가면 안돼요?(이금이)	파친코1,2(이민진)
광화문 골목집에서(최은규)	두번째 엔딩(김려령, 배미주 외)
2미터 48시간(유은실)	스노볼 드라이브(조예은)
파란수염생쥐 미라이(창신강)	미드나잇 라이브러리(매트 헤이그)
아몬드(손원평)	지구 끝의 온실(김초엽)
아홉명의 완벽한 타인들(리안 모리아티)	달러구트 꿈 백화점 2(이미예)
역사의 쓸모(최태성)	나인(천선란)
돼지가 한 마리도 죽지 않던 날(로버트 펙)	천 개의 파랑(천선란)
커피우유와 소로보빵(캐롤린 필립스)	방금 떠나온 세계(김초엽)
두번째 지구는 없다(타일러 라쉬)	우리가 빛의 속도로 갈 수 없다면(김초엽)
	완전한 풍요(월터 브루그만)

[그림21. 독서록 정리하기]

아직 갈 길이 멀다, 우리 사이 이제 시작~

나는 아직 씽크와이즈에 대해서 완전 초보다. 그런데 초보인데도 씽크와이즈는 활용도가 높다. 복잡하고 다양한 기능을 사용하지 않더라도 기본적인 정리와 사고의 구조화가 가능하다. 사실 나는 각종 컴퓨터 소프트웨어들의 고급진 기능들을 잘 사용하지 못한다. 잘 이해가 안 되기도 하거니와 고급 기능들은 자주 사용하지 않아 사용법을 잊어버리기 때문이다. 씽크와이즈는 기본적인 기능만 가지고도 내가 원하는 것을 구현할 수 있어서 참 매력적이다. 그렇다고 지금 알고 있는 것에 만족하며 안주하겠다는 뜻은 아니다.

이 씽크와이즈를 활용하면서 몇 가지 포부가 생긴 것 같다.

1) 좀 더 열심히 배우고 적용해서 더 나은 퀄리티의 교수-학습 및 평가 자료를 만들고 싶다는 열정이 생겼다. 그냥 막연하게 '교-수-평-기'를 이루는 것이 아니고 눈에 보이는 틀을 만들고 싶다. 조금 방대하더라도 말이다.

2) 회사에 이것저것 업그레이드에 대한 요구를 하게 될 것 같다. 씽크와이즈를 사용하면서 조금 아쉬웠던 점은 하나의 맵에 하나의 주제를 담은 맵만 표현할 수 있다는 것이다. 두 개의 동등한 단계를 가진 맵을 나란히 병렬시킨 상태에서 비교하거나 같이 두고 연결할 수 없다는 것이었는데 현재 상태에서 내가 원하는 것을 그대로 구현할 수 있는 다른 방법이 있는지 연구해 보고 개선 의견을 개진해야겠다. 씽크와이즈를 사용하면서 종종 아들내미에게 조언을 듣곤 하였는데 나는 잘 모르는 신박한 기능들을 이 아이는 많이도 알고 있었다.

앞서 언급하고 다룬 씽크와이즈에 대한 내용은 내가 가장 중점을 두고 있었던 2015개정교육과정의 역사① 과목의 교수-학습 활동과 평가에 대한 문제였지만 사실 내가 사용하고 있는 씽크와이즈 맵은 이것 말고도 여럿 있다. 그중 더 깊이 있게 적용하고 싶은 분야는 '성경'이다. 요즘 '성경 말씀'에 빠져서 매일 묵상하고 기도하는데 내가 묵상한 매일매일의 내용을 노트에 기록하며 일기를 쓰고 있다. 그런데 이게 일기만 쓰는 것이 아니라 말씀카드도 만들고 관련된 찬양들도 생각나는 대로 기록하다 보니 꽤 많은 내용이 쌓이는 것이 아닌가! 나만의 '성경' 지도를 만들 것이다.

씽크와이즈를 이제 막 접하는 이들에게

씽크와이즈는 자기를 알아볼 준비가 된 자에게 그 진가를 보여준다. 씽크와이즈가 그냥 마법은 아니다. 마법 같은 능력을 가지고는 있으나 그 능력을 즐기고 누리려면 그만큼 나도 애를 써야 한다. 내가 씽크와이즈를 처음 만났을 때 기능을 제대로 사용하지 못했던 것이 잘 몰랐기 때문이고, 나 스스로 여유가 없어서 뭔가를 새로 만들어야 한다는 부담감 때문이었다. 실제로 지금 나는 살짝 씽크와이즈의 전도자 같은 사람이 되어서 주변 부장님들에게 이 프로그램을 전파했다. 학교의 정보화 예산으로 프로그램을 구입해 선생님들에게 사용해 볼 것을 권하고 방법도 알려주었다. 다들 들으면서 '오~ 좋은데~.', '한번 잘 써볼게요.'라고 말을 하는데 학교 현장이 그리 녹록지 않은 게 사실이다. 마음먹고 해야 한다. 일단 프로그램을 실행시키는 것부터가 바쁜 하루하루를 사는 우리에게는 과제인 것 같다. 나도 이제 제대로 알아가기 시작한 지 8개월이 지났을 뿐이다. 이제 막 불타오르고 있다. 좀 더 깊이 있게 익혀서 있으면 고마운 줄 모르지만 사라지면 막 슬퍼지고 불편해지는 부부 같은 사이가 되고 싶다.

아직 배울 것이 많고, 아직 받을 것도 많다.

Chapter 2

씽크와이즈로 시작하는
가상 영어교실

문희연(부광여자고등학교, 고3 담임)

씽크와이즈로 시작하는
가상 영어교실

씽크와이즈와의 첫 만남

겨울방학 동안 연수를 통해 처음 접하게 된 씽크와이즈와의 첫 만남을 묘사하자면, 마치 새로운 언어를 배우는 경험과 같았다. 낯선 언어에 대한 막연한 두려움과 함께 새로운 세상을 간접적으로 경험하는 황홀함, 상반된 여러 감정이 동시에 밀려왔다. 연수 첫날 씽크와이즈의 메뉴를 보면서 무엇부터 배워야 할지, 어떻게 내 생각과 계획을 정리하는 것이 좋을지, 단축키는 어디서부터 외워야 하는 것인지 저 메뉴는 언제 쓰면 좋을지 궁금한 것투성이였다.

낯선 용어가 두려움을 증폭시켰고, 배운 내용 하나를 따라 해보다가 다른 설명을 놓쳐 허둥대기 일쑤였다. 하지만 동시에 수많은 정보를 간략하게 정리하고 이를 도식화 및 시각화하여 내가 필요한 때에 손가락 마디만큼 작은 지도를 순식간에 화면 전체로 펼쳐내는 모습에 매력을 느끼게 되었다. 지금 와서 생각해보면 겨울방학 동안 내 아이들과 함께 놀아준 시간보다 씽크와이즈 맵 구상과 실습을 하며 보낸 시간이 더 많았던 것 같다.

그러다 개학과 동시에 업무와 수업준비 등에 떠밀려 씽크와이즈와의 거리가 점점 멀어지게 되었다. 또한 근무하는 학교에서 씽크와이즈를 사용하는 분이 거의 없다는 점도 무시할 수 없었다. 거의 대다수가 모르는 프로그램을 학교에서 혼자 사용하려니 업무 내용에 대한 자료 공유도 안 되고, 결국 학교 업무는 다른 프로그램을 통해 이중으로 처리해야 하는 불편함이 더 크게 와닿았다. 아쉬운 마음속에 씽크와이즈를 열어보는 횟수는 점점 줄어들게 되었다.

그러던 어느 날 이전에 힘들게 독학했던 해외 교육용 앱을 실제 교육 현장에 제대로 활용하지 못해 사용법을 잊었던 기억이 떠올랐다. 겨울방학 동안 재미있게 배웠던 씽크와이즈를 그렇게 또다시 잊고 싶지 않았다. 그래서 혼자만의 약속을 하게 되었다. 매일은 힘들어도 정기적으로 씽크와이즈를 사용하자는 나만의 약속. 그렇게 씽크와이즈와의 인연의 끈을 놓치지 않기 위해 나만의 작은 실천을 하루하루 해나가고 있었다.

교사 발령 이후로 담임만 해왔던 나에게 행정 지원업무는 낯설고 어려웠다. 모르는 내용은 공문을 뒤적이거나 관련 업무 담당 주무관님들께 전화해서 메모를 했는데 이런 내용을 씽크와이즈에 하나씩 저장하기 시작했다. 업무 정리뿐 아니라 교육용 앱 매뉴얼 정리, 자주 찾는 사이트 정리, 영어 교육에 활용할 정보를 얻기 위한 독서 정리, 수업 아이디어노트, 영어 기초반 수업 자료 정리, 수업 활동용 학습지 등을 정리하다 보니 어느 순간 맵에 2021년의 영어과 자료들이 수북하게 모이기 시작했다.

씽크와이즈로 나만의 영어 자료실 만들기

1. 씽크와이즈로 만든 영어과 자료

씽크와이즈를 만나기 전의 나는 매해 영어수업 자료와 활동 자료를 모아 USB에 차곡차곡 정리해왔다. 나름대로 열심히 정리했지만, 시간이 흐른 후 USB에 분산된 자료를 실제 교실 현장에서 활용하기에는 불편함이 많았다. 그런 불편함을 덜고자 클라우딩 서비스를 활용하기도 했지만, 이 역시 여러 개의 클라우드를 사용하다 보니 손이 여러 번 가기는 마찬가지였다. 시간과 에너지를 들여 모아놓은 수많은 자료를 씽크와이즈를 이용해 나만의 영어수업 자료로 활용한다면, 그리고 각각의 자료를 씽크와이즈 가지 속에 연결한다면, 그 하나하나가 씽크와이즈라는 메타버스 플랫폼 속에서 나만의 살아있는 영어과 자료실로 새롭게 태어날 것이라는 확신이 들었다.

다음은 2021년 수업 및 관련 자료를 한곳에 모아놓은 나만의 영어과 자료실이다. 맵이라고 불리는 하나의 큰 캐비닛 속에 나만의 연구내용과 수업 자료, 연수내용과 에듀테크 매뉴얼 자료, 지도 중인 영어 동아리 활동과 수업에 도움이 되는 도서 정리, 개인적으로 진행 중인 영어 공부 및 참고 사이트 등을 차곡차곡 정리해 두었다.

부모 가지를 클릭하여 캐비넷을 활짝 열면 그 안에 자식가지들이 가지런하게 보인다. 그리고 이 자식가지들은 같은 수준의 가지들과 형제가지 사이가 된다. 이러한 하나하나의 가지를 클릭할 때마다 하위가지들이 순차적으로 펼쳐지고 내가 정리한 모든 자료가 한눈에 보이게 된다. 이 맵 문서를 이용해 씽크와이즈의 기본기능 몇 가지를 간단히 설명하고자 한다.

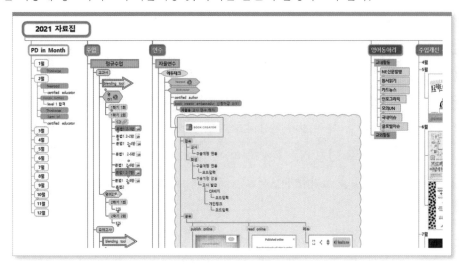

아래 제시된 두 개의 맵은 동일한 맵이다. 같은 맵임에도 불구하고 서로 달라 보이는 것은 왜일까? 바로 씽크와이즈의 가지접기와 가지펴기 기능 때문이다. 이런 기능 때문에 씽크와이즈 속의 맵은 마치 미니멀리스트의 집안을 들여다보는 것 같다. 정말 필요한 물건만 적재적소에 배치해 같은 평수의 집보다 훨씬 넓고 깨끗해 보이는 집과 같이 수많은 자료도 깔끔하게 보이도록 만들어주는 씽크와이즈. 많은 자료가 훨씬 더 깔끔하게 정리되는 신박한 정리의 기술이 바로 이 가지접기로 실현된다.

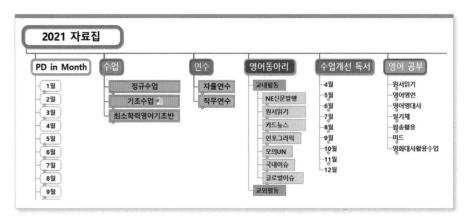

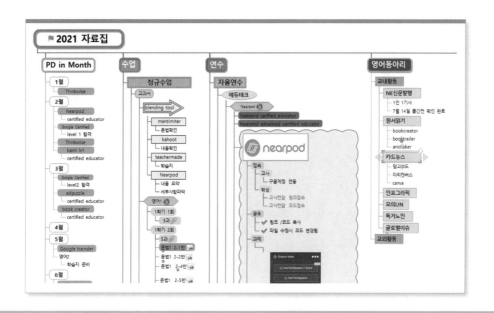

☞ 가지펴기를 통해 간결하게 보이는 자료들이 무수한 가지로 이어져 있음을 확인할 수 있다. 반대로 가지접기를 통해 쭉 늘어져 있는 맵도 순식간에 간단한 제목으로 깔끔하게 변신이 가능하다. 제작된 맵을 볼 때에도 보기에서 접기와 펴기를 통해 모두 접기와 하나씩, 부분, 모두 펴기가 가능하다. 이는 우리가 흔히 접하는 웹사이트 내의 토글 기능과 유사해 보인다. 토글 목록 아래의 내용을 클릭 한 번만으로 보이게 혹은 안 보이게 하는 기능이 그러하다. 씽크와이즈가 토글과 다른 점이 있다면 가지라는 선으로 연결되어 있다는 점과 보다 유의미하게 카테고리화되어 연결되어 있다는 점을 들 수 있다.

그렇다면 이러한 씽크와이즈의 맵은 어떻게 시작되는 걸까? 우선 맵의 시작은 빈 공간에서 가지를 하나씩 늘려가는 방법과 기존에 만들어진 맵을 활용하는 방법으로 나뉜다. 이제 막 시작하는 분들께는 가지를 늘려가며 재미와 원리를 배울 수 있도록 빈 공간에서 시작할 것을 추천한다.

제목이라 뜨는 부분에 쓰고 싶은 내용을 적고 Enter⏎와 Space Bar 의 반복을 통해 가지를 하나씩 늘려가다 보면 어느새 나만의 맵이 만들어진다. 여기에 '방향'을 클릭하여 맵의 방향을 바꿔갈 수 있다. 어느 정도 이 과정을 경험한 후, 그리고 맵에 대한 막연한 두려움이 사라진 경우에는 템플릿 선택 맵을 활용해 볼 수 있다. 템플릿 선택 맵을 통해 보다 구조화된 맵을 만들 수 있고, 다양한 맵의 구조에 대한 아이디어를 얻을 수도 있다. 템플릿 선택 맵일지라도 내 생각에 따라 원하는 항목을 더하거나 빼가며 처음과는 다른 맵으로 변형이 가능하다. 이와 같은 과정을 반복하며 나만의 자료실을 하나씩 늘려갈 수 있다.

☞ 씽크와이즈를 열면 보이는 첫 화면에서 새 문서를 클릭하여 새 맵을 만들 수 있다. 새 문서를 클릭하면 곧바로 제목이라는 글씨가 보이고 여기에서부터 Enter↵와 Space Bar를 반복해 맵을 만들 수 있다. 이외에도 상단의 파일 ⇨ 새로 만들기 ⇨ 기본스타일(앞에 언급된 것과 같은 방식으로 빈 공간에서 만들기 시작) / 스타일 선택(빈 공간에서 시작하나 어느 정도의 맵의 형식을 갖추고 시작) / 탬플릿 선택 맵(상황별로 추천된 맵을 활용해서 시작)을 이용해서 맵을 만들 수 있다.

이와 같이 맵의 기본틀이 만들어지면 여러 형식의 자료를 맵에 추가할 수 있다. 예를 들어 학습지와 PPT 자료를 가지마다 첨부하거나 하이퍼링크로 연결하면 바로 파일을 열어볼 수 있다. 자료가 첨부된 가지를 클릭하면 가지에 첨부된 자료들의 리스트가 보여 손쉽게 자료를 활용할 수 있어 매우 유용하다. 단 파일을 첨부하고, 해당 자료의 위치를 다른 곳으로 옮기면 맵에서 자료를 열 수 없다. 파일이나 폴더의 최종 위치를 확실히 결정한 후 첨부해야 한다. 그리고 첨부물이 늘어날수록 맵을 저장할 때 시간이 좀 더 걸리게 되고, 상황에 따라 맵의 응답속도가 느려지기도 한다. 이런 상황을 막기 위해 첨부보다는 하이퍼링크를 추천한다.

☞ 가지에 자료 추가를 원한다면 상단의 홈을 클릭하면 링크 부분이 보인다. 이를 다시 클릭하면 하이퍼링크와 첨부라는 말이 보인다. 여기에서 본인이 필요한 것을 사용하면 된다. 혹은 해당 가지에서 바로 마우스 우클릭을 하면 새로운 창이 뜨는데 하이퍼링크와 첨부가 보인다. 같은 기능을 좀더 빠르게 활용할 수 있다. 이 기능을 통해 맵에 수많은 자료가 차곡차곡 쌓이게 되는데 간단하지만 매우 강력한 기능이다.

계속 늘어나는 자료의 경우 이렇게 가지를 추가하면서 만들 수 있지만 이미 이전에 정리해 놓은 컴퓨터 속 자료들은 맵에 어떻게 정리할 수 있을까? 물론 가지마다 폴더를 하이퍼링크로 연결할 수도 있지만, 자료의 양이 많은 경우 이런 과정을 반복하기 힘들다. 그럴 때 활용하는 방법 중의 하나가 바로 [폴더구조 생성] 기능을 활용하는 것이다. 맵핑되는 과정을 지켜보고 있자면 정말 놀라울 뿐이다. '비비디 바비디 부~.' 이런 마법 주문이 나도 모르게 절로 나온다. 순식간에 수많은 자료가 폴더별로 정리되는 과정은 마법 그 자체이다. 단 이런 결과물을 순식간에 얻고 싶다면 폴더를 정리하는 사전 작업이 필수이다.

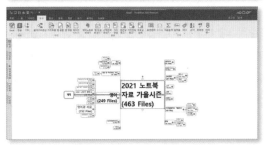
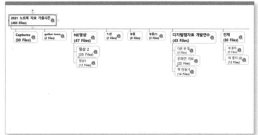

☞ 도구 탭을 클릭하면 폴더구조 생성이라는 항목이 보인다. 이를 클릭하면 다시 창이 열리는데 이 창에서 맵으로 변환할 폴더를 정할 수 있고, 파일의 개수/크기 표시 방법, 글꼴 크기 등을 결정할 수 있다. 한번의 클릭으로 수많은 폴더가 순식간에 맵으로 변환되는 놀라운 경험을 할 수 있다.

[첨부], [하이퍼링크], [폴더구조 생성] 이외에도 맵의 구성을 다양화할 수 있는 방법들 중 맵 자체를 하이퍼링크시키는 방법도 있다. 맵을 자료화하는 과정에서 별개의 맵이 이후 연관성을 갖게 되는 경우도 있다. 이런 경우 각각의 맵을 교집합이 되는 가지 안에 하이퍼링크로 연결하면 맵과 맵이 연결되어 유용하게 활용할 수 있다. 또한 따로 만들어 놓은 맵이 어느 순간 관련이 있다고 생각되면, 가장 큰 맵 문서에 관련된 맵 문서를 하위가지로 통합해 나갈 수도 있다. 자료를 만들어가는 과정에서는 별도의 맵으로 저장해 놓았다가, 어느 정도 큰 틀이 잡히고 자료 정리가 마무리되면 별도의 맵을 통합해 하나의 맵으로 관리가 가능하다. 이는 도구 탭의 구조에서 맵 병합으로 실행할 수 있다.

반대로 맵이 너무 커지다 보면 저장하면서 압축과정이 필요한데, 이런 과정을 반복하다 보면 맵이 그냥 꺼지는 상황도 있기 때문에 지나치게 맵을 무겁게 하지 말아야 한다. 혹은 자료를 만들다 보면 특정 가지만 따로 맵으로 다시 만들어야 하는 상황이 생기기도 한다. 그런 상황에서는 맵 문서 중에서 필요한 가지 부분만 잘라서 별도 저장이 가능하다. 이는 도구 탭의 구조에서 맵 분할 실행이 가능하다. 맵 분할 시 해당 부분에 하이퍼링크 아이콘이 보이고 근처에 마우스를 가

저다 대면 저장된 맵 문서 이름이 보인다. 이러한 기능은 마치 하위페이지를 이용해 또 다른 문서를 만들어가는 과정과 비슷하다. 노션이라는 프로그램에서 블록을 하위페이지로 전환하여 만드는 부분과 비슷하다.

> ☞ 맵 문서 가지 안에 하이퍼링크를 통해 맵을 연결할 수도 있다. 하이퍼링크된 맵의 경우 파일이나 폴더처럼 클릭하면 바로 열어 볼 수 있다. 맵 안에 맵이 들어가는 모습은 마치 마트료시카를 열어보면 점점 더 작은 인형들이 반복해서 나오는 것과 유사해 보인다.
> 또한 맵을 활용하는 방법으로 상단의 리본 메뉴 중에서 도구를 클릭하면 맵 분할과 맵 병합이 보인다. 이 두 가지 탭을 활용하여 맵 속의 특정 가지 부분을 따로 떼어 낼 수도 있고, 각각의 맵을 하나로 묶을 수도 있다. 맵 분할의 경우 선택한 가지를 기준으로 맵을 분할하는 기능이다. 하나의 맵 문서를 여러 개로 나누어 저장할 때 사용한다. 맵 병합의 경우 하이퍼링크로 연결된 맵 문서를 하위가지로 붙여서 병합할 때 사용이 가능하다.

2. 씽크와이즈로 교육용 앱 매뉴얼 정리하기

온라인을 이용한 원격수업이 도입되면서 다양한 교육용 앱을 동시에 사용하다 보니 그 사용법과 특징을 교사와 학생 입장에서 필요한 부분만 체계적이며 간결하게 정리할 필요가 있었다. 아무리 자주 사용했던 앱이어도 한동안 사용하지 않으면 각각의 기능이 잘 떠오르지 않고, 여러 앱의 기능과 겹쳐져서 각각의 내용이 뒤죽박죽 섞이게 된다. 어느 날 동료 선생님이 특정 앱의 기능에 대해 질문을 하셨는데, 분명히 내가 사용했던 기능인데도 어느 부분을 클릭해야 그 기능이 나왔는지 생각이 나지 않아 바로 도움을 드리지 못했다.

아예 몰랐던 내용이면 그냥 잊어버리고 말았을 텐데 한동안 썼던 기능의 사용 방법이 떠오르지 않았다는 게 더 속상했다. 그래서 나만의 영어 자료실 맵에 교육용 앱 사용 매뉴얼을 추가하기로 했다. 수업 준비를 하다가 갑자기 막히는 부분이 생길 때, 블로그나 유튜브를 검색하느라 시간을 낭비하지 않고 씽크와이즈를 펼쳐보면서 내가 필요한 부분을 찾아볼 수 있다. 또한 화면 공유를 통해 교육용 앱의 사용법을 설명해도 과제 수행시 사용법을 헷갈려 하는 아이들이 꽤 많다. 그 아이들을 위해 씽크와이즈 가지를 캡처해 구글클래스룸에 공지사항으로 띄워 놓기도 했다.

수업 시간에 자주 사용하는 교육용 앱을 씽크와이즈에 정리할 때, 분류의 원칙을 세웠다. 접속, 과제, 공유, 그리고 기능 이렇게 4가지로 사용법을 정리했다. 이러한 동일한 기준으로 각 앱을 정리하다 보니 필요한 정보를 찾기에도 훨씬 편리했다. 또한 같은 기준으로 정리된 내용을 비교하다 보니 각 앱의 특징 및 유사점과 차이점을 금방 알아볼 수 있어서 수업 목표에 맞는 프로그램 선택에도 도움이 되었고, 시간 효율성도 훨씬 높아졌다. 각각의 교육용 앱 사이트에 정리된 방대한 양의 사용법보다 핵심만 정리한 씽크와이즈 맵 속의 핵심 매뉴얼은 나에게 귀한 참고 자료가 되었다.

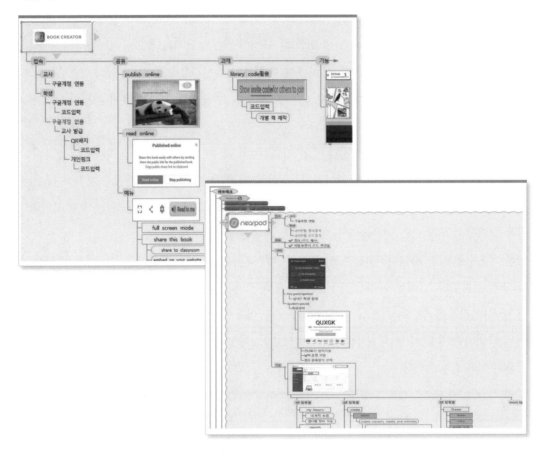

수업자료와 앱 사용 매뉴얼 그리고 수업과 연관 지을 수 있는 각종 자료를 한곳에 모으다 보니 이 맵을 단순한 자료실로만 사용하기에는 뭔가 아쉬움이 있었다. 이 맵 문서를 단순 자료실에서 더 나아가 실제 수업에 적용해 보면 어떨까 하는 욕심이 생기기 시작했다.

씽크와이즈의 맵을 나만의 영어 교육용 메타버스로 활용하면 어떨까 하는 아이디어도 떠올랐다. 메타버스라는 말이 어려워서 그렇지 사실 나만의 가상 영어 전용 교실로 충분히 활용할 수 있어 보였다. 수업 자료와 활동 자료를 정리한 영어 교과 교실이자 교무실, 수업내용을 한 번의 클릭만으로 눈앞에 펼쳐놓을 수 있는 나만의 영어 전자칠판으로 활용해 보는 것이다.

씽크와이즈를 영어교실 및 전자칠판으로 활용하기

1. 씽크와이즈로 영어기초수업 진행하기

실제로 영어 수업에 씽크와이즈를 활용한 것은 영어 기초반 학생들을 대상으로 한 수업을 통해서였다. 물론 수업 설계 단계에서 내가 계획하고 의도한 바와 어느 정도 맞아떨어진 부분도 있었지만, 수정 및 보완해야 할 점들이 눈에 띄었다. 하지만 기초수업에서 씽크와이즈를 활용해본 경험이 있었기 때문에 정규수업에 씽크와이즈를 도입하는 자신감을 얻을 수 있었다. 첫 도전의 성패가 중요한 것이 아니라 도전 자체가 또 다른 도전을 할 수 있도록 도와주었기 때문에 나에게는 매우 값진 경험이었다.

어떻게 하면 주어진 8시간이라는 시간 동안 기초반 학생들을 효과적으로 지도할 수 있을지에 대한 계획을 세우는 것이 가장 큰 고민이었다. 우선 수업 대상 학생의 어휘 암기량 자체가 매우 적었고, 평소 정규 수업 시간에 문장 내에서 주어, 목적어, 보어, 수식어 구분을 하는데 어려워했던 점을 고려해서 문장 요소 구분을 목표로 수업을 계획했다.

또한 기초수업 시간 자체가 8시간으로 매우 짧았기 때문에 2시간씩 진행되는 총 4차시 수업을 문장 단위로 지도하고, 이를 교과서 문장으로 복습하는 방식으로 계획했다. 이러한 수업 목표와 진행 방식이 결정된 후, 문장 요소별로 지정된 색을 이용한 규칙성을 반복해 보여주고, 학생들이 한 문장씩만 집중할 수 있도록 [선택가지중심보기] 기능을 반복적으로 사용하여 씽크와이즈의 맵을 수업에 활용하였다.

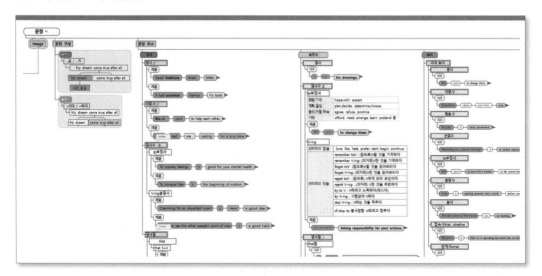

먼저 학생들에게 문장의 구성에 대해 짧게 설명하고, 문장 요소인 주어, 목적어, 보어, 동사, 수식어에 각각의 고유 색을 지정하여 규칙성을 강조했다. 주어는 빨간색, 동사는 파란색, 목적어는 노란색, 보어는 초록색, 수식어는 핑크색으로 약속한 후, 교사 설명과 학생 연습문제 풀이를 반복했다. 학습지에는 문장만 제시하여 학생들이 문장 요소에 맞게 색연필로 구분하여 밑줄을 친 후, 칠판에 투영된 씽크와이즈 화면을 통해 문장의 요소를 다시 한번 확인하는 연습을 했다. 이렇게 짧은 문장을 통해 문장 요소 확인 연습을 한 후, 같은 패턴의 교과서 문장을 이용해 연습하면서 점차 긴 문장을 이용해 복습하도록 유도했다.

> ☞ 각 문장 요소별 가지에 도형을 반영하여 시각적으로 집중하게 만들었고, 여기에 지정된 색을 채워 학생들이 색을 통해 문장 요소를 구별하도록 하였다. 또한 예문을 제시할 때에도 각 문장 요소별로 약속한 색을 채워 넣어 한 문장 안에서 문장 요소의 위치를 색으로 구분하도록 했고, 이를 통해 문장 분석 시 부담감을 덜어주고자 했다.

또한 많은 내용이 한꺼번에 보이면 학생들이 부담을 갖게 되고, 이런 심리적인 부담감은 학생들에게 주어진 문장이 어려울 것이라는 편견을 주게 된다. 그래서 매번 필요한 가지만 [선택가지중심보기] 기능을 활용하여 보여주었다. 이는 화면 상단의 [보기]를 클릭하여 [선택가지중심보기]를 적용할 수도 있다.

또한 화면 상단의 리본 메뉴 중 보기 탭을 클릭한 후, 확대/축소, 100%, 화면 채우기, 영역 확대, 끌기 등을 통해 해당 가지를 학생들에게 다양하게 보여줄 수 있다. 특히 화면 채우기는 여러 번 클릭하지 않아도 해당 가지가 적당한 크기로 확대되어 학생들에게 문장 예문을 보여주기 편리하다.

또한 끌기를 활용하면 마우스로 화면 오른쪽과 하단에 있는 스크롤을 이동하지 않아도 한 번에 원하는 위치에 가지를 옮겨 놓기에 편리하다. 그리고 접기와 펴기 기능도 영어 문장을 하나씩 보여주기 편리하다. 교사가 보여주고 싶은 단위에 따라 가지를 하나씩 [펴기] / [부분펴기] / [모두펴기]를 통해 순차적으로 혹은 한 번에 문장을 보여줄 수 있어 유용하다. 물론 화면 오른쪽 하단의 5개 아이콘 중에도 [선택가지중심보기], [전체화면], [화면채우기], [100%], 기능이 있어 바로 활용이 가능하다.

규칙성과 단순성을 강조해 반복 연습을 하다 보니 학생들도 주어 찾기에 자신을 갖게 되었다. 수식 구조로 문장의 주어가 상당히 길어져도 각 예문에 자신이 배운 수식 구조의 사례를 적용해 분석하는 등 이전과 달리 쉽게 포기하지 않고, 문장 속 요소를 찾아보고자 노력하는 모습을 보여주었다.

> ☞ 화면 상단의 보기 리본메뉴를 클릭하면 맵을 효과적으로 볼 수 있는 여러 기능이 보인다. 확대/축소 혹은 키보드 상단의 =/-를 통해서도 화면을 확대 축소가 가능하다. 이외에도 100%를 누르면 확대되거나 축소된 부분이 원래의 크기로 돌아온다. [화면채우기]는 전체 맵을 한눈에 볼 수 있게 해주며, 영역확대를 누른 후 원하는 부분에 마우스를 끌면 그 해당 부분만 확대하여 볼 수 있다. 끌기는 마우스를 쓰지 않고 한번에 맵의 원하는 일부를 옮겨 놓을 수 있고, [선택가지중심보기]와 모두 보기는 서로 반대의 기능이라 생각하면 된다.

기초수업이 다 끝난 후에도 씽크와이즈를 활용해 학생 관리를 하고 싶어 [가지전달 링크]를 통해 학생들에게 과제를 제시하고 본인이 공부한 내용을 사진으로 받기도 했다. 때로는 질문을 보내고 답을 달게도 해봤는데 누군가가 먼저 답을 올려놓으면 이후 학생들이 답을 보고 그대로 적는 경우도 있어서 정해진 답을 요구할 때보다는 열린 답을 수합할 때 효과적임을 느끼게 되었다. 그래서 학습한 부분을 사진으로 업로드하게 하여 아이들이 공부한 내용을 확인해 보기도 했다.

2. 씽크와이즈로 정규수업 진행하기

교사별 개인 노트북이 지급되기 이전 교실 수업에는 책과 학습지, 필기도구, 티칭로그(반별 명렬표, 진도표, 시간표 등), 수업용 자료가 든 USB를 주로 들고 다녔다. 물론 시크릿 모드로 구글 드라이브에 접속해서 수업을 진행하기도 했지만, 매시간 반별로 들어가 내 개인정보로 교실 컴퓨터에 접속하는 것을 반복하다 보니 이 역시 소비되는 시간이 만만치 않았다.

노트북을 지급받고 나니 전보다 짐이 더 늘어난 상황이었다. 수업에 들고 들어가는 짐이 너무 많다 보니 수업 후 깜빡 잊고 두고 오는 것들이 생겨 뭔가 변화가 필요했다. 이러한 모든 것을 노트북 하나로 줄이는 방법은 무엇일까?

이러한 교사 측면에서의 고민과 더불어 2학기 전면 등교 이후 심각한 고민거리가 더 생겨났다. 등교수업과 더불어 온라인 수업이 병행되었던 시기에는 모둠별로 협업 수업을 쉽게 진행할 수 있었다. 학생들이 집에서 수업하다 보니 자연스럽게 1인 1기기 사용이 가능했고, 한 차시 수업시간에도 여러 교육용 프로그램에 쉽게 접속해서 개인학습 확인과 더불어 모둠원들과 함께 내용을 요약하거나 자신만의 생각을 정리할 수 있었다.

하지만 전면등교 이후 교실에서 학생들이 사용 가능한 기기라고는 스마트폰이 전부였다. 일부 학생들은 데이터가 없다며 온라인 수업에서 너무나 당연하게 활용했던 여러 프로그램에 아예 접속 자체(주로 Nearpod, Kahoot, 구글클래스룸에 할당된 teachermade학습지, padlet, Allo 등)를 하지 못했다. 또 어떤 프로그램은 스마트폰으로는 아예 접속이 안 되는 경우도 있다.(예를 들어 bookcreator는 PC나 태블릿에서만 가능하고, gather.town은 아직 스마트폰에서는 안정적이지 못하다.)

그나마 데이터를 자유롭게 쓸 수 있는 학생들마저 스마트폰으로 Allo와 같은 협업 프로그램에 접속하려다 보니 동시 협업시 속도가 현저히 느려지거나 아예 접속 자체가 안되는 경우가 속출했다. 수업을 계획하고 준비해도 학생 참여율이 떨어지기 시작했다. 그렇다고 이전처럼 모둠별로 모여서 모둠학습을 하는 것은 더더욱 상상하기 힘든 상황이었기에 답답함이 컸다.

교사뿐 아니라 학생 모두를 위해 수업에 변화를 가져와야 했다. 영어 기초수업에 사용했던 씽크와이즈를 이번에는 정규수업에 활용해 보는 것은 어떨까? 맵 기반 문서에 교과서, 학습지, 러닝로그, 판서용 자료, 진도표 등 모든 자료를 연결해 놓으면 짐도 판서량도 줄어들 것이고, 1인 1기기가 아직 현실화되지 않은 고등학교 수업에서 스마트폰만으로도 손쉽게 수업에 참여할 수 있는 방법으로 씽크와이즈가 딱이었다.(데이터가 없는 학생들의 경우에는 교사의 데이터를 공유하여

진행하였다.) 예상 진도표와 학습자료, 그리고 수업 과정 순서도가 들어 있는 이 맵은 그 자체가
하나의 영어교실이자 전자칠판이다.

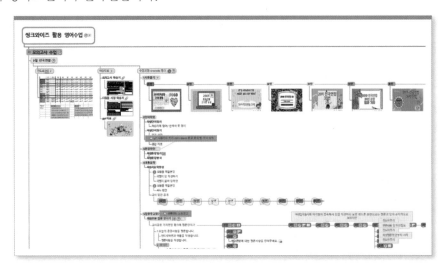

1) 엑셀을 이용한 반별 예상 진도표로 전체 수업의 흐름을 조절하자

먼저 학사 일정표를 참고하여 엑셀 자료를 이용해 예상 진도표를 작성했다. 이렇게 미리 예상 진
도표를 작성해 놓으면 전체 일정을 조율해 나가는데 편리하다. 여름방학 개학 후 초반에는 온라
인과 오프라인 수업을 병행하다 이후에는 전면등교로 전환되는 상황이었고, 이러한 상황 속에서
특정 요일만 빠지는 경우가 생기기도 했다. 이러다 보면 시험 진도를 맞추기가 어려워지는데 이
를 대비해 예상 진도표를 반드시 만들어 놓아야 했다. 이러한 예상 진도표를 씽크와이즈에 함께
만들어서 모든 자료를 한 번에 확인하고자 엑셀 시트를 삽입해 제작했다. 중간중간 이 자료를 확
인하면서 진도 속도를 비교하여 반별 진도를 맞추고자 노력했고, 수정 사항이 있으면 엑셀 시트
만 수정하면 바로 맵에 반영되기 때문에 진도와 상황에 맞게 조절할 수 있었다.

진도표

	주	추가	1반	2반	3반	4반	5반	6반	7반	8반
21번	9월 2주		09월 07일	09월 07일	09월 06일	09월 06일	09월 08일	09월 07일	09월 07일	09월 06일
23번	9월 2주		09월 07일	09월 07일	09월 06일	09월 06일	09월 08일	09월 07일	09월 07일	09월 06일
31번	9월 2주		09월 09일	09월 09일	09월 10일	09월 08일	09월 10일	09월 09일	09월 10일	09월 09일
32번	9월 2주		09월 09일	09월 09일	09월 10일	09월 08일	09월 10일	09월 09일	09월 10일	09월 09일
33번	9월 3주		09월 14일	09월 14일	09월 13일	09월 13일	09월 15일	09월 14일	09월 14일	09월 13일
34번	9월 3주		09월 14일	09월 14일	09월 13일	09월 13일	09월 15일	09월 14일	09월 14일	09월 13일
36번	9월 3주		09월 16일	09월 16일	09월 17일	09월 15일	09월 17일	09월 16일	09월 17일	09월 16일
38번	9월 3주		09월 16일	09월 16일	09월 17일	09월 15일	09월 17일	09월 16일	09월 17일	09월 16일
39번	9월 4주	9월 5주	09월 23일	09월 23일	09월 24일	09월 27일	09월 24일	09월 23일	09월 24일	09월 23일
40번	9월 4주	9월 5주	09월 23일	09월 23일	09월 24일	09월 27일	09월 24일	09월 23일	09월 24일	09월 23일
9월 5주		반별 프로젝트					2학기 프로젝트			
3차시		1. 아프가니스탄 질문 던지기					1. 1학기에 만든 bucket list 이어가기 -10대의 나			

☞ 도구의 엑셀 시트 삽입 기능이 있는데 이 기능을 활용해서 진도표를 작성할 수 있다. 도구의 엑셀을 클릭하며 시트와 차트 중 선택하도록 되어 있다. 이때 시트를 클릭하면 마치 엑셀 프로그램을 열었을 때처럼 빈 시트가 생성된다. 여기에 필요한 자료를 입력하고 따로 저장 없이 창을 닫으면 맵 문서 상에 엑셀 시트 일부가 보인다. 수정이 필요하면 바로 맵 상에 보이는 엑셀 시트를 클릭하여 수정이 가능하고 작성한 모든 것이 맵에 그대로 반영된다.

2) 각종 학습자료와 학습지를 미리보기를 통해 확인하고 바로 열어 활용하자

평소 학습자료는 학생들에게 종이 학습지로 배부한다. 하지만 경우에 따라 다양한 변수가 작용하기 때문에 구글클래스룸에도 반별 자료를 업로드하고, 등교 수업시 학습지를 두고 오는 학생들을 대비해 씽크와이즈에도 자료를 첨부해 놓는다. 이전에는 학생들이 교무실로 찾아와 학습지 복사를 요구하면 폴더를 뒤적거리며 해당 파일을 찾는 등 여러 단계를 거쳤다. 하지만 지금은 씽크와이즈만 띄우면 바로 해당 단원이나 모의고사 지문 학습자료를 바로 찾을 수 있어 편리하다. 또한 수업 시간에도 PPT자료나 한글 파일을 가지에 추가하여 맵 문서 안 가지에서 바로 PPT자료나 다양한 수업 자료를 열 수 있어 시간적으로도 매우 효율성이 높다.

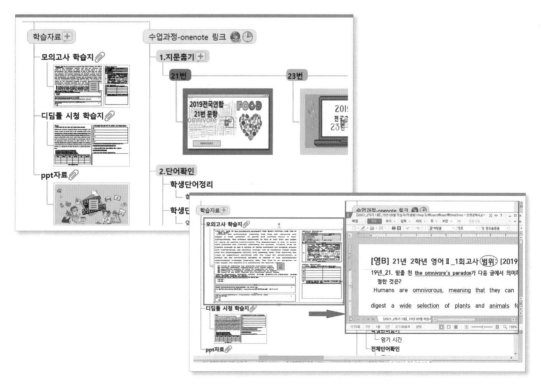

위에 제시된 맵을 보면 학습자료 부분에 모의고사 학습지, 디딤돌 시청 학습지, 그리고 PPT자료 가지에 클립 모양의 아이콘이 보여 파일이 첨부된 것을 확인할 수 있다. 그리고 그 하단에 한글 파일과 PPT 파일 이미지가 보이는데 이는 단순 이미지를 캡처해 삽입해 놓은 것이 아니라, 해당 이미지를 클릭하면 관련 파일이 열리게 설정해 놓은 것이다. 때로는 실수로 다른 파일을 첨부하기도 해서 실수를 방지하기 위해 이미지도 보이도록 한 것으로 그림으로 표현된 첨부파일을 여는 기능이라고 생각하면 된다.

> ☞ 파일을 첨부하는 방식으로는 두 가지 방식이 있다. 하나는 가장 간단한 방식으로 파일을 하이퍼링크하거나 첨부하는 것으로 간단히 가지 선택 후, 마우스 우클릭을 하면 파일을 첨부하거나 하이퍼링크를 선택할 수 있다. 또 다른 방식으로 도구에서 기타를 클릭하면 파일로부터 만들기가 보인다. 이를 클릭하면 개체삽입하기 창이 열리고 새로만들기와 파일로부터 만들기 중에서 파일로부터 만들기를 선택한다. 그리고 파일을 검색한 후, 연결과 아이콘으로 표시하기에 체크를 하면 해당 이미지와 파일이 동시에 삽입된다. 결과적으로는 파일첨부나 링크연결과 비슷하기는 하지만 파일의 이미지가 보이되, 파일이나 하이퍼링크 아이콘은 보이지 않는다. 파일의 이미지가 보여 이를 늘리거나 줄여서 해당 이미지를 확인한 후 파일을 여는 점이 훨씬 좋다.

3) 핵심문장과 핵심문법이라면 학생의 집중도를 높힐 수 있도록 제시하자

이제부터는 실제 6차시에 해당하는 모의고사 지문 수업을 학생들과 어떻게 진행했는지를 위에 제시된 맵 문서를 이용해서 설명하고자 한다. 해당 맵은 학생들이 미리 구글클래스룸에 탑재된 10분 정도의 디딤돌 영상을 시청한 후 교실에 와서 진행되는 수업에 맞춰 만들어졌다. 모의고사 학습자료를 이용해 미리 영상을 보고 확인 문제를 풀고 온 학생들은 교사가 제시한 시간 동안 디딤돌 시청 학습지를 활용해서 다시 한번 지문을 훑어 읽고, 암기할 단어들을 골라내 단어 목록에 정리한다. 그리고 해석이 안 되는 문장, 내용 이해가 안 되는 문장, 문법 구조가 복잡한 문장 등을 디딤돌 시청학습지에 구분한다.

혹은 속도가 빠른 학생은 이 시간 동안 스스로 서술형 문항으로 변형 가능한 문장을 선별해서 문장을 분석하기도 한다. 이 사이에 영상을 안 보고 온 학생들 중 일부는 문장을 훑어 읽고 필요한 부분만 영상을 통해 정리하기도 한다. 이후 학생들이 어렵게 생각하는 문장 번호를 부르면 그중에서 3문장 정도만 씽크와이즈에 정리된 문장을 이용해 정리해 준다. 이때 텍스트를 하나의 가지에 정리하면 너무 복잡하고 설명해주기도 어렵다.

그래서 선택한 방법이 [다중가지 추가]([Ctrl]+[Space Bar])를 이용한 가지 만들기이다. 학습지를 만들기 위해 준비해 놓은 지문 텍스트를 [다중가지 추가]를 이용하여 붙여넣는다. 이렇게 하는 경우 하나의 문장이 하나의 가지에 정리가 된다. 학생들이 어떤 문장을 요구할지 모르기 때문에 전체 문장을 만들어 놓고 학생들이 부르는 문장 번호에 맞춰 필요한 부분만 [선택가지중심보기]로 하고, 화면 채우기 상태로 보여주면 문장별 설명을 하기도 편리하다. 또한 필요한 단어 부분만 따로 색을 달리 표시해도 바로 화이트보드에서 마커로 추가 설명만 하므로 시간 활용에서 효율적이다.

21번

Humans are omnivorous, meaning that they can consume and digest a wide selection of plants and animals found in their surroundings.

The primary advantage to this is that they can adapt to nearly all earthly environments.

The disadvantage is that no single food provides the nutrition necessary for survival.

Humans must be flexible enough to eat a variety of items sufficient for physical growth and maintenance, yet cautious enough not to randomly ingest foods that are physiologically harmful and, possibly, fatal.

This dilemma, the need to experiment combined with the need for conservatism, is known as the omnivore's paradox.

☞ 영어 지문을 각 가지마다 복사하여 붙이다 보면, 시간적으로 너무나 비효율적이다. 빠른 시간 안에 많은 영어 문장을 가지마다 넣는 방법으로 [다중가지 추가](Ctrl + Space Bar)를 추천한다. 한번에 지문 전체를 복사하여 붙여넣기가 가능하며 줄 바꾸기를 통해 각각의 문장이 각각의 가지로 변형된다. 이렇게 각 가지로 삽입된 문장은 [선택가지중심보기] 기능을 통해 마치 화이트보드 위에 투영된 문장을 보는 듯한 착각이 들 정도이다. 빠른 시간 안에 많은 가지를 만들어 낼 수 있으며, [가지접기]를 통해 접기가 가능하니 문항 번호로 접어두면 보기에도 깔끔하다.

4) 화면 캡처를 활용한 모둠별 보드활용으로 협업 활동을 촉진하자

문장 분석이 끝난 후에 학생들은 모둠 친구들과 함께 내용을 요약한다. 교실에서는 협업용 온라인 프로그램을 제대로 활용하기가 어려워서 아예 내용 요약표를 문항별로 정리하여 씽크와이즈에 정리해 놓는다. 이를 [가지전달 링크]를 이용해 수업할 수도 있지만, 내용 요약과 같이 답이 정해져 있는 경우는 모둠별로 다른 링크를 주지 않는 한 다른 모둠의 답을 보고 쓸 확률이 높기 때문에 다른 방법을 사용했다. 협업시 화면을 크게 띄우고(학습지 요약표를 씽크와이즈에 그림으

로 삽입하여 화면에 띄우면 화이트보드 자체가 요약표로 변신한다.) 학생들에게 미니 고무 자석
보드를 나눠주고 자신의 부분을 정리하여 붙이게 한다.

많은 학생이 이동하는 것을 막기 위해 답을 정리하는 시간을 준 후, 뽑기를 통해 뽑힌 모둠원들
이 나와 자신들의 답을 적은 미니 고무 자석보드를 화이트보드에 붙인다. 나머지 모둠은 자신들
의 답을 제일 앞자리 학생의 A3사이즈 보드에 모아 붙여 놓고, 서로의 답을 비교한다.

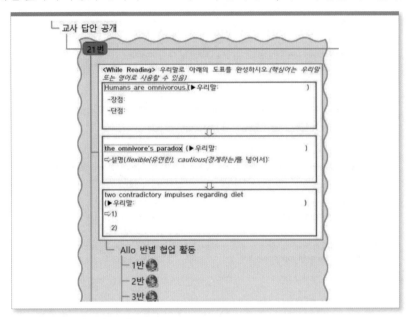

☞ 그림삽입은 Shift + ⊞ + S 를 이용해서 화면 캡처를 먼저 한다. 학습지에 미리 만들어 놓은 문항 요약표를
화면 캡처한 후에 해당 가지를 우클릭한 후에 선택하여 붙여넣기 중 그림을 클릭하면 그림이 들어간다. 이
외에도 캡처된 그림을 맵 바탕에 우클릭하여 붙여넣기 한 후 오른쪽 그림 아이콘을 클릭하여 그림을 이미
지 창에 추가하여 필요할 때마다 사용도 가능하다.

5) 질문 던지고 답 받기를 통해 아는 것과 모르는 것을 구분하자

마지막으로 질문 던지고 답 받기 활동이다. 어쩌면 이 수업 형태의 가장 중요한 부분일 수도 있
다. 수업 전 해당 차시에 다룰 문항에 대해 [가지전달 링크]를 미리 만들어 반별 영어 부장에게 보
낸다. 이때에도 반별 가지에 [가지전달 링크]를 활용할 멘트를 노트기능을 이용해 각각 저장해 두
었다. 그러면 매번 링크를 보낼 때마다 멘트를 작성하는 수고를 덜 수 있다. 그리고 문항별로 해
당 링크를 보낸 날짜를 기억하기 위해 달력 기능을 삽입했다. 반별 상황에 따라 해당 문항을 다

못하는 경우가 발생할 수도 있다. 그런 경우 달력 표시를 통해 그 링크를 언제 보냈는지 확인할 수도 있다. 그리고 달력의 달성률을 이용해 해당 문항을 끝냈는지도 확인할 수 있다.

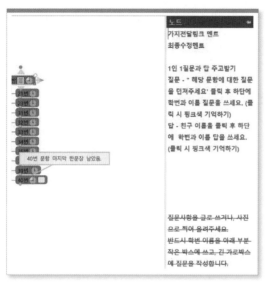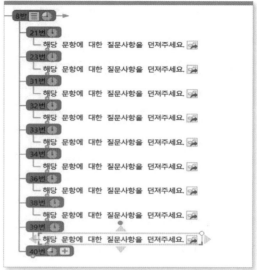

[가지전달 링크]의 경우 약 일주일의 유효기간이 있다. 혹시라도 수업이 미뤄지거나 중간에 대체 휴일과 같이 휴업일이 끼면 링크의 유효기간이 지나버리므로 날짜 표시를 해두면 편리하다. 8개 반에 매일 링크를 보내다 보니 링크가 뒤섞이는 등의 실수가 생기는데, 실수를 줄이기 위해 링크 가 생성되면 바로 카카오톡으로 보내지 않고 이를 반별, 차시별로 저장해 두었다가 영어 부장들 에게 수업 직전에 보냈다. 그리고 실제 수업 시간 중 질문 던지고 답 받기 시간이 되면 학생들은 전달받은 링크를 통해 자신들의 질문을 만들어 보낸다.

1인 1질문을 원칙으로 하나 질문이 겹치기도 하고, 영상을 보고 오지 않은 경우에는 질문을 만들 지 못하는 경우도 발생한다. 그래도 뭐든 만들어 보게 한다. 단어 뜻이든, 구문 설명이든, 해석이 든, 내용 이해 여부든 뭐든 상관없다. 같은 질문이지만 각자의 개성에 따라 다양한 형태의 질문 이 쏟아져 나온다. 때로는 내가 전혀 예상하지 못한 높은 수준의 질문이 나오기도 해서 깜짝 놀 라기도 한다.

학생들의 질문이 화면에 하나씩 늘어날 때마다 학생들은 친구들의 질문에 대한 답을 미리 고민 해 두었다가 자신이 던진 질문을 제외한 나머지 질문에 최소 한 개 이상의 답을 작성한다. 학생 들과 함께 각 질문에 대한 답을 확인한 후, 해당 답의 근거 부분을 찾는 시간을 갖기도 했다. 이를 통해 단순히 답만 확인하는 것이 아니라 답을 찾는 과정도 공부해 보도록 했다. 또한 단어 질문,

구문 질문, 해석 질문, 내용 이해 질문으로 분류하게 한 후, 유사한 질문끼리 묶어서 질문과 관련해 반복적인 입력이 일어나게 하고 이후 이에 대한 답을 말하게 했다. 이 과정에서 학생들은 같은 의도의 질문이지만 그 질문을 표현하는 방식과 접근 방법이 다양함을 배우고, 다른 친구들이 사용하는 표현을 추가로 배우기도 한다.

또 이러한 과정에서 학생들은 반복된 질문을 읽으면서 해당 지문의 내용을 어느 정도는 이해하게 된다. 특히 어려운 과학 지문의 경우 핵심내용이 정리되다 보니 정확한 영어해석은 못 해도 글의 요지와 주제 정도는 대다수의 학생들이 자신의 학습지에 요약하고 정리할 수 있었다. 그리고 실제 이전 지필고사 성적과 비교했을 때, 학생들이 영어 성적이 향상되기도 했다.

수업에 [가지전달 링크]를 통한 질문과정을 포함한 것은 정말 잘한 선택 중 하나였다. 그 시간은 오롯이 학생들이 주체가 되어 학습 내용을 정리하는 시간이었기에 보다 의미가 있었다. 단 조금 아쉬웠던 점은 [가지전달 링크] 질문에 대한 답을 작성하는 과정에서 스마트폰으로 보면 학생들의 질문과 답이 알맞게 배열되는데, 답이 한꺼번에 몰리는 상황이 발생하면 PC 화면에서는 질문과 답이 제대로 연결되지 않는 경우가 있었다. 즉 학생의 질문에 다른 학생의 답이 하위가지로 배열되어야 하는데 질문과 답이 마치 형제가지처럼 동일한 레벨에 배열되는 경우들이 있어 질문과 답을 매치하느라 시간이 소요되는 경우들이 발생하기도 했다.

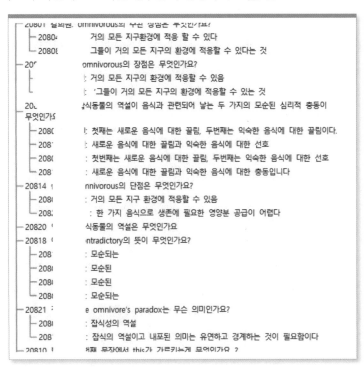

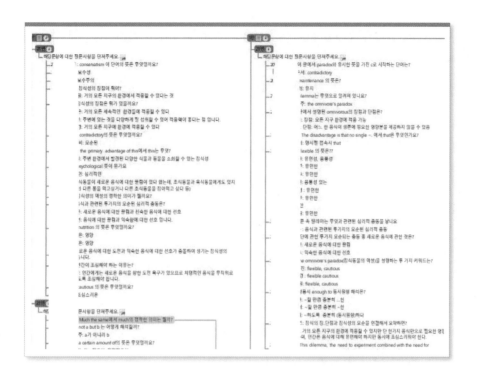

☞ 상단의 도구를 클릭하면 [가지전달 링크]라는 메뉴가 보인다. 이를 클릭하면 링크생성과 링크관리가 보이는데 이 중에서 링크생성을 클릭하면 다시 [가지전달 링크] 생성 창이 뜬다. 필요한 메시지를 작성한 후, 필요에 따라 하단의 전달범위를 설정한 후 확인을 누른다. 이후 [가지전달 링크]가 클립보드에 저장되었다는 메시지가 뜨면서 카카오톡을 실행하려면 예를 누르라는 안내가 보인다. 바로 카카오톡으로 보내고 싶다면 예를 누르고 다른 저장통로에 저장을 원한다면 아니오를 누르면 된다.

[가지전달 링크] 생성시 메시지를 그때마다 작성하기보다는 홈에서 노트를 클릭하여 원하는 메시지를 저장해 놓고 활용하면 더욱 효과적이다. 학생들에게 반복적으로 사용하는 멘트를 반별로 노트를 만들어 저장해 놓으면 수업진도와 반의 특성에 따라 다른 멘트를 실수 없이 보낼 수 있어 편리하다.

6) 교사를 위한 티칭로그로 활용하자

수업에 필요한 학습지와 학습자료가 하나의 맵 안에 모두 연결되어 있으니 다른 창을 추가로 열 필요 없이 한 번에 수업을 진행할 수 있다. 또한 수업 흐름도가 작성되어 있으니 학생들은 화이트보드에 보이는 씽크와이즈 화면을 통해 이번 활동을 하면 다음은 무엇을 해야 하는지 알고 스스로 척척 해낸다. 또 추가 설명이 필요한 문장을 즉각적으로 가지접기와 펴기, 화면채우기 기능을 통해 그 문장에만 집중하며 공부할 수 있고, 내용 이해 문제를 표로 정리하여 역시 화면에 띠

우니 바로 요약 활동 참여가 가능하다. 마지막으로 질문 던지고 답 받기 역시 스마트폰을 이용해 간단한 문자 작성만 하면 되니 앱에 못 들어갔다는 핑계는 필요가 없다.

학생들은 물리적인 교실 공간에만 앉아 있을 뿐 실제로는 씽크와이즈가 만들어낸 가상의 영어 전용 교실 속에서 씽크와이즈만의 전자칠판을 통해 수업에 참여하고 있는 것이다. 아직 교내 1인 1기기가 현실화되지 못한 고등학교 상황에서 어쩌면 가장 손쉬우면서 현실적인 수업 참여 방법일 수도 있다. 또한 이전에는 따로 티칭로그를 작성해서 그날 해당 반이 어디까지 진도를 나갔나 표시하는 등 이중 작업을 했지만 씽크와이즈를 통해 정리하다 보니 티칭로그 자체가 필요 없게 되었다. 맵 안에 반별 시간표가 있어서 시간표를 찾을 필요도 없고, 수업 과정 중 질문 주고받기 단계를 티칭로그로도 충분히 활용이 가능하다.

각 반별로 문항 진도 정도에 따라 문항 번호에 색을 채우는 것도 도움이 될 수 있다. 이미 진도가 끝난 문항의 경우 빨간색을 표시하고, 진도를 다 끝내지 못한 반의 경우 주황색 표시를 해두어 수업 시간에 노트북을 열면 몇 번 문항부터 다뤄야 하는지 색을 통해서 쉽게 알 수 있다. 또한 문항에 달력을 추가하여 해당 문항을 언제 수업했는지 표기를 하다 보니 반별로 진도 맞추기가 훨씬 편해졌다. 그리고 반별 문항 가지에 말풍선을 이용해 해당 반이 몇 번 문항까지 했는지, 어느 활동까지 했고, 다음 시간에 무엇부터 시작해야 하는지 상세하게 표기해 수업 시간 전에 학생들에게 진도를 물어보거나 티칭로그를 뒤적거릴 필요 없이 바로 말풍선 내용만 확인한 후 수업을 진행할 수 있게 되었다.

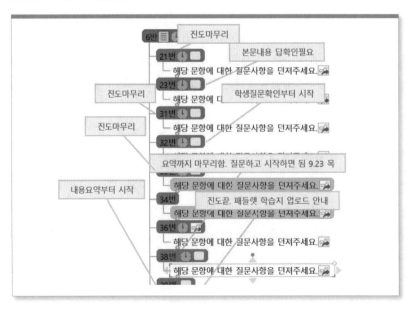

☞ 가지별 색채우기를 활용해서 진도율을 표시할 수도 있다. 위와 같이 가지별 빨간색을 통해 해당 반의 진도
가 확실히 끝남을 알 수 있다. 혹은 달력을 활용해서(시작 날짜와 종료 날짜를 표시하기 / 달성률 표시하
기) 등을 통해서도 보다 확실하게 진도율을 시각화할 수 있다.
　혹은 진도가 애매하게 끝나는 경우에는 말풍선을 활용해서 상세하게 진도상황을 요약해 두어 다음 차시에
바로 수업이 진행되도록 정리해 둘 수도 있다.

씽크와이즈와의 인연은 현재에도, 미래에도 진행형

코로나로 인해 교육 현장에 밀려온 변화와 혁신의 물결은 거의 쓰나미급이었다. 온라인과 오프
라인 수업을 반복하며 실제 교실 현장에 수많은 교육용 프로그램들이 도입되었다. 교육용으로
사용 중인 프로그램들의 가장 중요한 기능을 선택하라면 공유와 협력 기능이라고 생각한다. 공
유와 협력이 온라인과 오프라인 그리고 시·공간을 뛰어넘어 학생들의 적극적인 수업 참여를 끌
어낼 수 있기 때문이다.

씽크와이즈 역시 공유와 협업 기능을 두루 갖추고 있다. 또한 [가지전달 링크]와 [맵전달 링크] 기
능을 통해 다른 프로그램과 마찬가지로 참여자들의 공유와 협업을 가능하게 한다. 현재까지는
씽크와이즈 맵 문서에 구글 수업용 링크나 원노트, 패들렛, 니어파드, 북크리에이터, 알로, 카훗,
워드월 등의 학생 공유 링크를 넣어서 수업 시간에 사용하고 있다. 이런 면에서 씽크와이즈를 이
용한 교육용 앱 스매싱의 가능성도 훌륭해 보인다.

하지만 이제는 단순 [하이퍼링크]나 [가지전달 링크]를 통한 공유와 협업에서 더 나아가 학생들이
직접 개인별 혹은 모둠별 맵을 작성하고 이를 서로 공유하며 수정해 가는 활동수업을 꿈꿔본다.
학생들과 원서를 읽고 챕터별 내용을 맵을 이용해 정리하여 미니북을 만들거나 학습한 문법사항
을 활용해 문장 단위 영작활동을 씽크와이즈로 해보는 상상을 해본다. 화면 속에서 활발히 움직
이는 아이들의 모습을 그려보는 것만으로도 교사로서 희열이 느껴진다.

이러한 모습을 상상하며 이제는 용기를 내서 씽크와이즈 속 협업과 관련된 탭들을 하나씩 활용
해 보고자 한다. 막연한 두려움과 불안함에 사로잡혀 아무것도 하지 않는다면 늘 제자리에서만
발버둥치고 있을 것이다. 알을 깨고 나아야 진정한 세상을 바라볼 수 있는 것처럼 씽크와이즈의

숨은 기능을 더 알아보고 싶다.

하나하나 알아갈수록 배움의 재미를 주는 씽크와이즈이다. 단순히 자료나 생각 정리 도구가 아니라 활용 방법에 따라 실제 수업 활용 확대가 가능하고, 다양한 분야와의 접목이 가능함을 실제 사용을 통해 배웠다. 지금도 나와 씽크와이즈의 인연은 현재진행형이며 내년 이 시점 씽크와이즈와의 인연 역시 미래진행형일 거라 예상해 본다. 내년 이 시간에 나는 학생들과 얼마만큼의 공유와 협업을 실천하고 있을까? 학생들은 씽크와이즈 속에서 얼마나 즐겁게 수업내용을 정리하고 자신의 생각을 친구들과 공유하고 있을까? 잠시 동안 상상해보는 것만으로도 벌써 그 시간이 기대되고 궁금하다.

Chapter 3

새내기 진로진학상담 부장의 설레는 시작

김진경(인천미송중학교, 진로진학상담부장)

새내기 진로진학상담부장의
설레는 시작

1. 업무편

고등학교로 첫 발령을 받고 오랜 시간을 인문계 고등학교에서 학생들을 지도하였다. 임용 초반 고등학교 3학년 학생들을 가르칠 때는 주로 대학 진학지도에 중점을 두었으나 1, 2학년 학생들을 지도하면서 진로가 없는 학생의 진학지도에 한계가 있음을 느끼게 되었다. 학생들의 학교생활에 있어서 학습 의욕이 저하된 것을 인지한 후 꿈과 목표를 가질 수 있도록 진로지도가 진학지도와 병행되어야 한다고 생각하였다. 이에 진로진학상담대학원에 진학하여 학생들과 재미있게 진로를 탐색하고 꿈을 찾을 방법을 공부하였다.

대학원 졸업 후 수학 교과와 진로진학상담의 갈림길에서 큰 용기를 내어 진로진학상담부장 선발에 지원하여 운이 좋게 2021년 진로진학상담부장이 되었다. 하지만 신설 학교로 첫 발령이 나면서 업무에 대한 기존 정보가 없었기 때문에 모든 업무를 새롭게 만들어야 하는 상황이었다. 새롭게 만든 문서, 절차 등을 잘 정리해 두면 내년부터는 일이 수월해질 것이라는 생각에 업무정리 도구를 씽크와이즈로 결정하여 쓰기 시작하였다.

(1) 새내기 진로진학상담부장의 일 년 업무를 한눈에 '로드맵'

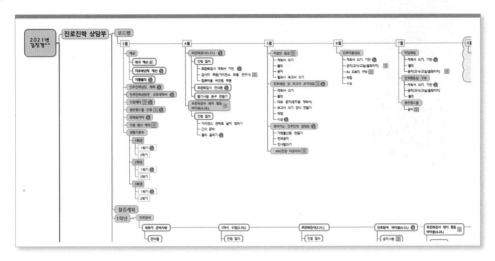

진로진학상담부의 업무는 매년 비슷한 일이 반복된다는 선배 선생님들의 말씀을 들었다. 여러 학교 진로진학상담부장님들께 1년 동안 어떤 행사를 하면 좋은지, 예산은 얼마나 필요한지, 대회는 어떤 대회를 하면 좋을지에 대해 여쭤보는 과정을 통해 간신히 1학기 계획을 먼저 세우게 되었다. 하지만 코로나19로 생각하지도 못했던 변수들이 생기고 대면으로 하는 행사는 취소되기도 하였다. 많은 학교에서 기본적으로 진행하고 있는 행사를 조사하여 씽크와이즈에 월별로 정리하면서 어떤 일을 해야 할지에 대해 나 스스로 정리가 되었다.

이를 진로진학상담부 로드맵이라 정하고 매월 진행한 행사를 씽크와이즈에 담았다. 신설 학교에 발령을 받고 기존에 있던 기안문, 계획서 등에 대한 중요성을 알았기 때문에 모든 표지공문, 계획서 등을 하이퍼링크를 사용하여 씽크와이즈 하나로 모든 문서를 손쉽게 찾아볼 수 있도록 했다.

| 주요 실습 내용 |

● 새로운 맵 만들기 :

① 처음 씽크와이즈를 접했을 때는 씽크와이즈에서 제공해주는 맵을 사용하는 것이 효율적이다. [파일] - [새로 만들기] - [스타일 선택] 또는 [템플릿 선택맵]에서 원하는 맵을 선택한 후 [만들기] 클릭

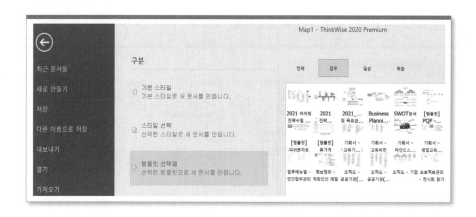

② 더 다양한 맵을 사용하고 싶다면 맵피아 사이트에서 고르는 것도 좋은 방법이다. 맵피아는 [파일] - [새로 만들기] - [스타일 선택] 또는 [템플릿 선택맵] 우측 상단 맵피아 사이트 방문 클릭으로 들어갈 수 있고, [도움말] - [맵 자료실(맵피아)] 클릭으로도 들어갈 수 있다. 맵피아에는 업무, 학습, 일상 등에 대한 수많은 맵이 올라와 있으므로 본인이 원하는 유형을 선택하여 수정해서 쓰면 된다. 만약 독서 관련 맵을 찾고 있다면 맵피아에서 독서를 검색하면 된다.

● 노트 : 학교에서의 주요 업무는 진로 행사를 계획, 진행하는 것이다. 모든 행사를 진행할 때는 해당 교사에게 메시지를 아이스톡으로 보내기 때문에 아이스톡 내용을 노트 기능을 사용하여 정리해 두었다. 노트 창에는 텍스트뿐만 아니라 그림 파일, 표 등을 붙여놓을 수 있고, 쉽게 내용을

확인할 수 있으므로 많이 사용하는 기능 중 하나이다. 또한, 행사업체 담당자명, 연락처 등을 적어놓으면 추후 다시 연락할 때 매우 유용하다.

노트를 입력하고자 하는 [가지 선택] - [홈] - [노트] 메뉴 실행 후 내용을 입력하면 된다. 입력하고 해당 노트를 클릭하면 아래와 같이 내용이 보인다.

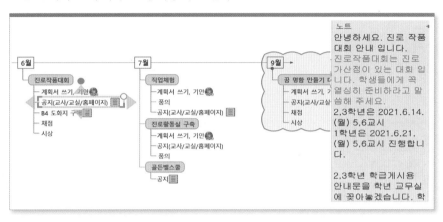

(2) 새내기 진로진학상담부장의 업무 파악하기

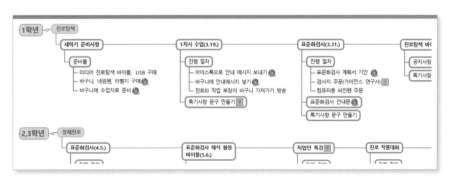

중학교는 자유학기제 진로탐색수업 시간이 있어서 진로진학상담부장인 내가 1학기 17시간 계획을 세워 각 교과 선생님께 안내해야 한다는 것을 알게 되었다. 또한, 1, 2, 3학년 모두 창의적 체험활동 진로 시간이 배정되어 있는데 이 활동도 시간, 내용 등을 내가 정해서 교과 선생님께 안내해야 한다. 예산이 많다면 이 시간을 여러 가지 행사로 진행할 수 있지만, 우리 학교는 학급 수가 너무 많아서 다양한 행사를 할 수 있는 상황이 아니었다. 이에 교육청, 인천시 단체, 관계 기관 등에서 무료로 진로 행사를 진행해 주는 것을 끊임없이 검색하고 신청해야 하는 어려움이 있었다.

여러 행사에 대한 정보를 씽크와이즈에 담아 놓으면 언제든지 필요한 행사를 찾아서 신청할 수 있다는 생각이 들어 1학년과 2, 3학년 행사를 모두 정리했다. 물론 여기에도 모든 신청서, 기안, 계획서, 행정적인 절차를 기록하였다. 결과적으로 너무 좋은 프로그램을 무료로 진행할 수 있었다. 내년에도 씽크와이즈에 정리된 자료를 참고하여 좋은 프로그램을 신청하여 진행할 예정이다.

| 주요 실습 내용 |

● 하이퍼링크 : 하이퍼링크를 사용하면 각종 행사를 진행하기 위한 신청서, 기안, 계획서 등을 클릭 하나로 찾을 수 있다.

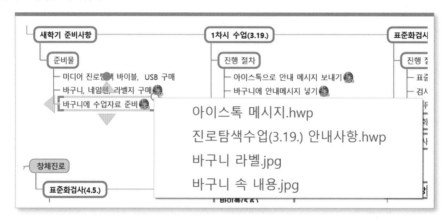

① 파일 하이퍼링크 : 파일 하이퍼링크는 각각의 파일을 링크하는 것으로 원하는 파일을 링크할 때 사용하면 편리하다.

하이퍼링크를 입력하고자 하는 [가지 선택] - [오른쪽 마우스 클릭] - [하이퍼링크] - [파일] - [링크할 파일 선택] - [열기]

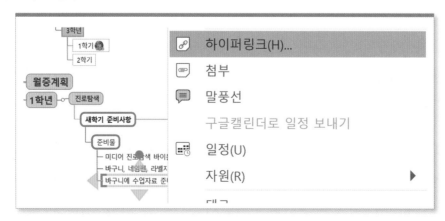

② 폴더 하이퍼링크 : 폴더 하이퍼링크는 파일이 한 개의 폴더에 정리되어 있을 때 사용하면 편리하다.

하이퍼링크를 입력하고자 하는 [가지 선택] - [오른쪽 마우스 클릭] - [하이퍼링크] - [폴더] - [링크할 폴더 선택] - [열기]

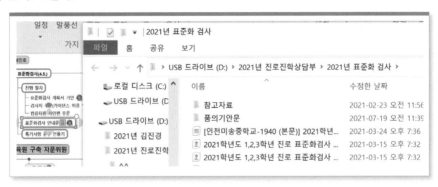

③ 인터넷 주소 하이퍼링크 : 인터넷 주소 하이퍼링크는 참고하고 싶은 인터넷사이트가 있을 때 사용하면 편리하다.

하이퍼링크를 입력하고자 하는 [가지 선택] - [오른쪽 마우스 클릭] - [하이퍼링크] - [인터넷 주소창에 주소 입력] - [확인]

[하이퍼링크 사용 TIP!!!!]

하이퍼링크는 파일, 폴더, 인터넷 주소를 모두 사용할 수도 있다.

또한 파일명, 폴더, 인터넷 주소 명으로 검색이 어려운 경우 해당 파일, 폴더, 인터넷 주소 설명 부분을 알기 쉽게 수정하면 내가 원하는 자료를 찾기가 더 쉬워진다.

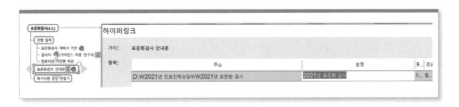

2. 수업편

(1) 재미있는 진로 수업을 위한 노력

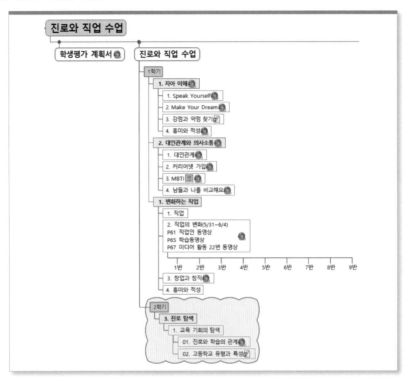

지금까지 입시 위주의 수학 수업을 위해 많은 문제를 풀어보고 어떻게 설명해야 학생들이 이해할 수 있을지를 연구하는데 많은 시간을 투자했었다. 진로진학상담으로 전과를 하고 중학교 1학년 진로와 직업 교과서를 처음 펼쳐본 순간 너무 당황했다. 수학은 개념 설명, 문제 풀이 위주의 수업이었기에 내가 준비한 것 그대로 사실을 설명하면 되는 과목인데, 진로와 직업 수업은 교과서 내용을 바탕으로 학생들과 많은 대화를 나누면서 다양한 의견이 충분히 오고 가야 한다는 것을 알게 되었다. 또한 진로, 직업에 대한 최신 트렌드와 급변하는 사회를 학생들에게 보여주기 위해 많은 자료, 동영상 등을 통한 학습이 필요했다. 특히, 학습 목표에 맞는 수업 활동지 및 동영상을 이용하면 학생들이 지루해하지 않고 재미있는 수업을 진행할 수 있다는 사실을 알고 좋은 수업 자료를 찾고 모은 후 정리하는데 많은 시간을 투자했다.

각 단원에서 활용한 활동지, 동영상 링크가 수업 후 1주~2주만 지나도 기억이 잘 안 나는 상황에서 이 모든 것을 씽크와이즈에 담아 놓고 내년 수업에서는 이를 더 보강하여 수업한다면 더 효율적이면서 재미있고 알찬 수업이 될 수 있을 것이라는 생각이 들었다. 1학기 때는 새로운 업무, 수업에 적응하느라 수업에 대한 맵 정리가 효율적이지 못했다. 2학기 때는 어느 정도 적응이 되었기 때문에 교사의 본분인 수업에 더 집중할 수 있도록 노력 중이다. 학생들에게 도움이 될 만한 수업 자료를 만들고 해당 동영상을 찾는 과정을 더 열심히 하고 이를 씽크와이즈에 알아보기 쉽게 정리할 방법을 꾸준히 생각하고 있다.

| 주요 실습 내용 |

● 테두리 : 테두리를 사용하여 현재 수업 중인 부분을 쉽게 찾을 수 있도록 했다. 내가 좋아하는 색상으로 테두리를 만들어놓으면 씽크와이즈를 보았을 때 예쁜 모양에 기분이 좋아지고 자주 봐야 하는 부분을 한눈에 찾아볼 수 있는 장점이 있다.

테두리를 입력하고자 하는 [가지 선택] - [홈] - [서식] - [테두리] - [원하는 모양의 테두리 선택]

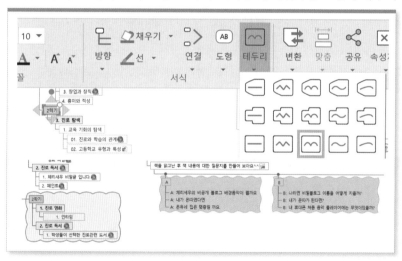

(2) 공부하느라 책 읽을 시간이 없지? 진로 시간에라도 독서를…

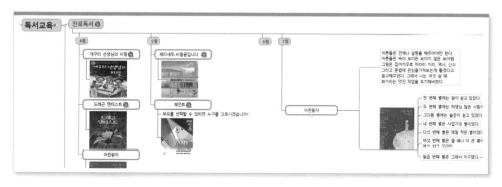

독서 교육이 중요하다는 것은 알고 있었지만, 입시 최전선의 고등학교 학생들에게 수학 교사가 독서 교육을 하는 것에는 한계가 있었다. 늘 독서 교육을 해보고 싶다고 생각하고 있었기에 진로 진학상담부장이 되고 바로 독서 교육을 어떻게 하면 좋을지에 대해 많은 연수를 듣고 고민하는 시간을 가졌다. 내가 먼저 중학교 학생들 눈높이에 맞는 독서를 하고 독서 활동을 해야 효과적인 지도를 할 수 있을 것이라는 생각에 중학생들이 읽으면 좋은 책을 검색하고, 독서 전문가에게 추천을 받아 읽기 시작했다. 그동안 특별한 독서 활동을 해본 적이 없었기에 블로그를 개설해서 독서 활동을 시작했다. 아직은 독서 활동 자체가 어색하고 어렵지만, 꾸준히 책을 읽고 공부해서 조금씩이라도 학생들과 의미 있는 독서 활동을 할 수 있도록 할 것이다.

| 주요 실습 내용 |

● 화면캡처 : 책을 읽고 나면 잘 잊어버리는 경향이 있어서 책 제목과 책 표지를 함께 정리해 놓으면 좋을 것 같다고 생각했다. 책을 직접 사진 찍어서 올려도 되지만 사진보다는 인터넷에 있는 사진을 화면 캡처하여 이용하면 더 깔끔하게 정리할 수 있다.

화면 캡처할 인터넷 [창 활성화] - 캡처 사진을 넣을 [가지 선택] - [도구] - [기타] - [화면캡처를 하면 활성화해놓은 인터넷 창이 보인다. 이 화면에서 원하는 부분을 캡처하면 선택한 가지의 하위 가지로 캡처한 영역이 추가된다.

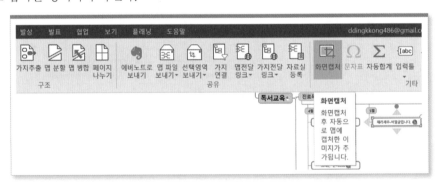

● 인터넷 검색기능 : 씽크와이즈를 처음 접했을 때 인터넷 검색 기능을 보고 매우 충격을 받았다. 많은 기능을 가지고 있는 씽크와이즈를 본격적으로 사용하고 싶게 만든 기능 중 하나이다. 가지 내용 중 검색하고 싶은 부분이 있을 때 사용하면 매우 편리하다.

검색하고 싶은 내용이 있는 [가지 선택] - 화면 오른쪽 윗부분에 있는 [돋보기 ▼ 클릭] - [인터넷 검색]을 통해 검색한 내용 및 사진을 [화면캡처]할 수 있다.

(3) 진로탐색 및 진로독서 동아리

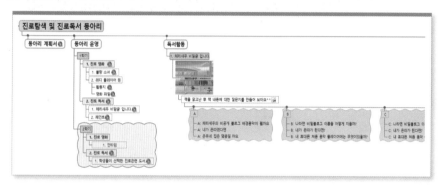

수업 시간에 독서 활동을 하기에는 나의 독서 실력이 너무 부족하다는 생각이 들어서 이를 발전시킬 방법으로 진로 탐색 및 진로 독서 창의적 체험활동 동아리를 만들었다. 한 달에 한 번 있는 동아리 시간을 이용하여 진로 탐색을 하고 독서 및 독서 활동을 계획하고 준비하는 과정이 초보 독서 지도교사로서는 힘들었지만 매우 의미 있는 시간이었고 많은 것을 배울 수 있는 시간이었다. 특히, 독서 활동을 하면서 학생들이 가지고 있는 기발한 생각들에 감탄했고 이를 씽크와이즈에 정리해 놓으면 추후 독서 활동에 많은 도움이 될 것이라는 생각이 들었다. 비록 서툴렀지만, 진로 탐색 및 진로 독서 동아리 활동을 통해 독서 활동에 한 걸음 더 다가갈 수 있는 계기가 되었다.

| 주요 실습 내용 |

● 가지전달 링크 : 원격으로 진행된 진로 독서 시간이 있었다. 학생들이 등교했을 때 책을 미리 나눠주고 원격 동아리 시간에 최대한 집중해서 읽으라고 했다. 독서 시간을 정해주고 책을 가장 적게 읽은 학생이 읽은 부분까지 책 내용에 관한 질문을 만들어 보는 시간을 가졌다. 학생들이

생각했던 것보다 더 집중해서 질문지를 만들었고, 질문지 내용도 훌륭했다. 학생들이 만든 질문들을 모아 정리하면 앞으로 독서 활동에 도움이 될 수 있을 것 같았다. 이때 씽크와이즈 연수 때 배운 [가지전달 링크]로 질문지를 받으면 효율적일 것이라는 생각이 들었고 이를 통해 학생들의 질문을 쉽게 체계적으로 정리할 수 있게 되었다.

[가지전달 링크]로 받을 내용을 적은 가지를 만든 후 [가지 선택] - [도구] - [공유] - [가지전달 링크 ▼ 클릭] - [링크 생성] - 전달할 [메시지 입력] - [확인]을 클릭하면 링크가 클립보드에 저장이 된다. 이것을 가지전달을 받을 학생들에게 [붙여넣기]로 보내주면 된다.

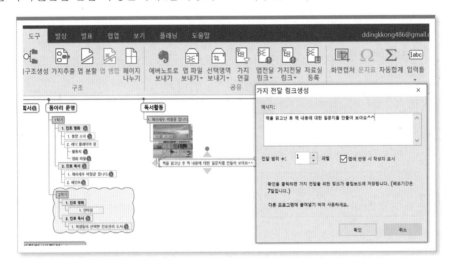

특히 학생들에게 카카오톡으로 [가지전달 링크]를 보낼 경우 다음 그림에서 예(Y)를 클릭하면 바로 카카오톡이 실행됨을 알 수 있다.

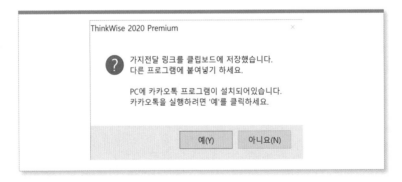

[가지전달 링크]를 받은 학생들은 아래와 같이 본인의 이름(A)을 쓰고 의견을 쓴 후 추가를 누르면 된다.

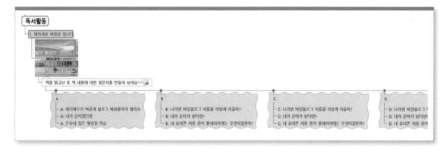

학생들이 [가지전달 링크]를 통해 의견을 보내면 교사는 아래 그림에 보이는 새로 생긴 아이콘을 클릭한다.

─ 책을 읽고난 후 책 내용에 대한 질문지를 만들어 보아요^^

그러면 아래와 같이 학생들이 보낸 내용이 보인다.

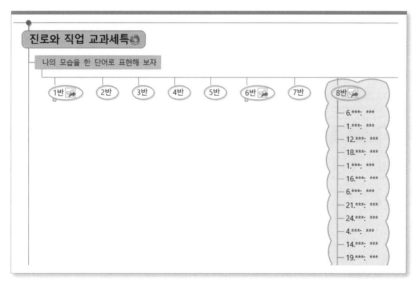

(4) 학생들의 학교생활이 가득 담긴 학교생활기록부 미리 준비하기

학생들에게 학교생활기록부는 매우 중요하기 때문에 학교생활기록부를 쓸 때는 많은 교사가 스트레스를 받기 마련이다. 학교생활기록부를 쓸 때 학생들 모두에게 다른 내용을 써주는 것은 쉬운 일이 아니다. 그동안 단위 수가 많은 수학 수업을 했었기 때문에 과목별 세부 능력 및 특기사항은 보통 4반~5반을 썼었는데 진로와 직업은 단위 수가 적어서 9반의 과목별 세부 능력 및 특기사항을 써야 한다. 학생들 개개인의 특징이 드러나는 생활기록부를 쓰기 위해서는 처음 시작하는 말부터 다르게 시작하면 좋겠다는 생각이 들었다. 이를 위한 방법으로 진로와 직업 첫 단원인 '나의 모습을 한 단어로 표현해 보자'에 대한 내용을 [가지전달 링크] 기능을 사용하여 학생들에게 받았다.(개인정보 보호를 위해 이름, 내용은 모두 가렸음)

학생들에게 받은 내용은 나의 모습을 한 단어로 표현하고 이유를 설명하게 하는 것이었다. 받은 내용을 바탕으로 과목별 세부 능력 및 특기사항의 시작하는 말을 만들었다. 한 학생의 내용을 예로 들면 '자기 이해 활동에서 자신의 모습을 한 단어인 책으로 표현함. 이는 책을 통해 많은 양의 지식을 흡수하며 지적 호기심이 많은 본인의 모습을 표현한 것임. 자신의 모습을 그려보는 작업을 통해 자신을 객관적으로 이해하고 자아 존중감을 형성하는 방법에 대해 탐구함'이다. 수업 시간에 발표한 내용을 그대로 [가지전달 링크]로 받은 것이라 학생들이 내용을 쓰는데 어려움이 없었고 나 역시 손쉽게 생활기록부 기재 내용을 정리한 것이다.

| 주요 실습 내용 |

● 번호 순서대로 정렬 : '나의 모습을 한 단어로 표현해 보자' 내용을 [가지전달 링크]를 사용하여 받을 때 학생들에게 이름 부분에 '1. 김**'으로 쓰라고 했다. 이렇게 숫자를 적고 이름을 쓰면 번호대로 순서를 정렬하기가 쉽다. [순서] 기능은 선택한 가지의 하위가지를 조건에 따라 정렬하는 것이다.

정렬하고 싶은 가지들의 [상위가지 선택] - [도구] - [기타] - [순서 ▼] - [텍스트] 클릭

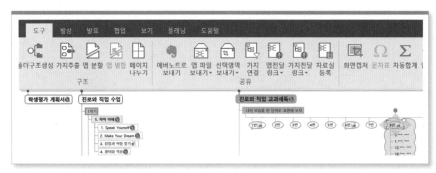

아래 그림과 같이 번호 순서대로 정렬되었음을 알 수 있다.

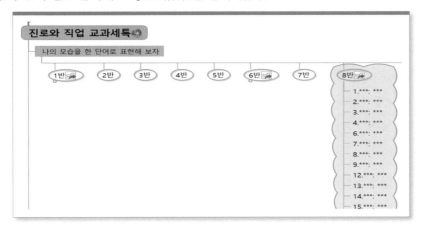

3. 장기적인 발전을 위한 나의 하이라이트

(1) 인천 진로교육 지원단 '반딧불'

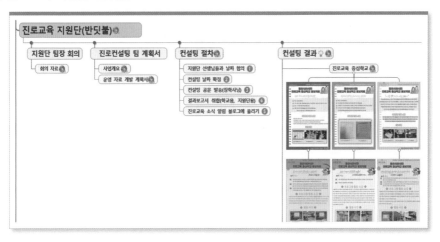

진로 교사가 처음 된 해에 신설 중학교로 발령을 받고 정신적으로 아주 힘들었다. 중학교에서 근무해본 경험이 없었기에 인천 진로교육지원단을 뽑는다는 공문을 보고 바로 신청했다. 진로교육 지원단은 진로교육을 좀 많이 아는 선생님들이 신청할 것 같아서 신청할 때 걱정이 되긴 했지만, 지원단이라도 해야 지원단 선생님들께 정보를 얻고 여쭤볼 수 있을 것 같다는 생각으로 지원했다. 그런데 교육청 담당 장학사님으로부터 뜻밖의 전화를 받았다. 지원단에 신청하신 분 중 진로

진학상담교사가 별로 없어서 진로컨설팅 팀장을 맡아 달라는 제의를 받은 것이다. 진로진학에 대해 아는 것이 거의 없는 나에게 팀장을 맡아달라는 말을 듣고 너무 놀랍고 황당했지만 한번 열심히 해보고 싶다는 생각이 들어 수락했다. 제안을 수락한 후에 안 사실인데 진로교육지원단이 올해 처음 생겼기 때문에 팀장들끼리 회의를 해서 지원단에서 무슨 활동을 해야 할지 계획부터 세워야 하는 상황이었다. 장학사님과 5명의 팀장이 자주 모여 회의를 하면서 지원단을 어떻게 꾸려나갈지 협의하고 우리 팀인 진로컨설팅 팀원 선생님들과 컨설팅을 언제, 어떻게 진행할지에 대해 고민하는 시간을 가졌다. 팀원 선생님들의 반짝이는 아이디어로 컨설팅팀 운영 방법에 대한 큰 틀이 잡혔고 이를 바탕으로 1학기 동안 많은 컨설팅을 나가고 만족스러운 결과물을 얻을 수 있게 되었다.

진로교육지원단 '반딧불' 진로컨설팅 팀장으로 처음부터 지금까지의 회의내용, 계획서, 컨설팅 과정, 컨설팅 결과 등을 모두 씽크와이즈에 정리를 했다. 내년에 내가 또 컨설팅 팀을 하게 될지 아니면 다른 선생님이 하게 될지 모르지만, 나중에 후임 선생님께 인수인계해서 어려움 없이 지원단 활동이 이루어질 수 있도록 꼼꼼하게 정리하는 과정을 통해 성취감을 얻게 되었다.

| 주요 실습 내용 |

● 기호 추가 : 여러 번에 걸쳐 진로 컨설팅 팀 컨설팅 절차를 완성하게 되었다. 컨설팅 팀 팀원들에게 컨설팅 절차를 효과적으로 설명해주기 위한 도구로 씽크와이즈를 선택하여 작업하였다. 컨설팅 절차를 순서대로 적고 숫자 기호를 추가하여 정리하고 팀원들께 공지하였더니 팀원들이 이해가 잘 되었다고 했다. 모든 절차에 필요한 서류들은 폴더 하이퍼링크로 정리하여 컨설팅하면서 놓치는 부분이 없게 진행하였다.

기호를 추가할 [가지 선택] - 화면 오른쪽 [기호 탭 클릭] - 추가할 [기호 클릭]

아래 그림과 같이 컨설팅 순서가 한눈에 잘 보임을 알 수 있다.

(2) 인천 사이버진로교육원 자문위원

진로교육지원단 '반딧불' 담당 장학사님께서 우리나라 최초로 만들고 있는 '인천 사이버진로교육원 구축 자문위원'으로 나를 추천해 주셨다. 아직 진로진학상담교사가 된 것이 어색한 상황이었지만 우리나라 최초라는 말을 듣고 한번 해보고 싶은 생각이 들었다. 역시나 처음 구축하는 것이라 회의가 자주 있었다. 나는 자문위원이었기 때문에 많은 일을 한 것은 아니지만 사이버진로교육원 구축 과정에 대한 설명을 듣고 궁금한 사항을 질문하고 의견을 제시하였다. 이런 과정을 통해 나의 작은 의견들이 반영되면서 사이버진로교육원이 만들어지고 있음에 작은 성취감을 느꼈고 앞으로 진로진학상담교사로서 더 열심히 노력하고 활동해야겠다고 생각했다.

| 주요 실습 내용 |

● 쪽지 추가 : 사이버진로교육원 구축 자문위원 회의를 하러 가기 전에는 항상 미리 받은 회의 내용을 읽어보고 궁금한 사항, 개선 사항 등을 고민하는 과정이 필요하다. 미리 고민해본 내용을 [쪽지] 기능을 사용하여 정리한 후 이를 회의 시간에 발표했다.

[홈] - [가지] - [쪽지]에서 원하는 색의 쪽지를 선택한다.

내용을 작성한 후 작성한 [쪽지]를 클릭하여 원하는 가지로 드래그한다.

아래 그림과 같이 질문할 내용을 쪽지로 정리하면 회의를 알차게 할 수 있다.

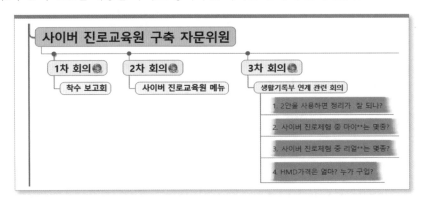

[쪽지 사용 TIP!!!]

가지 한 개를 선택한 후 [홈] - [가지] - [쪽지]를 클릭하면 가지 속 내용이 쪽지로 변한다.

(3) 본격적인 독서 활동을 시작해 보자

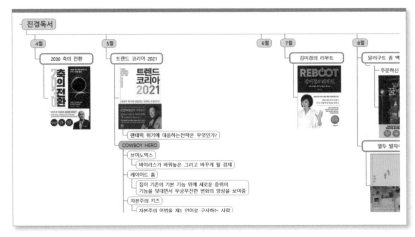

독서에 대한 중요성을 알면서 학교 업무, 육아 등을 핑계로 지금까지 제대로 된 독서를 하지 못했다. 고등학교 수학교사로 있으면서 수업 준비하는데 많은 시간이 필요했기 때문에 정신적, 육체적으로 힘들다는 이유로 책을 읽기는 하지만 책을 읽고 난 후의 활동은 전혀 없었다. 진로진학 상담교사가 해야 할 일 중 하나가 독서 교육이라고 생각하고 있기 때문에 나 자신을 위한 독서 활동을 하고 이를 바탕으로 학생들을 지도해야겠다는 계획을 세웠다.

3월부터 효과적인 독서 활동을 위한 연수를 듣고 여러 선생님께 자문했지만, 아직도 독서 활동은 어렵고 방향을 잡기 어려운 상황이다. 이에 일단 나부터 읽고 쓰자는 것을 목표로 블로그를 시작했다. 평생 글 쓰는 걸 두려워했던 나였기에 비공개 블로그를 만들어 책에 대한 내용을 쓰고 짧게나마 내 생각을 쓰기 시작했다. 책을 읽고 블로그를 쓰는 작업이 아직 습관이 되지 않았지만, 꾸준히 해보려고 자주 다짐하곤 한다.

| 주요 실습 내용 |

● 맞춤 기능 사용하기 : 형제가지나 그림이 여러 개 있을 때 그림 크기가 다르면 아래처럼 맵이 어수선해 보인다.

맞춤 기능을 사용하면 그림 크기가 똑같게 맞춰져 깔끔한 형태의 맵을 만들 수 있다.

크기를 똑같이 하고 싶은 [사진들 클릭(Ctrl 키를 누르고 여러 개의 가지 클릭)] - [홈] - [도구] - [맞춤] - [모두 맞춤]을 클릭한다.

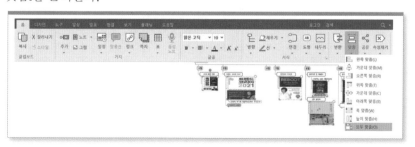

그림의 크기가 모두 일정해지며, 드래그를 통해 그림의 크기를 조정할 수도 있다.

[가지 선택 TIP!!!]

맞춤 기능을 사용할 가지가 같은 레벨의 가지인 경우 : [가지 한 개 선택] - [오른쪽 마우스 클릭] - [가지 선택] - [모든 같은 레벨]을 클릭하면 같은 레벨의 가지가 모두 선택된다.

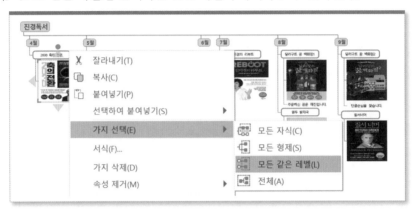

(4) 우연과 인연의 결정체 씽크와이즈

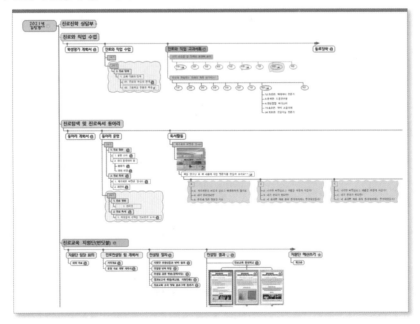

일 년 전에 인천시 교육연수원에서 진행한 씽크와이즈 연수를 우연히 알게 되었다. 씽크와이즈 가 뭔지 모르는 상태에서 한번 배워보고 싶다는 생각이 들었지만 연수는 이미 끝났기 때문에 들

을 수가 없었다. 연수 목록에 있던 강사님 연락처를 보고 무작정 문자를 보낸 후 연락을 기다렸다. 바로 연락을 주신 강사님께서는 너무도 친절하게 씽크와이즈에 대해 설명해주었고 본인이 강의했던 동영상 녹화본을 보내주셨다.

동영상을 참고하여 기초부터 맵을 만들어보면서 씽크와이즈의 매력에 빠지게 되었다. 혼자 씽크와이즈를 고군분투 공부하고 있던 시기에 인천시 교육연수원 씽크와이즈 연수가 또 개설되었다. 씽크와이즈 연수 담당 연구사님이 작년 연구부장 업무로 만나게 된 분이었다는 사실과 연수를 도와주시는 분이 씽크와이즈를 처음 보고 무작정 연락을 드렸던 강사님이라는 사실을 알고 이런 우연이 또 있을까 하는 생각이 들었다. 겨울방학 동안 긴 연수를 들으면서 '연수가 이렇게 재미있을 수도 있을까?', '연수하시는 분들을 코로나19로 원격으로만 뵈었는데 이렇게 친근감을 느낄 수 있을까?'라는 생각을 하곤 했다.

나의 마음이 연수를 들은 많은 선생님의 마음과 같았던지 연구사님께서 '2021년 교간형 전문적 학습공동체'를 만들자는 제의를 하셨다. 교간형 전문적 학습 공동체를 통해 나는 맵을 더 열심히 만들기 시작했고 이를 실시간 유튜브로 사례발표를 하는 경험을 맛보았다. 씽크와이즈를 우연히 시작한 후 부족하지만, 사례발표를 한 경험은 남 앞에 서는 것을 좋아하지 않던 나에게는 인생의 새로운 전환점이 되었다. 무슨 일이든 일단 시작하여 열심히 하면 잘할 수 있을 것 같은 자신감이 생겼다. 이는 앞으로 나의 인생을 살아가는데 매우 중요한 터닝 포인트가 된 것임이 분명하다.

(5) 평생 숙제인 영어 공부를 규칙적, 체계적으로 시작하다

많은 사람이 공통으로 잘하고 싶은 것 중의 하나가 영어일 것이다. 나 역시 영어 공부를 열심히 해야겠다고 늘 다짐은 하지만 지속적인 학습을 하지 못하고 있었다. 전공을 바꾸고 씽크와이즈를 시작한 후 나는 이전과는 다르게 체계적이고 계획적으로 삶을 살기 시작했다. 완벽하지는 않지만 조금씩 변하고 있는 나를 발견하고 있다. 기존 영어 공부 자료가 너무 많아서 앞으로 꾸준히 학습해야겠다고 생각한 영어 교재를 씽크와이즈에 정리했다. 교재 스캔본, 음원 파일을 하이퍼링크 기능을 이용하여 정리한 후 교재가 필요할 때 쉽게 찾아서 공부할 수 있게 되었다.

(6) 수학 못 하는 나를 상상할 수 없기에 수학 공부는 계속되어야 한다

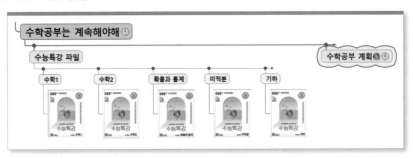

고등학교 시절부터 수학을 제일 좋아하고 잘하는 과목이라고 생각했던 나에게 진로진학상담으로의 전과는 많은 고민 끝에 결정한 것이다. 학생들이 수학을 이해하기 쉽게 하려면 엄청난 시간을 투자해서 수업 연구 및 준비를 해야만 했었다. 이런 내가 전과를 해서 수학 수업을 안 하면 몇 년 뒤에는 수학을 잘하지 못하는 일이 생길 것 같은 두려움이 생겼다. 20년 넘게 수학을 사랑하고 잘하는 사람이라고 생각했었기에 앞으로도 수학의 끈을 놓고 싶지 않았다. 이에 학교 업무에 방해가 되지 않는 범위에서 수학을 지속해서 공부해야겠다는 계획을 세웠다. 공부할 교재의 PDF를 다운받아서 씽크와이즈에 정리한 결과 책을 가지고 다니지 않아도 내가 원하는 시간, 장소 어디에서든지 교재를 볼 수 있게 되었다. 특히 펜이 있는 태블릿 PC를 항상 가지고 다닌다면 씽크와이즈에 정리해 놓은 파일을 언제든지 태블릿으로 불러내서 학습할 수 있게 되어 자투리 시간을 효율적으로 사용할 수 있다.

(7) 내가 원하는 것을 마음껏 하고 싶으면 체력 키움을 하자!!

규칙적인 운동과는 거리가 멀던 나는 6년 전부터 수영의 매력에 빠졌으나 코로나19로 수영장을 갈 수 없는 상황에 무슨 운동을 해야 할지에 대한 고민이 시작되었다. 운동을 안 하고 고민만 하다 보니 몸에 이상 반응이 오기 시작했고 체력이 급하게 저하되면서 하고 싶은 일을 할 수 없는 상황에까지 오게 되었다. 더는 운동을 미룰 수 없다는 생각에 씽크와이즈로 운동계획을 세워 실행하기 시작했다. 씽크와이즈 [플래닝] 중 월간 캘린더를 이용하면 내가 매일 사용하는 구글 캘린더와 연동할 수 있기 때문에 핸드폰, PC, 태블릿 등으로 언제든지 운동계획을 볼 수 있다.

| 주요 실습 내용 |

● 플래닝 : 플래닝은 계획을 입력하기도 편하고 단축키를 이용하여 반복되는 계획을 복사하기도 편해서 영어 · 수학 학습, 독서 및 운동계획은 주로 씽크와이즈 플래닝에서 입력한다.

[플래닝] - [주간 또는 월간 또는 연간] - 연동할 구글 캘린더 [이메일 주소 입력] - [연결]

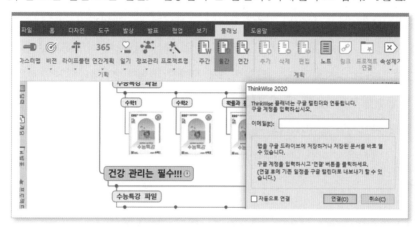

[플래닝 기능 사용 TIP!!!]

오른쪽 윗부분에 오늘, 주, 월, 년을 선택할 수 있다. 주간으로 선택하면 입력 창이 크고 한눈에 잘 보여서 입력하기 편리하고, 월로 선택하면 한 달 계획이 한눈에 잘 보이기 때문에 편리하게 사용할 수 있다.

4. 두근두근 새로운 교직 생활을 씽크와이즈와 함께 시작하면서

(1) 본격적으로 씽크와이즈를 시작하고 원고를 집필하다

작년(2020년)에 씽크와이즈를 처음 접했을 때 씽크와이즈를 고등학교 수학 교사가 사용하기에는 한계가 있다고 생각했다. 하지만 진로진학상담교사로 전과를 계획하고 있던 나에게 씽크와이즈는 전과를 해서 꼭 사용해보고 싶은 도구였다. 10월 말에 진로진학상담교사로 선발되고 씽크와이즈에 대해 알아보기 시작했다. 씽크와이즈를 시작한 지 얼마 되지 않았지만 많은 우연과 인연 속에서 시작한 씽크와이즈로 책 원고를 쓰고 있는 지금 내 모습이 매우 낯설다. 씽크와이즈를 다소 늦게 알았지만 매일 조금씩 나의 업무 및 일상을 정리한 결과가 책으로 나올 수 있게 되었다. 새로운 교직 생활을 시작한 나 자신을 조금 더 발전시켜준 씽크와이즈를 앞으로도 열심히 사용할 것이다.

(2) 앞으로 반짝 빛날 나의 교직 생활

현재 나의 씽크와이즈는 한 개의 맵으로 이루어져 있다. 아직 한 학기 분량의 맵이기 때문에 가능한 것이다. 맵의 내용이 커지면 분류를 해야 할 듯하지만, 맵이 여러 개로 쪼개지면 내가 해야 할 일, 하고 싶은 일이 한눈에 보이지 않아서 놓치게 되는 부분이 생길 것 같기도 하다. 효율적으로 맵을 분류할 방법에 대한 연구가 필요하다.

코로나19로 원격수업이 많아지고 있는 현 상황에서 [가지전달 링크]를 활용한 수업을 활발하게 해보고 싶다. 학생들과의 교류가 활발한 과목이기 때문에 [가지전달 링크]를 활용한 수업을 연구하여 적용한다면 분명 좋은 수업을 진행할 수 있을 것으로 보인다.

특수학교 1년 업무, 씽크와이즈로 신박하게 정리하기

이소라(인천인혜학교, 고등과정부장)

Chapter❹

특수학교 1년 업무,
씽크와이즈로 신박하게 정리하기

1. 수업편

(1) 무대뽀 마인드로 시작한 씽크와이즈 활용 환경동아리 운영

시교육청에서 예산을 지원하는 기후생태교육동아리를 맡고서 학생참여 중심의 여러 가지 활동을 구상하였다. 1개의 플랫폼에 활동 과정을 함께 정리하면 좋겠다는 생각으로 구글사이트에 동아리 홈페이지를 개설하였다. 부푼 기대를 안고 시작하였으나 스마트 기기를 이용한 홈페이지 접속부터 활동별 하위 카테고리를 찾아 활동사진을 올리는 과정까지 장애학생들마다 겪는 어려움이 달랐다. 개별로 지원하다 보니 시간과 노력이 많이 들었고 학생들의 접근이 쉽고 활용하기 편한 플랫폼으로 바꿀 필요성을 느꼈다.

그리하여 생각한 건 바로 씽크와이즈! 기존에 만들어 두었던 업무 맵에도 동아리활동이 포함이 되어 있었다. 하지만 업무 맵에 창의적 체험활동 시간에 이루어지는 동아리 활동 내용까지 포함하기에는 맵이 커지고 시각적으로 주의가 분산될 수 있을 듯하였다. 그래서 업무 맵에는 동아리 활동 업무와 관련 자료를 올리는 것으로 하고 별도의 학생 참여형 동아리 활동 맵을 구상하여 실제적인 활동 중심으로 만들어질 수 있도록 구상하게 되었다.

동아리 맵은 어떻게 만들었을까? 동아리 맵을 만들기 위해 먼저 [파일]-[새로 만들기]의 [기본 스타일]에서 동아리 활동에 적합할 것 같은 가지 모형의 맵을 선택하였다. 다음으로 맵을 대표하는 멋진 제목을 입력하여 가지 만들기를 한 후 주요 동아리 활동을 입력하였고, 스페이스바를 이용한 하위가지 만들기를 통해 관련 활동을 학생들이 참여하여 수행할 수 있도록 하였다.

때로는 맵을 구성하다 보면 한눈에 파악이 쉽도록 하위가지 전체 또는 부분적으로 방향을 바꿔보고 싶은 경우가 있다. 이 경우에 바꾸고자 하는 가지를 선택한 다음 [홈] - [방향]에서 방사형, 왼쪽, 오른쪽, 위/아래, 조합형 등에서 원하는 방향을 선택하거나 마우스의 오른쪽을 클릭하여 나타난 여러 가지 모양 중에서 원하는 방향을 선택하여 변경할 수도 있다. 맵은 만들면 만들수록 어떻게 하면 효율적으로 이용할 수 있고 맵이 길어지지 않게 접근이 용이하고 파악이 수월해지는 맵을 만들 수 있을까 하는 고민을 하며 만들게 되는 것 같다.

또한 맵을 만들다 보면 동일 가지 선(형제 가지)에 있는 도형 안의 텍스트가 1줄 또는 2줄이 되어 높이가 일정하지 않게 되는 경우가 있다. 이때 동일선상의 가지 도형(형제 가지)을 마우스로 드래그하여 선택하거나 마우스 선택이 어려운 경우, 한 도형을 선택하여 마우스 오른쪽 버튼을 눌러 [가지 연결] - [모든 형제]를 클릭한다. 그런 다음 [홈] - [맞춤]에서 높이 맞춤을 선택하면 동일한 높이로 변환되어 가독성이 보다 좋아지는 효과를 줄 수 있다.

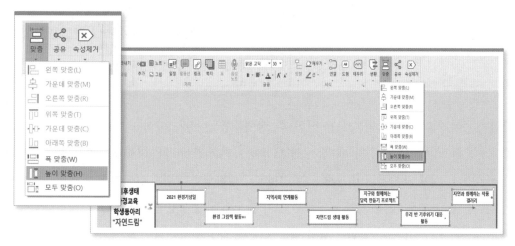

맵 구성이 어느 정도 틀이 잡히면 조금 더 예쁘게 디자인하고 싶은 마음이 들곤 하였다. 더군다나 학생들과 함께하는 맵을 만들자니 더욱 이와 같은 마음이 들었고 이왕이면 다홍치마다 싶어서 배경색 채우기를 통해 맵에 살짝 변화를 주었다. 이를 위해 맵 바깥쪽에 커서를 두고 [홈] - [채우기]에서 마음에 드는 한 가지 색깔을 선택하여 배경색을 채워주었다. 연한 초록색 계열의 색으로 채워주니 동아리 활동과 관련된 자연의 느낌을 나타내면서 시각적으로 따뜻한 효과를 줄 수 있었다.

이외에 맵에 시각적 효과를 주기 위해 씽크와이즈 기능을 적용하였던 방법을 소개하고자 한다. 매월 프로젝트를 진행하다 보니 해당 월의 환경기념일의 날짜와 내용이 헷갈리는 경우가 생기게 되었고 [노트]에 관련 내용을 정리해두고 필요할 때마다 열어보곤 하였다. 그러나 이보다는 환경 기념일이 맵에서 항상 보일 수 있게 설정하는 것이 보다 효율적이었다. [도구]-[엑셀] 또는 [한글] 에서 [표]를 선택하여 월별 환경기념일을 표로 정리하여 입력하면 저장이 되고 맵에서 항상 볼 수 있게 할 수 있다. 내용 수정도 용이하기에 이 기능을 추천한다.

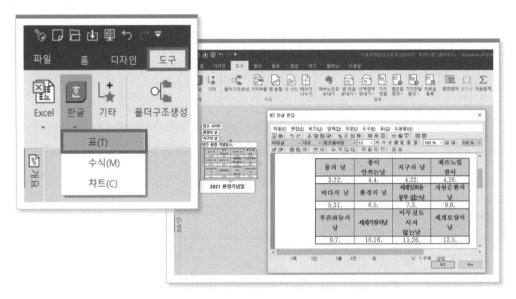

이렇게 동아리 활동 맵의 기본 틀을 만든 후, 장애학생들이 씽크와이즈 맵에 대한 거부감 없이 자연스럽게 스며들 듯 맵에 친숙해질 수 있도록 동아리 시간에 맵을 자주 노출하면 좋겠다는 생각이 들었다. 이에 기존에 국어 교과 수업 연계로 진행하였던 그림책 활동이 맵을 접하는데 있어 친숙함을 줄 수 있을 것 같아 환경 그림책 읽기 활동으로 맵 활용을 시작하였다. 그리하여 그림책 활동 시간에 먼저 맵의 월별 그림책 활동 부분을 화면에 확대하여 보여주었고, 맵에 링크를 걸어둔 가지를 클릭하여 노래와 관련 영상이 재생될 수 있도록 하여 흥미를 유발하였으며, 실제 그림책 읽기 활동과 자연스럽게 이어질 수 있도록 하였다.

이러한 씽크와이즈의 [링크]-[하이퍼링크] 기능은 한글, 엑셀, PDF, PPT 등의 파일뿐만 아니라 수업에 자주 활용되는 패들릿, 유튜브, 땡커벨, 카훗 등과 링크 주소로 연동이 잘 되기에 마음껏 활동 자료를 올릴 수 있다는 점이 매력적이었다. 또한 활동 순서와 내용을 맵을 통해 순차적이면서도 명시적으로 보여줄 수 있어 순서와 규칙에 민감한 학생들에게 예측 가능한 활동을 제시할 수 있다는 측면에서 맵 활용의 가능성을 엿볼 수 있었던 것 같다.

맵에 대한 적응이 어느 정도 이루어진 후에는 학생들의 참여를 도모하기 위하여 [가지전달 링크] 기능을 활용하였다. 이 기능을 통해 학생들이 직접 찍은 활동사진이나 활동한 내용을 올릴 수 있도록 하였다. [도구] - [가지전달 링크] - [링크 생성]에서 어떤 활동사진을 올려야 하는지에 대한 메시지와 전달 범위(하위가지 수 고려하기)를 설정한 후, 카카오톡으로 보냈다. 학생들은 학교에서 제공한 개별 태블릿 PC의 카카오톡으로 전달받은 가지에 자신의 이름을 입력한 후, 활동사진을 올리는 것으로 활동에 참여하였다. 주로 이루어진 사진 업로드 활동으로는 교사와 함께 그림책 표지 인증샷 찍어 올리기, 독후 활동지 사진 올리기, 텃밭 활동 및 업사이클 사진 올리기 등이 있었다.

[가지전달 링크를 활용한 동아리 활동]

애초에는 텃밭 활동(간판 만들기, 텃밭 관리하기, 수확하기, 텃밭 정리하기 등)을 하며 찍은 사진을 올리는 것과 더불어 활동 후 느낀 소감을 입력할 수 있도록 계획하였다. 텍스트 입력이 가능한 학생은 텍스트 입력으로, 텍스트 입력이 어렵거나 의사소통이 어려운 학생은 활동을 통해 느낀 감정을 나타내는 AAC(보완대체의사소통) 그림 상징을 선택해 상징 사진을 찍어 올릴 수 있도록 하였다. 그러나 실제로는 학생들이 텃밭 활동에 맵 활동까지 하기에는 시간이 부족하여 활동 소감 부분은 기존 방식대로 진행되어 맵으로까지 이어지기 어려웠다.

하지만 사진 올리기 외에 씽크와이즈 기능 중 하나인 인터넷 검색 기능은 활용해보기도 하였다.

텃밭 작물로 요리하기 활동의 경우, 요리명이 입력된 도형을 클릭한 후, 단축키 [F9]를 눌러 요리 사진과 방법을 찾을 수 있도록 하였고, 요리 사진은 검색창의 이미지 탭을 클릭하여 검색할 수 있도록 하였다. 다음으로 맵에서 [도구] - [화면캡처]를 클릭한 후, 원하는 요리 사진을 드래그하여 하위가지로 포함될 수 있도록 하였다.

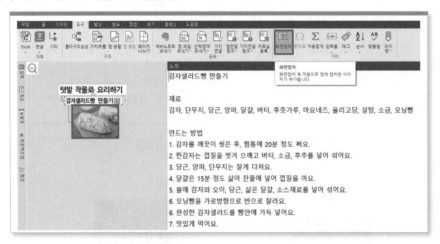

동아리 활동에서 주로 사용한 [가지전달 링크] 기능은 텍스트 입력 이외에 사진 업로드가 가능하므로 장애학생 중에서 한글을 모르거나 스마트 기기로 한글 입력에 어려움을 보이는 경우, 활동한 내용을 사진으로 촬영하여 올릴 수 있으므로 보다 많은 학생의 참여가 가능해질 수 있다. 물론 이와 같은 과정이 물 흐르듯 진행되었다면 더할 나위 없었겠다. 하지만 개별 학생마다 나타내는 다양한 특성으로 그에 맞는 도움이 필요하였기에 활동 중에는 몸이 2개 이상이면 좋겠다 싶을 정도로 정신이 없었지만 결과물이 시각적인 맵으로 보여 학생도 교사도 성취감을 느끼는 시간이었던 것 같다.

이렇듯 [가지전달 링크] 기능으로 활동사진과 내용을 동아리 시간에 함께 공유할 수 있었으며, 맵을 이용하여 학생 자신이 올린 부분을 발표할 수 있도록 기회를 제공하여 함께 이야기함으로써 활동을 정리할 수도 있었다. [가지전달 링크] 기능을 활용하며 한 가지 아쉬운 점이 있었다면 학급에 스마트폰을 소지한 학생이 없어 교사의 ID를 공유하여 활동을 진행한 부분이었다. 교사 ID 공유 외의 방법이 있다면 누구라도 알려주면 정말 감사할 것 같다.

앞으로는 동아리 활동 맵에서 나아가 교과 수업에 적용해보고 싶으며 학생들이 장애를 가졌더라도 조금씩, 천천히 씽크와이즈의 기능을 익혀 맵을 직접 구상하고 만드는 학생 주도형 활동이 될 수 있도록 많은 동료 교사와 함께 고민하며 적용해 나가고 싶다.

[동아리 전체 맵 예시]

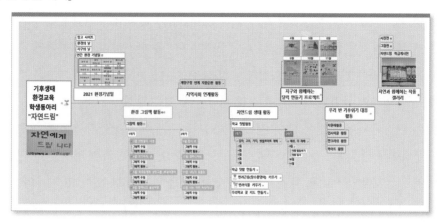

2. 업무편

(1) 한눈에 쏙쏙, 씽크와이즈 맵으로 특수학교 업무 뽀개기

학교 구글 계정을 받고서 무제한 파일 업로드가 가능한 구글파일스트림을 설치하게 되었다. 늘 USB, 외장하드에 업무 및 수업자료 파일을 저장하다 분실하거나 뻑이 가서 파일이 날아가버린, 하지 않았으면 하는 경험을 해본 나로서는 신이 나서 온갖 파일을 내 드라이브에 담기 시작했다. 그러다 업무 파일 요청을 받게 되거나 기안에 필요한 파일을 찾으려 컴퓨터 화면을 바라본 순간, 펼쳐진 수많은 폴더들… 나는 그 파일을 도대체 어디다 넣어두었을까?

이렇듯 마음 한구석 짐과 같았던 업무 파일들의 정리에 대한 압박감만 느끼고 미처 실행에 옮기지 못했던 차에 씽크와이즈 연수를 수강하게 되었고 새로 배운 기능도 익히고 쌓이고 쌓인 업무 파일 더미도 정리할 겸 맵 만들기에 도전하였다. 먼저 맵 만들기에 앞서 굵직한 주요 업무를 나열하며 맵을 구상해보았다. 다행히 연수에서 특수학급 선생님의 업무 맵 강의를 통해 아이디어를 얻을 수 있었고 많은 도움이 되었기에 맵 만드는 것에 대한 부담감을 덜면서 특수학교 업무에 맞게 개인적인 선호도를 반영하여 나만의 업무 맵을 구성할 수 있었다.

맵 만들기를 위한 첫 번째 단계로 [파일]-[새로 만들기]에서 [기본 스타일], [스타일 선택], [템플릿 선택맵] 중에서 이것저것 눌러보며 나의 업무와 어울릴 듯한 맵을 골랐다. 그런 다음 맵을 대표하는 멋진 제목을 입력한 후, 주요 업무를 중심으로 스페이스바를 이용한 가지 만들기를 통해 하위 업무를 세분화했다. 여기서 유의할 점은 1년 업무 맵의 경우, 업무 내용을 지나치게 세분화해 나가다 보면 맵이 너무 길어지는 경우가 생길 수 있다. 맵이 길어지면 한눈에 업무 파악이 쉽지 않게 되므로 하위가지를 많이 생성하기보다는 [노트] 기능을 활용하여 씽크와이즈 화면 오른쪽에 나타나는 노트 칸에 관련 내용을 입력하는 것을 추천한다. 이러한 [노트] 기능은 맵이 길어지지 않게 하면서 업무와 관련된 세부 내용을 많이 담을 수 있는 장점이 있다.

주요 업무와 관련된 내용이 많아 맵이 옆으로 넓어지는 경우에는 색깔과 기호를 활용하여 주요 업무를 구분하여 준다. 이는 업무 간 구분이 용이하고 주요 업무와 하위 업무 간의 연결성도 부각되기에 시각적으로 업무 내용 파악이 용이하였다. 맵을 만드는 데 있어 또 하나의 팁은 [테두리] 기능이다. 업무 맵에서 한눈에 찾기 쉽게 하거나 강조하고 싶은 영역이 있는 경우, 상위가지를 선택한 다음 [홈] - [테두리] 기능을 적용하면 된다. [테두리] 기능에 가보면 여러 가지 모양의 테두리가 제시되어 있어 이 중에서 원하는 형태를 선택할 수 있다. 테두리를 선택한 다음에는 [채우기], [선] 등 테두리 서식을 정하여 꾸밀 수도 있다.

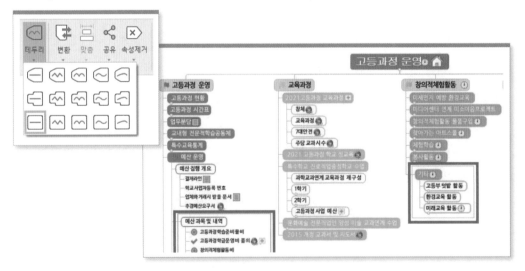

업무 맵을 활용하다 보면 여러 개의 업무 중에서 한 가지 업무(특정 가지)만 중점적으로 보고 싶거나 크게 보고 싶을 때가 있을 수 있다. 이럴 때는 [ctrl]+[enter] 단축키를 이용하여 내가 보고 싶은 업무 부분만 확대하여 볼 수 있으며 전체 맵으로 다시 돌아가고자 할 때는 [ctrl]+[enter] 단축키를 다시 누르거나 왼쪽 상단의 돋보기를 클릭하면 된다. 단축키가 헷갈리거나 생각이 나지 않을 때에는 [도움말] - [단축키 맵]에서 다양한 기능에 대한 단축키를 안내하고 있으니 걱정하지 않아도 된다.

씽크와이즈 기능을 활용하여 주요 업무와 세부 업무내용을 맵으로 정리하였다면 다음 단계로 업무 처리를 보다 효율적이고 꼼꼼하게 하기 위해 주요 업무와 동일한 선상에 월별 업무 가지를 만들어 월별로 처리해야 하는 업무 개요를 작성할 수 있다. 1년 동안의 업무를 1학기, 2학기 그리고 월별로 간략하게 개요 형식으로 정리하면 월별로 처리해야 하는 업무를 한눈에 파악할 수 있다. 월별 업무 정리 시, 해당 달의 하위 가지를 업무 처리 순으로 만들 수 있으며 3월과 같이 업무가 집중되는 달은 업무 개요가 많아지기에 업무 중에서도 우선순위가 높은 업무의 경우, 글자 색을 빨간색으로 하는 등 눈에 띄게 설정해두면 반드시 또는 우선적으로 처리해야 하는 업무를 파악하는 데 도움이 된다. 이와 더불어 월별로 반복되는 공통적인 업무는 월별 체크 사항으로 따로 정리해두면 월별 맵이 길어지고 복잡해지지 않도록 할 수 있으며, 맵을 열 때마다 공통 업무를 파악할 수 있어 빠트리지 않고 업무 처리를 할 수 있다.

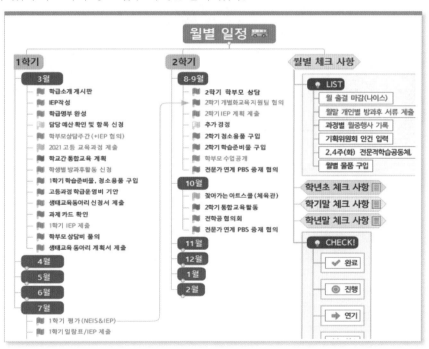

이러한 과정들을 거쳐 만들어진 업무 맵을 바라보니 굉장히 많은 내용이 들어간 느낌이 들었다. 앞서 언급하였듯이 맵에 가지가 많아질수록, 채워지는 내용이 많아질수록 업무 간 구분과 범주화의 필요성을 느끼게 되는 것 같다. 기호와 색깔, 테두리 등의 다양한 효과와 씽크와이즈 기능을 활용하여 맵을 디자인하다 보니 결과적으로 상황에 따라 필요한 업무 영역을 찾기가 수월해졌다.

또한 맵을 활용하면 활용할수록 맵이 가지는 시각적 인식과 정보 처리 면에서의 강점을 느낄 수 있었고 효율적인 업무 처리로 연결된 경험을 할 수 있어 어떻게 하면 잘 시각화할 수 있을까를 점점 고민하게 되는 것 같다. 또한 처음부터 완벽한 맵을 구현하지는 못하였지만 활용하면 활용할수록 기능 하나, 하나에 대해 알아갈 수 있었고, 조금씩 나에게 맞는 맵 스타일을 찾아갈 수 있었다. 그렇다고 이러한 과정들이 부담으로 다가오지는 않았으며 모든 일이 그러하듯 씽크와이즈 또한 시작이 반이었다. 오히려 맵으로 한 번씩 업무를 정리하다 보면 혼자 놀기처럼 맵을 가지고 논다라는 생각이 들어 재미를 느낄 수 있었다.

[특수학교 업무 맵 예시]

(2) 업무 인수인계, 멋들어지게 토스하기

호기롭게 자유학년제 업무를 맡고서 좌충우돌을 겪으며 든 생각 하나는 이 업무를 맡을 다음 선생님은 나보다 덜 수고스럽고 헤매지 않았으면 하는 마음이었다. 코로나 상황으로 보다 다양해진 업무와 1년을 보낸 후, 이제 남은 건 하나! 그간 생각해왔던 그 마음을 담아 인수인계하며 이 업무와 멋지게 이별하고 싶었다. 하지만 현실은 쌓이고 쌓인 공문, 그리고 여기저기 흩어져버린 관련 파일을 바라보며 '이걸 어쩌나?' 하는 마음….

다행히 인수인계 맵은 업무 맵과 유사한 특성을 가지기에 업무 맵을 만드는 방식으로 진행하다 보니 다른 유형의 맵보다 빨리, 수월하게 만들 수 있었다. 비슷한 형식이되 다음 업무담당자가 알아두면 좋겠다는 마음으로 업무 팁을 넣어두었다. 이렇듯 인수인계 맵은 업무 맵과 마찬가지로 주요 업무를 나누어 본 다음, 지난 1년간 기안한 공문과 접수한 공문 그리고 품의 내역 등을 처리한 순서와 시기별로 나열해보며 맵을 구상하였다.

인수인계 맵을 만들면서 문득 든 또 하나의 생각은 기본 스타일 외에 예시로 제공되는 [스타일 선택], [템플릿 선택맵] 맵 중에서 멋진 요소를 가져와 맵을 디자인해보고 싶다였다. 그리하여 [파일]-[새로 만들기]에서 [기본 스타일] 외에 [스타일 선택], [템플릿 선택맵] 중 원하는 유형의 하나를 선택하였다. 다음으로 [스타일 선택]과 [템플릿 선택맵]에서 원하는 색깔이나 모양의 도형 또는 가지 등 가져오고 싶은 요소가 담긴 맵을 [새로 만들기]한 다음 복사하여 인수인계 맵에 붙였다. 이어서 원하는 요소를 맵에 넣고 싶은 곳에 붙여넣거나 도형인 경우, [스타일] 기능을 사용하여 도장 찍듯 인수인계 맵에 동일한 디자인을 적용하였다. 여기에 나만의 스타일이 가미될 수 있도록 [채우기], [선] 등의 기능을 활용하여 색깔을 바꾸거나 선의 두께를 조정하는 등 추가적으로 디자인하였다.

맵 유형을 선택하고 디자인한 후, 가지 만들기를 통해 인수인계 업무 내용을 정리하다 보면 가장 많이 하게 되는 작업 중의 하나가 업무 관련 파일을 올리는 것이었다. 이때 많이 활용한 기능이 [하이퍼링크]였다. 이 기능을 이용하면 가벼운 맵을 만들 수 있어 실행 속도가 느려짐을 방지할 수 있고 언제 어디서든 씽크와이즈 프로그램만 있으면 파일을 열어 볼 수 있다.

파일을 올리는 데 있어 또 하나의 방법은 [도구] - [폴더가지 생성] 기능을 이용하는 것이다. 이는 내 컴퓨터 또는 드라이브, 클라우드에 저장된 폴더를 맵으로 변환하여 자동적으로 폴더가지를 생성하는 기능으로 폴더 안에 들어있는 파일을 하나하나 링크를 걸지 않아도 되는 편리함이 있다. 생성된 링크 표시 부분을 클릭하면 폴더 안에 들어있는 파일들의 목록이 보이고 파일명이 나타나기에 원하는 파일을 바로 찾아 열어보기 쉬운 장점이 있는 것 같다.

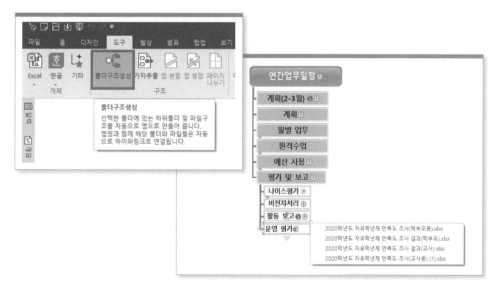

맵을 만들 때 자주 이용하였던 또 다른 기능은 [일정]이었다. 업무별로 처리해야 하는 일정을 알려주고 싶다면 맵에서 일정을 넣고 싶은 부분을 클릭한 후, 화면 상단의 [일정]을 눌러 시작, 종료일을 입력하면 된다. 입력 후에는 [일정]이 입력되었음을 알려주는 시계 모양의 아이콘이 뜨기에 시기별로 또는 특정 기간에 처리해야 하는 업무를 알려줄 수 있다. 또한 이 기능을 활용하는 경우, 구글캘린더와 연동이 되므로 일정을 스마트폰 상의 구글 캘린더 앱에서 확인할 수 있다. 반대로 [일정]을 삭제하고 싶다면 [해당가지 선택] - [오른쪽마우스 클릭] - [속성 제거] - [일정]을 순서대로 실행하면 시계 표시로 나타난 [일정] 아이콘이 지워진다. [일정] 외에 [하이퍼링크], [노트], [말풍선] 등도 [속성 제거]로 손쉽게 지울 수 있다.

마지막으로 인수인계 맵에서 유용하게 활용하였기에 소개하고 싶은 것은 [말풍선] 기능이다. 이 기능을 이용하여 업무를 처리하면서 유의해야 할 사항 또는 업무 팁을 맵의 곳곳에 넣어 두면 대면으로 인수인계하지 않아도 직접 인수인계하는 듯한 느낌을 줄 수 있다.

이렇듯 인수인계 시기가 되면 다양한 방식으로 인수인계를 하는 모습을 엿볼 수 있다. 여러 번의 인수인계를 받고 또 하게 되면서 이전과 다른 새로운 업무를 하게 되었을 때 느껴지는 생소함과 부담감을 인수인계자 입장에서 덜어주고 싶은 마음이 생겼다. 씽크와이즈를 접하기 이전에는 한글파일에 업무를 나열한 후, 관련 공문을 프린트하여 철해두고 파일을 인수인계 폴더에 하나씩 넣는 수고스러웠던 작업을 했었다.

하지만 올해 초, 인수인계해야 할 업무의 덩어리가 커지다 보니 솔직히 이전과 같은 방식으로는 인수인계 작업을 하기가 조금 부담스러웠다. 그러던 차에 씽크와이즈 연수를 듣게 되었고 보다 멋지게 인수인계를 할 수 있겠구나 하는 기대감으로 맵을 만들었다. 맵을 활용하니 이전보다 효율적으로 작업을 할 수 있었다. 다만 초보 단계였던지라 A4용지로 맵을 출력하니 글자가 작게 나와 멋지게 인수인계하고 싶었던 기대에 미치지 못한 결과물이 된 것 같아 아쉬움이 남았다.

인수인계를 받는 분도 씽크와이즈를 사용한다면 맵만 전달해도 되었을 텐데⋯ 그 당시 인수인계를 위해 씽크와이즈를 권하기에는 코앞에 닥친 인수인계였고 다들 바쁜 시기였기에 할 수 있는 초보적인 선에서 맵의 크기를 늘려보고 B4사이즈로 출력하여 인수인계를 하였다. 다행히 이후에 교육청 지원으로 씽크와이즈를 학교 차원에서 구매하게 되었다. 올해나 후년에는 씽크와이즈 맵 전달로 비대면 인수인계도 가능해지겠구나 싶어 기대감과 설레임이 앞선다.

[인수인계 맵 예시]

(3) 소통과 나눔이 있는 연수 만들어가기

올해 교육실습생 대상의 연수를 맡게 되고서 정신 차리고 보니 연수 임박! 연수 PPT를 만들어야 하는 부담감을 가지고 컴퓨터 화면을 바라보던 차에 눈에 들어온 씽크와이즈 아이콘! 바로 이거다 싶었다. 선배 교사의 스토리텔링 느낌으로 맵을 구성하니 후다닥 완성! 완성하고 보니 또 뭔가 2% 부족한 이 느낌.

짧은 시간이지만 혼자 이야기하다 끝내기보다 요즘 대학생들은 현장에 대해 어떻게 느낄까 궁금하기도 하여 [가지전달 링크] 기능을 이용하기로 했다. 사전에 [가지전달 링크]로 교육실습생들의 생각을 공유하고 연수에서 이 생각들을 모아모아 소통하고 나누니 일방향 연수보다는 함께 대화하는 듯한 연수로 이어지는 것 같은 이 느낌! 나만 느낀 것일까?

먼저 연수 준비를 위해 맵을 만든 과정을 되돌아보며 연수 맵 만들 때 유용할만한 팁을 가미하여 이야기하고자 한다. 연수 맵은 연수 방식과 진행 순서를 고려한 다음 맵을 만들면 연수 흐름에 따라 자연스럽게 맵을 활용하며 연수를 진행할 수 있다. 나의 경우, 연수 주제가 특수교육에서의 진로교육이었고 교육실습생에게 내가 경험했던 것을 토대로 학교에서 어떻게 진로교육이 이루어질 수 있고 적용해볼 수 있는지에 대해 이야기하고 싶었다. 이에 경험 이야기를 시작으로 학교 차원, 부서 차원, 학급 차원으로 진행하는데 적절한 맵의 유형을 선택하였다. 기본 맵의 형식을 선택한 후, 대주제를 부모 가지로 두고 사전에 설정한 소주제를 나열한 후, 관련 내용을 분류하며 하위가지에 내용을 채워나갔다.

이렇게 연수를 통해 전달하고자 하는 내용을 맵으로 어느 정도 완성하고 보니 무언가 허전한, 무언가 하나가 더 있었으면 하는 아쉬움이 들었다. 맵을 보며 '나 혼자 말하고 끝나는 건 아닐까?' 하는 생각이 들자 일방통행으로 전달만 하는 연수가 아닌 함께하는 연수가 되면 좋을 것 같았다. 그 마음이 통하였는지 맵을 이리저리 만지작거리다 [가지전달 링크] 기능으로 마우스가 움직인 순간, 이거다! 싶었고 곧바로 실행에 옮기게 되었다.

연수 전날, 교육연구부장님의 협조로 [도구] - [가지전달 링크]에서 연수 관련 질문 내용이 담긴 링크를 생성한 후, 카카오톡 단톡방에 전달하였다. 이때 유의할 점은 연수생에게 카카오톡으로 생각 공유를 위한 내용을 입력하도록 하였다면 맵에서는 수정이 가능하나 전달된 카카오톡 단톡방에서는 입력한 내용에 대한 수정이 어려우므로 사전 안내가 필요할 것 같다. 결과적으로 [가지전달 링크] 기능을 활용하니 사전에 연수생이 연수 주제에 대해 어떻게 생각하고 있는지 파악할 수 있었고 답변 중에 흥미 있는 요소를 연수 내용과 연결될 수 있도록 준비할 수 있었다.

연수 당일에는 생각 나눔과 공유의 연수를 열기 위해 연수 시작 전에 [가지전달 링크]로 카카오톡에서 생각나눔한 부분만 화면에 나타날 수 있도록 [Ctrl + Enter] 키를 이용하였다. 그다음에 [보기] - [화면 채우기]로 화면에 확대되어 잘 보일 수 있게 하였다. 생각나눔을 위한 소통을 위해 화면의 내용을 유치원 과정부터 초등, 중학, 고등, 전공 과정별로 살펴보고 이에 대해 다양한 과정에서 실습하고 있는 교육실습생과 함께 이야기를 나눈 후, 주제와 연결하는 것으로 연수를 시작하였다. 이후 전체 맵으로 되돌아가기 위해 왼쪽 상단의 돋보기 모양을 클릭하였다. 다시 [Ctrl + Enter] 키를 눌러도 전체 맵이 보인다.

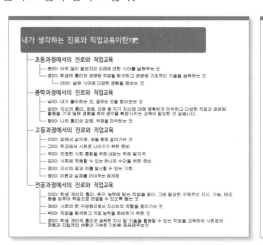

연수 진행을 위해서는 [발표] 기능을 활용할 수 있다. [발표]에는 [맵 발표], [순차 발표], [개요 발표] 기능이 있는데 이 중에서 자신이 원하는 발표 방식을 생각하여 3가지 유형 중에서 선택하면 된

다. 나의 경우에 생각나눔 이후의 내용은 연수 흐름과 맵의 흐름이 동일한 순서로 진행되었기에 [순차 발표]를 적용하였다. [맵 발표]로 시나리오 창에서 생각나눔 부분을 가장 위로 올려 먼저 보여주고 이후 순차적으로 진행할 수도 있다.

이렇듯 [맵 발표]는 [순차 발표]에서 적용하지 못하는 기능인 하위가지 간의 발표 순서를 정할 수 있다는 장점이 있다. [맵 발표]를 사용하는 경우에는 시작화면 크기를 정할 때 상단 메뉴바의 [표시글자 크기]가 아닌 [옵션]의 시작화면 크기로 크기를 조정하면 된다. 발표 중 특정 화면만 크게 확대하는 등 크기 조정을 원할 때는 오른쪽 상단의 100%로 표시된 버튼을 누르고 슬라이드 크기를 조정할 수 있다. 다만 [맵 발표]는 진행 시, 화면에 설정 부분만 보이고 다른 가지의 내용은 보이지 않게 된다. 이와 달리 [순차 발표]에서는 맵의 다른 부분이 회색으로 배경처럼 보이고 실제 발표 내용 부분만 두드러지게 나타나는 방식으로 제시되기에 개인적으로 이 방식을 보다 선호하여 [순차 발표]를 이용하게 되었다.

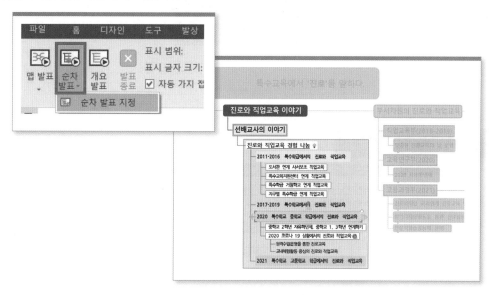

되돌아보면 연수 맵은 처음부터 계획하여 만들었다기보다는 시간과 부담은 최소화하면서 전달력 있는 연수 자료를 효율적으로 만들어 보겠다는 순간적인 생각으로 시작하게 되었다. 연수 맵을 만들며 혼자 사용하는 차원을 넘어서 여러 사람이 참여하면 좋겠다는 생각이 들었고, 시작 단계로 [가지전달 링크]를 적용하였다. 결과적으로 학교 구성원들과 교육실습생의 높은 참여율로 씽크와이즈를 많은 이들에게 알리는 계기가 되었고, 씽크와이즈에 관심을 가지게 된 동료 교사들이 생겨나 씽크와이즈 협업이 가능한 분위기가 만들어지는 것 같아 학교 현장에서 다양한 방면으로 활용해보고 싶은 마음이 든다. 이를 통해 많고 많은 씽크와이즈의 기능 활용에 대한 고민을 많은 동료 교사들과 함께 하고 싶다.

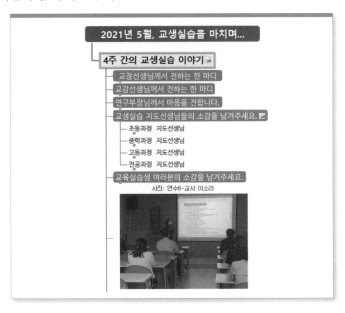

[연수 맵 예시]

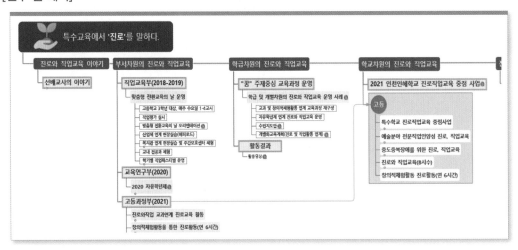

〈나오며〉

올해 초, 인천시교육청에서 주관한 연수를 통해 씽크와이즈를 처음으로 접하게 되었다. 호기심 반으로 연수를 수강하며 '나도 할 수 있을까?' 싶었던 씽크와이즈의 시작은 여전히 부족함을 느끼는 실력임에도 올해 나의 교직 생활에서 차지하는 비중이 상당해졌음을 지금 이 순간까지 느끼고 있다. 늘 업무 파일 정리의 필요성을 느끼곤 했지만 바쁘다는 핑계로 미루고 미루었던 업무 정리… 짐을 마구 넣어 쌓이고 쌓인 열기 두려운 서랍장과 같았던 나의 구글 드라이브 속 업무 파일을 씽크와이즈 덕분에 신박하게 정리할 수 있었다.

아무래도 어떤 플랫폼이나 도구든 시간과 노력 측면에서 부담으로 다가온다면 접해보고 실행에 옮기기가 힘들었을 텐데 씽크와이즈의 경우, 간단한 기능 습득만으로도 혼자 놀기와 같이 나만의 업무 공간을 만들어가는 재미를 느낄 수 있었다. 무엇이든 처음 접하게 되면 부담감이 생기는데 연수를 통해 강의를 해주셨던 특수학급 선생님의 업무 정리 맵을 통해 업무 맵 만들기의 많은 팁을 얻을 수 있었고, 연수에 참여하였던 씽크와이즈로 이어진 시교육청 장학사님, 인천시교육청 선생님들 그리고 씽크와이즈 부장님… 함께 맵을 공유하고 활동해온 것이 업무에서 시작하여 수업까지 이어지게 된 원동력이 아닐까 하는 생각이 든다.

이렇듯 함께의 의미, 함께의 힘을 씽크와이즈를 통해 느껴보았기에 혼자 놀기 차원에서 한 걸음 더 나아가 동료 교사들과 함께 씽크와이즈의 협업 기능을 활용하여 교육과정을 재구성하거나 전문적 학습공동체를 운영해보고 싶은 마음이 든다. 아니면 학생들과 함께하는 1년 학급살이, 교육과정 재구성을 통한 프로젝트 활동은 어떨까? 활용하면 활용할수록 아이디어가 샘 솟는 씽크와이즈! 다양한 맵 아이디어와 실행 과정을 많은 이들과 공유하고 싶기에 강력하게 추천한다.

내가 만난 씽크와이즈를
소개합니다!

이수운(선인중학교, 생활안전부장)

내가 만난 씽크와이즈를 소개합니다!

1. 업무편

가. 중학교 부서별 연간 업무

어느 직장이나 크고 작은 업무를 하지 않는 곳은 없을 것이다. 작은 식당을 비롯하여 대기업이나 관공서, 학교에서도 업무는 다양하게 이루어지고 있다. 이러한 업무는 주간별, 월별, 또는 분기별, 연도별로 비슷한 업무가 반복된다. 이번 편에서는 중학교에서의 연간 업무를 정리할 수 있는 맵을 만들어 볼 생각이다.

학교마다 여러 부서로 나뉘지만 여기서는 교무부, 연구부, 학생부, 학년부 4개의 부서를 구성해 보고 이를 통합하여 하나의 맵으로 관리해 보자.

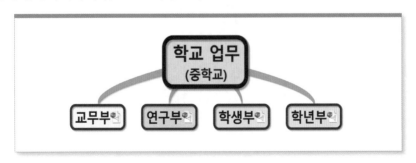

1) 교무부

학교 교육과정과 학사일정 등 학교의 주된 틀을 잡는 것을 주요 업무로 하고 있는 교무부는 해당 월마다 하는 업무가 정해져 있어서 월별로 업무를 구성하면 좋을 것 같다. 신학기를 준비하는 2월부터 학사일정을 마무리하는 1월 말까지 구성해 보았다.

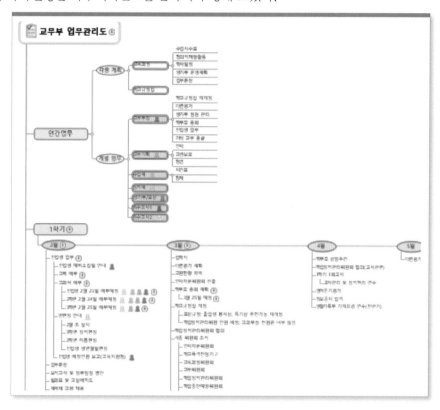

맵의 큰 틀은 형제 가지로 연간 업무, 1학기 업무, 2학기 업무 3개로 구성

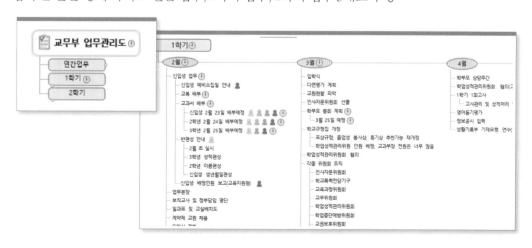

연간 업무의 자식가지는 각종 계획, 계별 업무로 구성

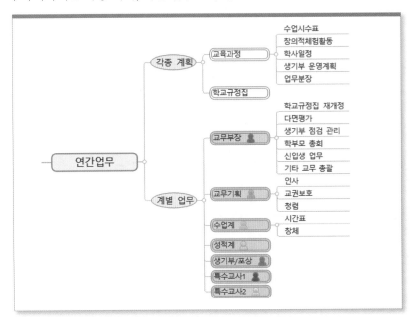

각종 계획에는 연간 필요한 계획서 등을 정리한다.

예를 들어, 학교규정집, 교육과정편성표, 수업시수표, 학사일정, 업무분장 등.

계별 업무에는 부서 계원을 배치하고 업무분장 내용을 입력한다.

계원에는 교무부장 이름 옆에 색상별 사람 모양의 기호를 입력하여 업무 시 누가 어떤 업무를
해야 하는지 확인할 수 있다.

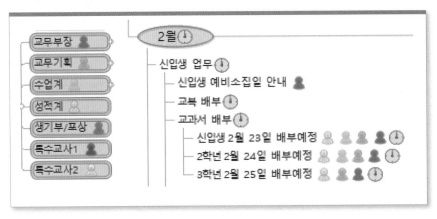

또한, 업무 일정을 입력하여 구글 캘린더와 연동시킬 수도 있다.

2) 연구부

연구부에서는 교육계획서, 평가계획, 연구학교, 전문적학습공동체, 원격수업 등의 업무를 담당하고 있으며 교무부와 마찬가지로 업무는 월별로 구성하였다.

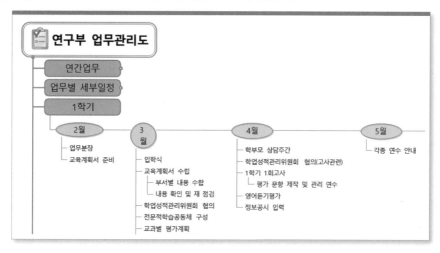

3) 학생부

학생부에서는 생활지도, 안전교육, 학교폭력 관련 업무, 교복선정 등의 업무를 맡고 있으며, 업무는 월별로 정해져 있는 업무보다 시시각각 발생하는 일들이 많아 업무별로 정리하는 것이 좋을 것 같다.

학생부에서는 선도위원회 및 학교폭력 사안처리 절차 및 각종 서식을 정리하고, 사안처리마다 진행되는 회의 진행 절차를 노트에 작성하여 준비하였다.

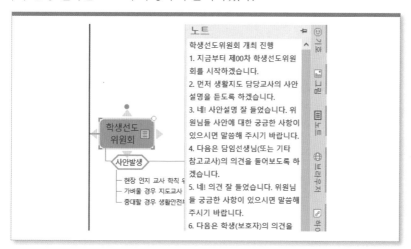

4) 학년부

학년부에서는 학년별 업무, 학년 생활지도, 생활기록부 작성, 체험학습, 신입생 업무, 원서작성 등의 업무를 맡고 있으며, 각종 서식과 연수 내용을 정리하여 학년에 필요한 업무별로 정리하였다.

각종 서식은 하이퍼링크로 연결하거나 첨부하는 방식 2가지를 이용할 수 있으며 2가지 모두 장단점이 있다.

하이퍼링크를 사용 시 맵의 용량은 적게 사용할 수 있는 반면 맵과 파일을 같은 폴더에 두거나 파일을 클라우드에 보관해야 한다. 클라우드에 보관 시 인터넷 연결은 필수다. 다음으로 첨부하는 방식은 파일이 클 경우 맵 용량도 함께 커진다는 단점이 있지만 맵 안에 첨부가 되어있어 보관이나 이동 등이 편하다는 장점이 있다. 본인은 용량이 작은 문서는 첨부로, 영상 등과 같은 큰 용량의 파일은 하이퍼 링크로 사용하고 있다. 용량이나 활용에 따라 이런 방법을 사용하면 좋을 것 같다.

다음은 실제로 사용할 때 필요한 씽크와이즈의 사용 방법에 대해 알아본다. 순서는 다음과 같다.
가) 기호 넣기
나) 업무 일정 입력
다) 노트 작성하기
라) 하이퍼링크하기
마) 파일 첨부하기

가) 기호 넣기

기호는 오른쪽 메뉴 맨 첫 번째 기호를 클릭하면 나타나며 깃발, 별, 사람, 상태, 숫자-파랑, 숫자-빨강, 알파벳, 감정, 일반이 있으며 필요에 따라 선택하여 사용하면 된다.

기호 넣기 따라하기

1 기호를 넣을 문자열을 선택한다.
교무부장 클릭하여 선택

 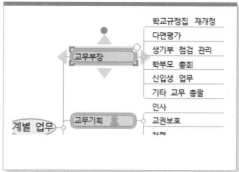

② 오른쪽 메뉴의 기호를 클릭한다.

원하는 기호를 선택하여 클릭한다.

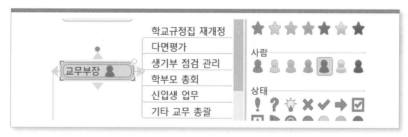

③ 기호를 문자열 앞이나 뒤에 넣을 수 있다. 위치는 기호 메뉴 맨 밑에 위치라는 아이콘을 클릭하면 된다.

업무의 순서나 업무 실행 유무, 중요도 등 다양한 기호를 선택해서 맵을 구성하면 맵을 한번에 보기에도 편하고 업무의 효율성을 높일 수 있다.

나) 업무 일정 넣기

업무 일정은 놓칠 수 있는 중요한 일을 일정표에 작성해서 관리할 수 있는 유용한 기능이다.

업무 일정 넣기

① 일정을 넣을 문자열을 선택 후 마우스 오른쪽을 클릭한다.

'3학년 2반 25일 배부예정' 문자열을 선택하고 마우스 오른쪽 클릭

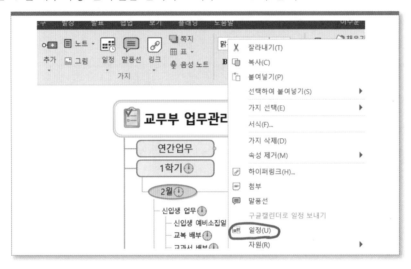

② 일정 메뉴가 나오면 전일(일정 전일), 약속(일정 당일)을 클릭해서 해당 일자와 시간을 설정하고 확인을 누른다.

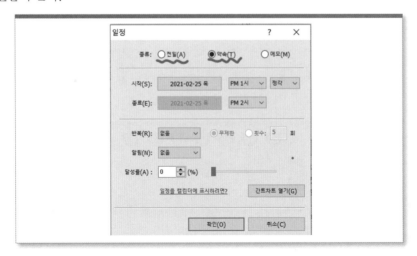

③ 설정이 끝나면 시계 모양의 아이콘이 생성된다.

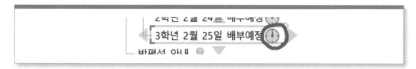

④ 일정 확인을 위해서 오른쪽 상단의 오른쪽 날개를 클릭한다.

클릭하면 아래 사진과 같이 플래너로 이동하며 일정이 표시되어 있다.

위 플래너는 구글 플래너와도 연동이 되어 핸드폰이나 PC에 있는 구글 플래너에서도 함께 확인
이 가능하다.

다) 노트 작성하기

노트는 간단하게 설명할 내용을 기록하거나, 매번 비슷한 회의 진행 순서를 작성하는 등 화면에
보이지 않아도 되는 내용을 입력하기에 편리한 기능이다.

노트 작성하기

① 기호를 넣을 문자열을 선택한다.

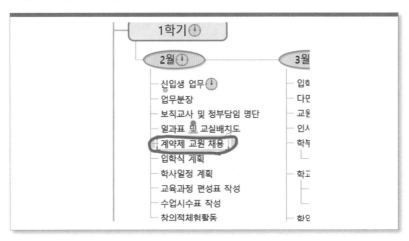

② 오른쪽 메뉴의 노트를 클릭한다.

③ 노트 안에 필요한 정보를 작성한다.

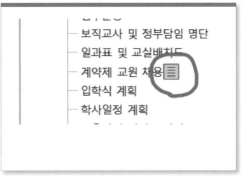

작성하고 나면 문자열 옆에 노트 아이콘이 생성되며, 아이콘을 클릭하면 노트 내용이 보인다.

라) 하이퍼링크하기

하이퍼링크는 인터넷 사이트, 유투브 영상, 파일, 맵 등 여러 경로를 연결해 주는 기능으로 다양한 자료를 확산하는데 좋은 기능으로 사용된다.

하이퍼 링크하기

① 하이퍼링크할 문자열을 선택한다.

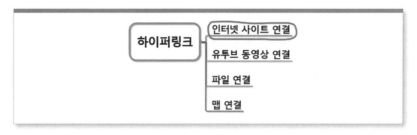

② 오른쪽 하이퍼링크를 클릭한다.

③ 추가 버튼을 누르고 아래 인터넷 입력창에 링크할 주소를 입력한다.

입력 후 옆에 있는 버튼을 누르면 주소가 생성된다.

④ 링크가 되면 하이퍼링크 아이콘이 생성된다.

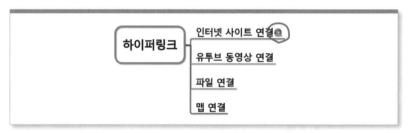

유튜브 동영상 연결도 같은 방법으로 인터넷 입력창에 주소를 입력하면 된다.

⑤ 파일이나 맵을 하이퍼링크할 때는 파일을 클릭하고 해당 파일이나 맵을 선택하면 연결된다.
여러 개의 다른 맵을 사용하면 다양한 형태의 구조를 만들 수 있다.

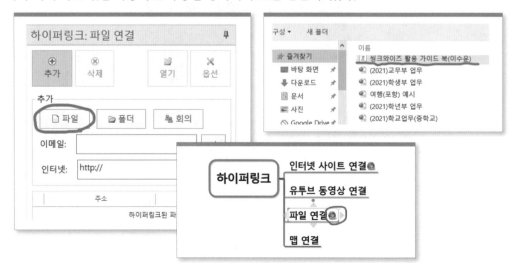

마) 파일 첨부하기

파일 첨부는 하나의 맵 파일 안에 첨부된 자료까지 하나로 만들어줘서 첨부된 파일을 따로 보관할 필요가 없다. 다만 첨부된 파일의 용량이 크다면 맵 파일까지 용량이 커져서 대용량의 파일은 첨부보다는 링크를 해주는 것이 좋을 것 같다.

파일 첨부하기

① 첨부할 문자열을 선택한다.

② 오른쪽 메뉴의 첨부를 클릭한다.

추가를 누르고 해당 파일을 선택한다.

첨부가 되면 첨부 아이콘이 생성된다.

한글 문서, 동영상 파일, 엑셀, 파워포인트, PDF 파일 등 다양한 파일을 첨부할 수 있다.

나. 신규교사 연수

모든 일에는 처음이 있다. 첫발을 내딛는 아기에서 처음 등교하는 학생, 처음 출근하는 직장인 등….

교사로서의 첫발 또한 매우 중요하다. 나의 교직관이 학생들에게 고스란히 전달되기 때문에 나의 교직 첫걸음은 어느 시기보다 의미 있고, 중요한 것이다. 내가 아닌 다른 사람에게 영향을 미치기 때문이다. 또한 여러 서적이나 동료 교사들의 말을 들어 볼 때도 신규 때 누구에게 어떤 면을 보고 배우고, 어떤 환경에서 근무하느냐에 따라 교직생활 전체의 방향이 좌우된다고 한다.

이에 매년 새롭게 들어오는 선생님들에게 도움이 되고자 신규교사 연수를 하고 있다. 연수 내용은 교원 복무, 교원 징계, 생활지도, 상담 활동, 공문서 작성, 교무학사 감사 사례, 법정 의무 연수 등 교사들이 실제 필요로 하는 내용으로 구성하였다.

씽크와이즈 초보자인 본인도 쉽게 만들었던 신규교사 연수 맵을 공유해 보고자 한다.

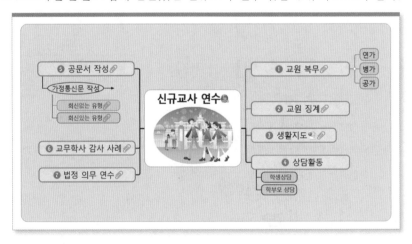

이 맵에서는 다양한 프로그램을 연계해서 연수자료를 만들었다.

프레지, 파워포인트, 한글 문서, PDF 문서 등을 첨부 및 링크하였다. 간단하지만 여러 가지 활용을 할 수 있는 씽크와이즈로 여러분도 다양한 생각과 가지를 넓혀보길 바란다.

이번 편에서 사용된 기능이다.

가) 하이퍼 링크를 통한 프레지 연결하기

나) 각종 문서 첨부하기

다) 맵과 맵 연결하기

모두 이전과 동일한 기능이고, 프레지 연결하기만 따라 해보자.

가) 하이퍼 링크를 통한 프레지 연결하기

파워포인트와 함께 프레젠테이션용으로 많이 사용하는 프로그램이 프레지일 것이다. 프레지는
웹 클라우드 기반의 프로그램으로 따로 설치할 필요가 없는 프레젠테이션 도구이다.

그럼 연결하는 방법을 알아보자.

하이퍼 링크를 통한 프레지 연결하기

① 하이퍼 링크할 문자열을 선택한다.

신규교사 연수 클릭하여 선택

② 오른쪽 메뉴의 기호를 클릭한다.

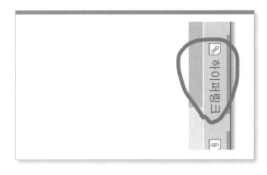

인터넷 주소에 프레지 주소를 링크한다.

③ 프레지를 바로 연결해서 사용하려면 프레지를 미리 로그인해야 함.

2. 일상편

가. 요리 관련 맵

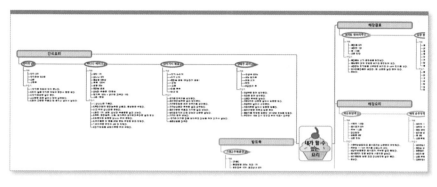

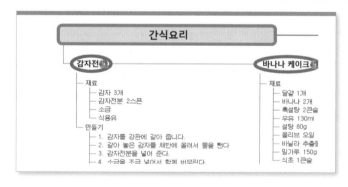

내가 할 수 있는 요리를 맵으로 만들어서 사용하고 있는데 너무 간단하다.

유튜브 채널에서 만들고 싶거나 할 수 있는 요리를 검색해서 재료, 요리 순서를 적어서 작성하고, 유튜브 사이트를 하이퍼링크하면 끝이다.

씽크와이즈와 함께
만들어가는 학급운영

강영진(가좌중학교, 중3 담임)

씽크와이즈와 함께 만들어가는 학급운영

매년 새 학기가 되면 많은 어려움이 있지만, 그중에서도 담임으로서 학급을 어떻게 운영할 것인가를 고민하게 된다. 거의 이십여 년 가까이 교사로서 학생과 동고동락하면서 익히고 배운 것으로 학급을 운영했지만, 그 내용을 일목요연하게 정리하는 일은 늘 어려움으로 다가왔다. 그런 찰나에 교원 연수프로그램으로 '씽크와이즈'를 만나면서 이것이라는 생각이 뇌리를 스치고 지나갔다.

'적자생존'이라고 말을 자주 했지만 노트나 한글 프로그램에 정리하는 것은 한계가 있었다. 씽크와이즈는 생각의 틀을 무한대로 확장하면서 깔끔하게 정리할 수 있는 프로그램으로 최적화되어 있는 것 같았다. 학급운영에 대해서는 모두가 공통적으로 느끼는 고민이 있다. 여기에서는 그동안 여러 학생을 만나서 시행착오를 거치면서 나름대로 고안한 나만의 노하우(Know-how)를 담았다. 많이 부족할 수도 있고 누군가는 이보다 더 좋은 방법을 사용하고 있을지 모른다. 하지만 학급운영이 정해진 길이 있는 것도 아니고, 서로서로 아이디어를 나누다 보면 창의적이고 독특한 나만의 방법을 터득하리라 보고 함께 만들어가는 학급운영 방법을 논하고자 한다.

1. 학급행사(같이 할 수 있을 때 우린 친구가 된다)

(1) 생일파티

지금까지도 학부모님으로부터 좋은 반응을 얻고 있는 행사 중 하나이다. 많은 학부모님께서 유치원 이후에 친구와 함께 나누는 생일파티는 처음이라는 의견을 많이 주셔서 포기하지 못하는 학급 행사가 되어버렸다.

생일파티는 원칙상 한 달에 한 번 마지막 주 금요일 점심시간에 한다. 점심식사 이후 전체 학생이 모인 가운데 실시하는데 사전에 롤링페이퍼를 통해 생일을 축하하는 메시지를 남긴다. 여학교와 남학교에서 실시해본 결과 여학생은 그나마 정성스럽게 써주는 일이 있지만, 남학생의 경우에는 거의 짤막하게 쓰거나 농담을 적는 경우가 있어서 아쉬움이 있다.

차후에는 씽크와이즈 프로그램 협업활동으로 생일 롤링페이퍼를 작성할 계획이다.

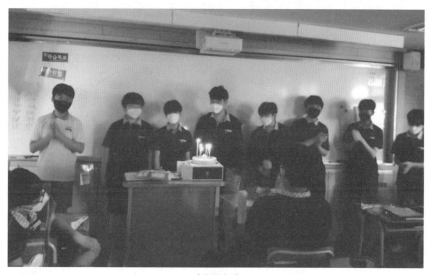

〈생일파티〉

생일파티는 처음 출발할 때부터 생일선물로 만 원에 해당하는 문화상품권을 주고 있다. 본래 취지는 책을 사거나 영화, 공연 등을 볼 때 사용하도록 하였으나 게임에 사용하는 경우가 있어 반드시 카톡이나 메시지를 통해 부모님께 문화상품권 지급에 관련한 사항을 공지한다. 가능하면 게임에 사용하는 경우를 줄이기 위해서이다. 케이크를 살 때는 학급 인원에 따라 고민해서 결정하고, 생일 케이크를 자르고 난 뒤에는 생일자에게 우선 주는 것을 원칙으로 한다. 최대한 잘라보면 28조각까지는 가능했다. 아이들에게는 작은 행복인 것 같다. 점심 이후에 간식으로 제공한다는 느낌이기에 그런 것 같다. 일 년 단위로 씽크와이즈를 사용해 매월 생일파티를 정리하면 추억이 기록으로 남는다.

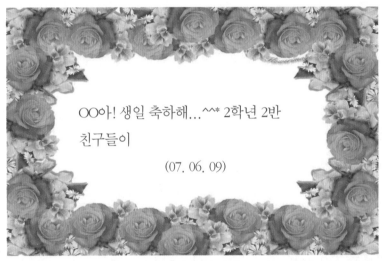

〈생일 롤링페이퍼 양식〉

(2) 6월 6일, 아빠의 날 행사

학생의 여러 문제를 상담할 때는 대부분 어머님이 오신다. 아버님이 상담하거나 부모님이 함께 상담하는 경우는 드물다. 그럴 때, 아버님이 학생의 문제에 대해 알고 상담하는 방법이 없을까 해서 생각한 것이 6월 6일 아빠의 날 행사이다. 인천지역에서 할까도 고민했지만 마땅한 장소가 없어서 서울 창경궁을 많이 이용했다. 지하철로 이동해 창경궁 매표소에서 정해진 시간에 만나 동행한다.

창경궁에 대한 해설을 듣고 잠깐 휴식하면서 간단한 식사를 하는데, 어느 때부터인가 식사를 금지하는 분위기여서 보물찾기, 퀴즈 등으로 대신한다. 이후 간단한 선물을 나누어주고 학생에 대한 상담을 진행한다. 오전을 같이 보내고 오후에는 가족끼리 시간을 보내도록 하는데 대학로라는 특수성 때문인지 연극이나 공연을 보는 경우가 많았다.

서울의 고궁이 월요일에는 문을 열지 않는 경우가 많아 행사 전에 반드시 전화로 확인한다. 창경궁에서 행사를 하려면 이동 등 시간이나 공간의 제약이 있어 인천으로 행사 지역을 변경할까 생각하고 있다.

가족과 동행할 때 아버지는 이런 기회를 만들어주어 감사하다는 말씀을 자주 한다. 어머니는 처음에는 시큰둥하다가 점차 시간이 지나면서 학생의 학교생활이나 친구 관계 등에 관심을 보인다.

(3) 기차여행

교사 생활을 하면서 생각보다 많은 학생이 기차를 한 번도 타 보지 않았다는 것을 해마다 경험하게 된다. 그래서 학생과 함께 가기에 저렴하면서도 가까이에 있는 열차가 있을까 생각하다가 찾아낸 것이 경춘선이다. 기차 안에서 재미있는 이야기를 하다 보면 어느새 김유정역에 도착한다. 이때 이벤트를 위해 노력해야 하는 일 중 하나가 2층 객실 예약이다. 다른 기차에는 없는 특별함이 경춘선에는 있고, 모든 학생이 즐거워한다. 2층 예약을 못 해서 어쩔 수 없이 한 번씩 둘러보는 것으로 대신한 적도 있다.

〈김유정역 기차 안에서, 옛 김유정역, 김유정문학촌 해설사와 함께〉

김유정역은 예전 기찻길도 남아있어 사진찍기에 최적화된 장소이다. 그리고 김유정 문학관이 있어 국어 작품에서 배웠던 작품 속 세계를 맛보는 좋은 계기가 되기도 한다. 예약하면 언제든지 스토리텔링이 있는 김유정 문학의 세계를 해설사를 통해 들을 수 있다. 김유정이 1908년에 태어난 춘천 실레 마을의 풍경을 마주하면서 이야기를 들으니 국어책에서 읽었던 「봄봄」의 작품 내용이 생동감 있게 다가왔다.

김유정역은 옛 강촌역까지 레일바이크로 연결되어 있다. 바람을 가르며 신나게 페달을 밟아가면 북한강의 시원한 풍경을 만날 수 있다. 터널 속에서는 음악이 나오면서 화려한 조명이 분위기를 띄워준다.

〈레일바이크 탑승〉

강촌역은 예전 대학생에게는 MT의 성지였다. 자전거, 4륜바이크, 스쿠터, 카트라이더 등 여러 가지 시설이 갖추어져 있는데, 그중에는 눈길을 끄는 작은 놀이공원 시설도 있다.

춘천에 왔으니 놀기만 할 수는 없다. 금강산도 식후경이라고 했던가? 춘천에서 닭갈비와 막국수를 떠올리는 일은 자연스럽다. 물론 대한민국 어디든 닭갈비가 있지만 춘천에서 먹어보는 맛은 왠지 다를 거라는 느낌을 많이 받는다. 시중과는 다르게 양배추의 양이 풍성한 닭갈비는 기대를 배신하지 않는다.

맛있게 식사를 끝냈다면 강촌역에서 구곡폭포까지 자전거나 산행을 통해 경관을 만끽하는 것도 좋은 추억이 될 것입니다.

〈구곡폭포 앞에서〉

(4) 12월 시네마데이

우리 반 행사에서 빼놓을 수 없는 것이 바로 시네마데이 행사이다. 학급비를 아끼고 아껴 12월 기말고사를 끝내고 시네마데이를 가진다. 예전 학창시절에 시험이 끝나면 영화관에서 단체관람을 하던 일이 생각났다. 학생들과 함께 영화를 보는 것은 금액적인 부담감이 있다. 그런데 매월 마지막 주 수요일은 문화가 있는 수요일로, 5시부터 9시까지 영화를 반값으로 볼 수 있어서 자주 이용하고 있다.

아쉬운 점은 영화 선택의 폭이 좁다는 것이다. 그 기간에 상영되는 영화만을 봐야 한다. 영화를 이미 본 학생도 있을 수 있으니 '씽크와이즈'를 통해 주의사항을 노트형식 등으로 미리 작성해 놓으면 두 번 보는 일을 최소화할 수 있다.

〈강촌역에서 만나는 춘천 닭갈비〉

학생들은 영화를 공짜로 보면서도 사실 요구사항이 많은데 가장 많이 받는 요청은 바로 팝콘을 사달라는 것이다. 개인당 팝콘을 사주기에는 금전적인 어려움이 커서 생각한 것이 바로 2인 1팝콘이다. 사전에 모아놓은 포인트와 할인 제도를 활용하여 비용을 최소화할 수 있도록 하는 것이 핵심이다.

〈학생들과 극장에서〉

2. 1년 1봉사(남을 도울 줄 아는 사람이 되자)

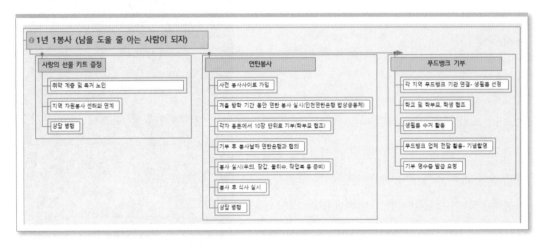

(1) 사랑의 선물 키트 증정

모든 학생에게 강조한 것 중의 하나는 바로 인성 분야인데, 그중 가장 좋은 것이 봉사활동이다. 해마다 여러 가지 봉사활동이 생겨나고 있다. 그런데 사회에서 가장 어려운 이웃에게 가정의 달이나 추석을 전후하여 전달하는 사랑의 선물 키트 행사는 학생들에게도 큰 반향을 일으켰다. 씽크와이즈로 모집 시기, 방법 등을 기록하고 해마다 비슷한 시기에 봉사의 기회를 놓치지 않도록 진행한다. 봉사도 하고 자신의 주변을 돌아보는 계기가 되며, 여기에 소감문도 함께 저장하는 것이 좋다고 생각한다. 참여한 학생 중 일부는 아직도 어려운 이웃이 많다는 사실을 알게 되었다며, 차후에도 함께 봉사활동에 참여할 의사를 밝혔다.

〈5월 가정의 달 사랑의 선물 키트〉

〈9월 추석 사랑의 선물 키트〉

(2) 연탄 봉사

〈2020년 연탄 봉사트〉

〈2021년 연탄 봉사〉

한 해를 뜻깊게 마무리하는 행사로 선택한 것은 연탄 봉사이다. 인천에 연탄을 쓰고 있는 곳이 있을까 생각하지만 아직 상당히 많은 곳에서 사용하고 있다. 의미 있는 것은 자신의 용돈을 아껴서 10장 단위로 산 연탄을 직접 나르는 것이다. 물론 학생보다 학부모님의 후원이 행사에 큰 힘이 된다. 씽크와이즈로 해마다 기부한 금액 및 인원 등을 일목요연하게 정리한다. 동시에 봉사에 필요한 도구 및 주의사항은 물론이고, 물가지수(연탄값이 해마다 100원씩 상승)도 있는 중요한 자료로 쓰이며, 기부금 영수증 발급 요령까지도 넣어놓을 예정이다.

(3) 푸드뱅크 기부

학생들에게 돈을 값어치 있게 사용하고 기부라는 봉사활동도 있다는 사실을 각인시켜주고 싶어서 마련한 봉사활동이다. 선진국에서 푸드뱅크가 있어 각종 음식을 저소득층이나 사회적 취약계층, 노숙인에게 무료로 나누어주는 것을 보면서 한국에는 푸드마켓이나 푸드뱅크가 없는지 의구심을 가졌던 순간에 인천시의 각 구별로 푸드뱅크와 푸드마켓이 운영되고 있다는 사실을 알게 되었다. 2020년 처음 시작한 봉사활동으로 지속적으로 추진할 예정이며 씽크와이

〈2021년 계양구 푸드뱅크 라면 기부〉

즈로 절차와 방법 등을 기록하여 차후 봉사활동에 적용할 것이다.

가장 많이 필요한 것은 생활용품이다. 그중에서도 라면과 햇반 같은 것은 절대적으로 부족하다고 한다.

3. 소통하기(단 방향보다 쌍방형이 더 낫다)

(1) 학생 및 학부모 카톡방 운영

학급 운영 중에 가끔 호불호가 갈리는 활동이 있다. 그것이 선생님마다 운영하기도 하고 없애기도 하는 카톡방이다. 각종 전달사항을 메시지나 홈페이지 등에서 확인하라고 하면 잘 확인하지 않는 경우가 많다. 그래서 가장 많이 사용하는 SNS인 카카오톡 채팅방을 이용하여 보다 신속하게 전달한다. 중요사항 앞에다가 중요라고 쓰고 일반적인 사항은 그냥 전달하는데, 우리 반의 경우에는 아침에 짧은 글과 함께 보내면 부모님께서도 긍정적인 답변과 함께 친밀감을 표시한다.

〈학부모 카카오톡 채팅방〉

씽크와이즈로 주요 전달사항 등을 정리하면 놓치는 업무가 적어지게 된다.

(2) 줌(ZOOM) 상담의 실시

코로나19로 인해 학부모 상담이 제한되고 있는 상황에서 진로 및 학습 방법 등이 궁금한 학부모님이 많은 것이 사실이다. 이에 착안하여 늦은 퇴근 시간 등을 고려하여 심야 및 주말을 활용하여 줌(ZOOM)으로 상담을 하였다. 학교의 교육활동에서부터 자녀의 학습 상황도 알아보는 소중

한 시간으로 전체적인 질의응답 시간을 가지고 개인적인 내용은 나중에 전화로 상담하도록 하였더니 학부모님이 많은 얘기를 해주어서 교사와 학부모의 신뢰가 쌓이고 소통하는 계기가 되었다. 건의한 사항을 빠르게 답변드리도록 노트 기능 등을 써서 기록하고 학생에 관한 사항에 대해서는 차후 학생 상담에 활용하는 도구로 활용하였다.

〈학부모 ZOOM 상담〉

(3) 타임어택(TimeAttack)

학급에서 상담하지 못하는 내용을 짧은 시간 안에 만나 같이 이야기하는 시간으로, 시간을 정해두고 하는 활동이어서 퇴근 후에 이루어지는 경우가 많았다. 학생이 알만한 장소를 정하고 그곳에 모여 음식을 나누어 먹으며 학생과 상담하는 시간이다. 어려운 질문보다는 요즘의 공부나 고민을 주로 상담하고, 학부모님과 의논해야 할 사안은 이후에 전화 등을 통해 상담하고 있다.

학생의 상담 방법으로 적극적으로 활용하면 좋지만 여러 가지 문제점이 있다. 첫 번째로 그 시간에 나올 수 있는 학생만 나온다는 점이다. 여러 번 시행해본 결과 대부분의 학생은 학원에 쫓기어 그 시간에 나오지 못하고, 선택적으로 학원에 가는 학생이나 학원에 다니지 않는 학생이 주로 나온다. 자칫 잘못하면 학생을 편애하거나 차별한다는 얘기를 들을 수 있는 일이다. 두 번째로 교사의 시간 할애와 개인적인 비용이 사용된다. 그래서 되도록 저렴하면서 빨리 먹을 수 있는 음식을 선택하는 경우가 많다. 예를 들어 떡볶이, 순대, 짜장면, 햄버거, 분식 등인데 이것도 어느 정도 인원이 많아지면 사실 만만치 않은 비용이 든다. 세 번째로 주객이 전도되어 먹는 것에 집중하다가 상담도 못 하고 끝나는 때도 있다. 이런 점을 유의한다면 학급 소통창구로 이만한 활동도 없다.

(4) 아름다운 산행

우리 반 학생에게는 상인지 벌인지 아리송한 활동이 있다. 바로 산행이다. 학생 규칙을 어긴다거나 학급 활동에 어울리지 못하는 학생을 한 달에 한 번 산행과 함께 상담하는 활동이다. 사전에 필수는 학부모님의 동의를 얻는 것인데 대부분 학부모님이 동의한다. 그런데 이 활동을 부러워하는 학생도 있다.

산행이 끝나면 간단한 식사를 하는데 이것을 상으로 생각하고 자발적으로 따라오고 싶어하는 경우가 간혹 있다. 씽크와이즈로 상담할 내용을 정리하고 산행 후 반드시 상담에 대한 내용을 기록하는 것으로 산행을 마무리한다.

〈아름다운 산행〉

지금까지 누구나 한 번쯤은 고민하는 학급운영에 대해서 이야기를 나누어 보았다. 나의 방법이 모두 옳은 것도 아니며 다 성공적이라고는 할 수 없다. 하지만 같이 고민하면서 문제의 실마리를 풀어가며, 좋은 것을 활용하여 학급 운영을 잘한다면 교사도 즐겁고 학생도 즐거운 학교문화가 만들어지지 않을까 생각한다.

씽크와이즈를 통해 각종 활동을 정리하는 습관을 기른다면 누구나 겪는 시행착오를 최소화하면서 아름다운 동행으로 이어지리라 믿는다.

"씽크와이즈!
왜 이제야 알았을까?"

권예선(인천예일고등학교 국제사회교육부)

"씽크와이즈!
왜 이제야 알았을까?"

씽크와이즈라는 프로그램을 처음 접하고 든 생각은 '직관적이다! 효율적이다!'였다. 워드나 엑셀 프로그램과 비교했을 때, 씽크와이즈는 맵 작성에 필요한 몇 가지 기능만 알면 직관적으로 사용이 가능했기 때문에 적은 노력으로 꽤나 있어 보이는 맵을 만들어낼 수 있었고, 이것이 씽크와이즈의 가장 큰 매력이었다.

한글이나 엑셀 파일을 활용해서 문서를 작성하려면 글씨 크기나 색깔부터 선의 굵기, 여백까지 세세하게 편집해야 한다. 또한 많은 시간과 노력을 들였음에도 불구하고 전체적인 디자인이 엉성하게 보여 마음에 들지 않는 경우가 많았다.

그런데 씽크와이즈를 사용하면 내가 원하는 내용을 입력하고 엔터를 치는 것만으로도 맵이 완성되고, 그 맵을 클릭 몇 번만 해도 내 마음에 드는 디자인으로 편집할 수 있었다. 그리고 첨부나 하이퍼링크 기능을 사용하여 기존에 만들어 놓은 맵에 필요한 자료를 덧붙여 나가면서 수정, 보완하는 것 또한 편리했다.

직관적인 사용법 덕분에 씽크와이즈라는 새로운 프로그램의 사용법을 배우고 익숙해지기 위해 투자하는 시간이 그리 오래 걸리지 않을 것이라는 생각이 들었다. 씽크와이즈를 사용함으로써 업무에 들이는 시간을 훨씬 많이 줄일 수 있다는 생각이 들자 씽크와이즈를 잘 활용해보자는 욕심이 생겼다.

씽크와이즈 프로 유저에 비하면 단순하고 기초적인 기능만을 사용하여 제작한 보잘것없는 맵을 사용한 나의 경험을 나눈다는 것이 부끄럽다. 하지만 쉽게 만든 간단한 맵으로 많은 것을 얻은 초보 유저의 경험이, 씽크와이즈의 사용에 익숙하지 않은 사람들에게 '나도 사용해볼 수 있겠구나….'라는 생각이 들게 할 수도 있겠다는 생각에 용기를 내어 나의 경험을 공유해본다.

1. 신기방기 '폴더구조 생성' 기능 : 맥시멀리스트에서 미니멀리스트

'혹시 나중에 필요할지 몰라….', '저장이 안 되었을지 몰라….' 하는 마음으로 작업한 파일을 일단 저장하고, 혹시 몰라 다른 이름으로 한 번 더 저장한다. 어느새 새로 산 컴퓨터와 학기 초에 비어있던 컴퓨터 드라이브가 수많은 파일로 꽉 차 있고, 정작 필요한 파일을 찾을 때는 '2학기 교수학습 평가계획', '2학기 교수학습 평가계획(수정)', '2학기 교수학습 평가계획_최종수정' 등 분명히 내가 작업하고 정리한 파일인데 어떤 것이 내가 찾고자 하는 파일인지 찾기가 힘들다. 비슷한 이름의 폴더를 열어보면서 필요한 파일을 찾기 위해 시간을 낭비하는 것이 매일 반복되는 일상이었다. 하지만 [폴더구조 생성] 기능을 활용한 뒤부터는 이런 시간을 대폭 줄일 수 있었다.

1) [폴더구조 생성] 기능으로 D드라이브를 하나의 맵으로 정리

처음 씽크와이즈 유저의 화려한 맵을 보고 드는 생각은 '내가 저런 맵을 만드는 것이 가능할까? 저 유저는 오랜 시간을 투자해서 저렇게 맵을 사용하는 것이 가능하겠지….'였고, 씽크와이즈 사용법을 배우고 익히는데 많은 시간과 노력을 투자해야 할지 말지 고민이 되었다.

그러던 중 나도 씽크와이즈를 사용해봐야겠다는 욕심을 부리게 된 것은 씽크와이즈의 [폴더구조 생성] 기능을 실행해보고 나서였다. 내 노트북의 D드라이브 전체를 [폴더구조 생성] 기능으로 정리하면 하나의 맵으로 정리가 될지 궁금했다. [폴더구조 생성] 기능을 실행하자 눈앞에서 수많은 폴더가 가지로 빠르게 자리잡는 과정이 너무 신기해서 들여다보고 있으니 어느새 내 노트북의 파일이 맵 하나로 정리가 되었다.

프로 유저처럼 깔끔하게 정리된 맵을 사용하려면, 미리 계획을 세우고 그 순서대로 맵을 정리해야 한다고 생각했다. 그런데 마구 저장한 파일로 가득찬 폴더에 [폴더구조 생성] 기능을 실행시켜서 일단 맵을 만든 후에, 필요 없는 가지들을 삭제하고 이동하여 정리하면 너무 쉽게 내가 필요한 자료를 한 장의 맵으로 만들 수 있다는 것을 알게 되었다. 이런 기능이 있다면 내 업무 파일도 하나의 맵으로 정리할 수 있겠다는 생각이 들었다. 평소에 일을 차근차근 계획하여 진행하는 스타일이 아니라고 씽크와이즈 맵 사용을 포기할 필요가 없다는 생각이 들었다. 어쩌면 업무 시작 전에 맵을 만들기 위해 일부러 시간을 들이지 않고 나중에 정리하는 것이 어쩌면 더 효율적일 수 있다는 생각도 들었다.

2) [폴더구조 생성] 기능 활용하기

학교에서 사용하는 드라이브를 나름대로 잘 정리하겠다고 폴더별로 정리해서 사용하고 있지만, 학기 말이 되어갈수록 폴더의 개수도, 폴더 안의 파일 수도 점점 늘어나기 마련이다.

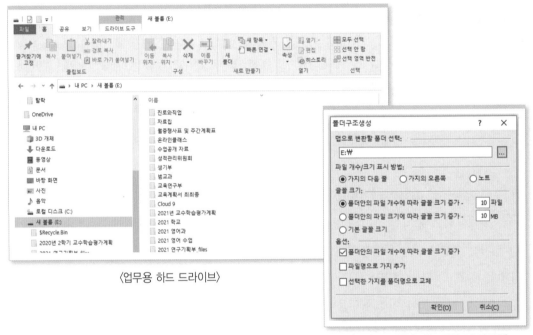

〈업무용 하드 드라이브〉

〈폴더구조 생성 기능 실행 시 팝업창〉

사진에 보이는 업무용 하드드라이브를 [폴더구조 생성] 기능을 활용하여 한 장의 맵으로 만들었다. 과정은 너무 간단하다. [도구]의 [폴더구조 생성]을 클릭하면 위에 보이는 팝업창이 뜬다. 내가 맵으로 변환하고 싶은 폴더(E:)를 선택하고, 파일개수/크기 표시 방법, 글꼴 크기, 옵션을 원하는 대로 클릭하고 확인 버튼을 누르기만 하면 순식간에 내 하드 드라이브의 폴더가 한 장의 맵으로 정리가 된다.

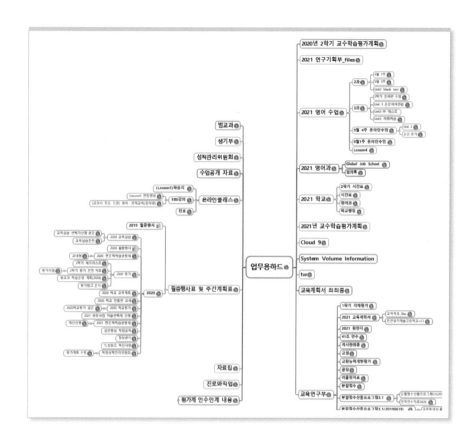

어느 폴더에 들어있는지 기억조차 안 나서 제대로 활용하지 못하고 있던 수많은 파일이 정리되어 가는 과정은 씽크와이즈 초보 유저인 나에게는 너무나 재미있고 신기했다.

정리된 맵에는 비슷한 이름을 가진 파일이 가득했다. '백업', '백업(2018)', '생기부', '생기부자료', '생활기록부(학급)' 등 중복된 이름을 가진 파일이 많이 보인다. 비슷한 내용과 제목의 파일 중에서 최종 파일 하나만 남겨놓고 필요 없는 파일을 삭제한다. 이렇게 간단한 작업을 통해 업무용 하드디스크를 한 장의 씽크와이즈 맵으로 정리할 수가 있었다.

불안한 마음에 저장하고 또 다른 이름으로 저장해 놓은 파일들. 일단 저장하고 보자 하는 마음에 정리하지 않고 쌓아놓은 파일로 가득 찼던 복잡한 드라이브가 미니멀리스트의 드라이브로 바뀌었다. 폴더와 파일의 수가 거의 절반으로 줄어들었다. [폴더구조 생성]이라는 기능이 있어서 짧은 시간에 가능한 일이었다. 드라이브가 가벼워지는 만큼 필요한 파일을 찾기 위해 드라이브를 여기저기 헤매던 시간과 노력 또한 절반으로 줄었고, 드라이브가 가벼워진 만큼 내 머릿속도 비워지는 듯한 홀가분함을 느꼈다.

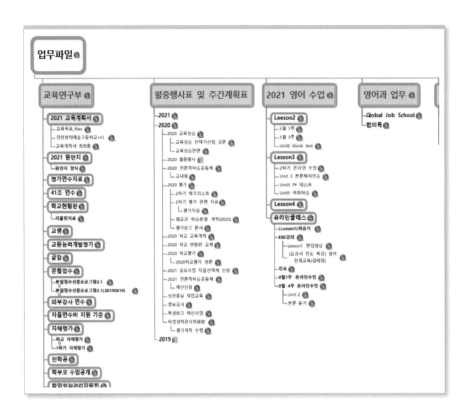

2. 교육연구부 업무 맵으로 업무 준비하기

처음으로 교육연구부장이라는 업무를 맡게 되었다. 2월 말에 업무분장 발표를 하여, 짧은 시간 내에 교육연구부 운영 전반에 대한 계획을 세워야만 했기 때문에 마음이 급했다. 하필이면 올해 교육연구부에서 함께 일을 하게 될 세 분의 선생님은 모두 다른 학교에서 전입해오시는 상황이라 작년에 업무를 담당했던 선생님께 직접 인수인계를 받기가 힘든 상황이었다. 또한 작년에 교육연구부장을 맡았던 선생님은 다른 학교로 전출을 가기 때문에 올해 업무에 대해 궁금하면 물어보기도 힘든 상황이라 업무 파악에 대한 부담은 더더욱 커졌다. 짧은 시간 안에 교육연구부 전체 업무를 모두 파악하고 업무분장을 조율하여 새로 업무를 맡은 선생님께 효율적으로 업무 흐름을 파악할 수 있도록 도울 방법이 있을까 고민하던 중 씽크와이즈를 활용해보기로 했다.

1) 교육연구부 업무 맵 만들기 과정

먼저 작년 업무 담당 선생님에게 인수인계 파일을 모두 받아서 하나의 폴더에 모았다. 그리고 이 파일을 씽크와이즈의 [폴더구조 생성] 기능으로 교육연구부 업무분장 맵을 완성했다. 부서의 인원이나 업무가 작년과는 달라진 부분이 있었기 때문에, [폴더구조 생성] 기능으로 만들어진 맵에서 가지를 이동, 삭제, 추가하여 올해 상황에 맞게 업무를 정리한다. 그리고 월별로 해야 할 중요한 일이 있을 경우에는 가지를 추가하여 표시한다. 이렇게 완성된 맵을 부서 선생님에게 전달하는 것으로 인수인계의 대부분이 끝났다.

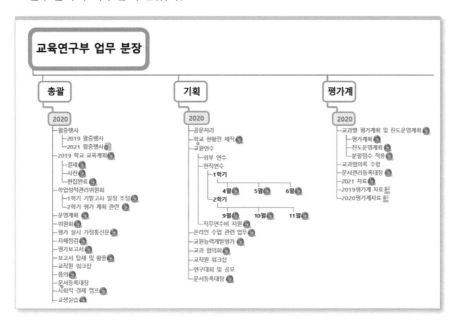

씽크와이즈맵을 통해 인수인계를 받은 선생님의 반응은 매우 좋았다. 사용해보니 작년 업무 맵은 단순히 인수인계만을 위해 필요한 것이 아니었다. 작년 자료나 공문을 참고해야 할 때 전자업무시스템에 매번 들어가서 공문을 찾지 않고도 2020년의 가지에 첨부나 하이퍼링크된 자료를 열어서 쉽게 확인할 수 있으니 일 처리에 걸리는 시간을 줄일 수 있었다.

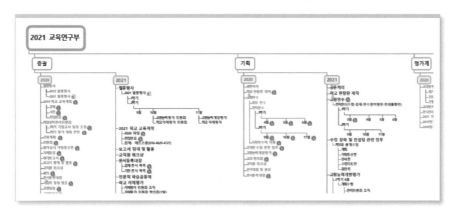

인수인계를 위해 만들었던 교육연구부 업무분장 맵을 기본으로 하여, 올해 업무 추진 맵도 작성해 나가고 있다. 각 업무분장별로 2020년 가지 옆에 2021년 가지를 만들고 올해 해야 할 업무를 하위가지에 붙여나간다. 2021년의 첫 번째 하위가지에는 월중행사를 제목으로 한 가지를 달고, 1학기와 2학기로 나누어 매달 해야 할 중요한 업무들을 정리해나간다. 대부분 학교의 일이 일 년 단위로 반복되는 경우도 많지만 새로운 행사가 추가되고 일정 또한 변경되기 마련이다. 때문에 월별 업무를 정리해 각 시기에 해야 할 일을 놓치지 않고 미리 계획하여 쫓기지 않고 업무를 처리해 나갈 수 있었다. 올해 진행한 업무의 결과물 또한 2021년의 가지에 하이퍼링크하였고 이 자료는 내년 초에 인수인계 자료가 될 것이다.

2) 교육연구부 업무 맵 활용 후기

부장 업무를 처음 맡아서 기존에 해보지 않은 생소한 업무를 파악하기도 힘든 와중에 여러 선생님의 업무를 함께 하기가 쉽지 않았다. 새로 오신 선생님께 인수인계를 잘하고 싶다는 생각으로 만들었던 맵은 부서 운영의 기본 틀로 지금까지도 잘 활용하고 있다.

업무 파악할 때는 '이때쯤이면 이걸 해야겠구나….' 생각했지만 수업을 하며 바쁜 하루를 보내다 보면 어느새 시간이 훌쩍 흘러가 있고, 내가 해야 할 일을 까맣게 잊게 되는 경우가 생기게 마련이었다. 씽크와이즈 맵을 한 번씩 열어보면서 다음 주나 다음 달에 내가 해야 할 일을 한 번씩 상기할 수 있었고, 다른 선생님의 업무도 한눈에 들어와 내가 체크해야 할 일과 도와야 할 일을 잘 찾아낼 수 있었다.

부장이라는 직책을 처음 맡아 대혼란을 겪고 있는 나의 머릿속과는 다른 구조화된 깔끔한 맵을 보는 선생님에게는, 체계적으로 업무를 계획하고 진행하는 부장 코스프레를 할 수 있었다. 모두 씽크와이즈 덕분이었다.

3. 씽크와이즈로 영어 문법 맵 만들기

영어 수업 중 학생에게 문법 설명을 해야 할 때, 영어의 어법을 구조화해 제시하는 것은 학생이 우리말과는 다른 문법 구조를 이해하는 데 매우 중요하다. 씽크와이즈 맵으로 영어 문법을 설명하는 것도 좋을 것 같은 생각이 들었다.

또한 영어의 '관사', '가정법', '시제' 등의 맵을 정리하면 학생에게 이런 문법을 설명할 때마다 손쉽게 맵을 열고 그중에서 내가 필요한 부분을 [선택한 가지 중심]으로 제시하면 매번 필기하거나 새로운 문법 자료를 만들고 예문을 찾을 필요가 없을 것 같다는 생각이 들었다.

1) 영어의 '관사' 수업을 위한 씽크와이즈 맵

우리말에는 존재하지 않는 영어의 관사를 설명하기는 쉽지 않다. '셀 수 있는 명사 앞에는 관사 'a'를 쓰고, 셀 수 없는 명사나 추상명사의 경우에는 'the'를 쓴다.' 이렇게 간단하게 설명해서 영어 관사의 쓰임을 모두 정리할 수 있으면 좋겠지만 영어에서 명사의 종류나 성격이 다양하기 때문에 이렇게 간단한 설명만으로 관사의 쓰임을 설명할 수 없었다. 어느 경우에 'a'를 쓰고 어떨 때 'the'를 쓰며 어떨 때는 관사를 쓰지 않아도 되는지 학생에게 말로 설명을 해도 그 내용이 학생의 머릿속에 각인되어 이를 사용하기는 쉽지 않다.

또한 학생의 이해를 돕기 위해서는 각 쓰임에 해당하는 예문도 함께 보여주어야 한다. 먼저 우리말에는 없는 영어의 관사를 단계적으로 제시하기 위해서 가지 1단계에서 관사의 개념, 관사를 결정하는 요소, 관사의 종류, 관사의 결정 순서라는 타이틀을 제시한다. 그리고 관사가 무엇인지 하이퍼링크 기능을 통해 네이버 사전의 관사의 정의를 찾을 수 있는 페이지를 연결하여 보여주고, 학생에게 관사가 무엇인지 설명한다.

그다음 관사 결정 요소의 2단계 하위가지를 펼쳐서 뒤에 오는 명사의 성격에 따라 사용하는 관사가 달라진다는 점을 설명한다. 마찬가지로 영어 관사 세 가지 'a', 'an', 'the'에 대해서 설명하고, 각각의 예문도 하위가지에 추가하여 보여준다. 마지막으로 어떤 관사를 사용할지 결정하는 방법을 맵으로 간단히 정리하여 보여준다.

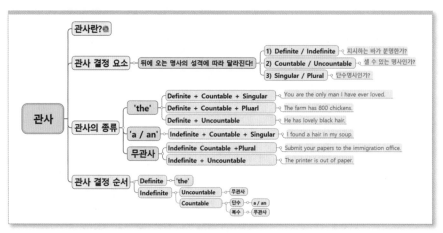

이렇게 영어 문법을 파트별로 정리하고 다른 맵에 링크를 걸어서 사용하면 매우 편리할 뿐 아니라, 이전에 배웠던 내용을 학생이 기억하지 못할 때 클릭 한 번으로 맵을 불러와서 문법 요소에 대한 내용과 쓰임을 구조화해서 학생에게 상기시켜줄 수 있다.

2) 영어 문법 맵 활용 팁

– 1단계씩 가지 접기/펴기: [Alt] + [↑/↓]

[가지접기/펼치기 기능]은 씽크와이즈의 너무 기본적인 기능이지만 학생에게 내용을 구조화해서 단계적으로 제시하는 데 매우 효과적이다. 영어 문법을 설명할 때 명사, 주어, 시제의 성격에 따라서 어휘를 변형하여 사용해야 하는 경우가 많고, 이런 경우를 구조화해서 제시하면 배우는 입장에서 적은 노력으로 문법을 쉽게 이해할 수가 있다.

– 현재 가지 중심으로 보기/해제 : [Ctrl] + [Enter]

수업을 진행하다 보면 오늘 학습할 내용의 맥락을 확인해야 할 경우가 많다. 이럴 땐 내용의 전체적인 맥락을 포함하고 있는 맵을 먼저 제시하고, [Ctrl] + [Enter]를 눌러서 오늘 중점적으로 학습해야 할 내용을 중심으로 보기를 하여 하나의 맵으로 제시한다. 너무 많은 내용을 학생에게 제시하여 거부감을 주지 않으면서도 오늘 학습할 내용을 전체적인 맥락과 연결하는 간단하지만 훌륭한 기능이다.

이렇게 Top-down 방식으로 생각할 수도 있지만, 반대로 생각하면 수업시간에 했던 작은 부분을 큰 가지로 엮어나갈 수도 있을 것 같다. 매 수업시간마다 만든 자료를 모아서 엮어나간다면, 영어 문법책 한 권의 내용도 씽크와이즈 맵 한 장을 통해서 접근할 수 있을 것이다.

4. 수업시간에 활용하는 씽크와이즈 맵

작년에 처음으로 여학교에 근무하면서 이전에는 절대 해보지 못한 경험을 했다. 소리 지르고 뛰어다니는 남학생을 자리에 앉게 하는 것부터가 수업의 시작이었다면, 선생님이 교실에 들어가면 여학생은 모두 자리에 앉아있다. 심지어 교과서도 책상 위에 다 꺼내놓았다. 그러나! 이렇게 교과서를 꺼내놓고 수업 시간에 다소곳하게 앉아있다는 것이 수업을 받을 '진짜' 준비가 되어 있는 것을 의미하지는 않는다는 것을 몇 번의 수업 후에 알게 되었다.

나의 기대와는 달리 오늘 배울 곳이 어디인지 지난 시간에 어디를 배웠는지를 물어보면 모두 아무런 대답이 없다. '내 말을 못 들었나?' 다시 한번 묻는다. 그러나 역시 내가 원하는 대답은 들리지 않는다. 나의 기대가 엇나가는 것을 인지하는 순간 나는 스스로를 위로한다. '선생님에 대한 최소한의 예의를 갖추어준 것만도 감사하구나.' 씽크와이즈 맵을 열며 오늘의 수업을 시작한다.

1) 씽크와이즈 맵으로 수업 준비하기

교과서 한 과의 영어 본문을 내용과 분량에 따라 7~8차시 분량으로 나눈다. 그리고 이렇게 나눈 각 차시별 분량에 대해서 수업 시간에 학습할 내용을 정리한다. 이렇게 수업자료를 맵으로 정리하면 한 과를 끝내는데 총 몇 차시가 필요한지, 적절한 과제나 학습지의 분량은 어느 정도인지 대략 가닥이 잡힌다. 각 과에서 실시해야 하는 수행평가나 프로젝트 등도 함께 정리한다. 이렇게 한 과에 필요한 수업 맵이 완성되면 진도계획과 수업진행 준비를 끝낸 수업 로드맵이 완성된다.

새로운 과의 첫 차시에는 그 과에 대해 전반적으로 학습할 내용을 미리 한 번 훑어보며 학생과 학습할 내용을 정리한다. 수업을 계획하는 교사의 머릿속에는 차시별 진도 계획이 있겠지만, 학생은 선생님이 매시간 제시하는 내용을 수동적으로 받아들이는 경우가 많다. 수업 진행 계획에 대한 맵을 학생과 함께 살펴보고 수업하는 것은 내가 생각했던 것보다 학생에게 큰 도움이 되는 것 같았다.

영어 교과서의 본문 내용을 수업할 때는 하이퍼링크를 걸어놓은 디지털교과서 사이트에 들어가서 디지털교과서를 충분히 활용한다. 그리고 진도 맵에 교과서 이미지를 캡처하여 학생이 볼 수 있도록 제시한다. 학생이 교과서의 본문 이미지를 잠깐 보는 것만으로도 수업을 위한 아이스 브레이킹(ice breaking)의 큰 효과가 있기 때문이다. 특히 요즘 학생은 교과서보다 화면에 제시된 이미지나 영상이 더욱 익숙한 세대이기 때문에 간단한 작업으로 사진을 캡처하여 맵에 첨부할 수 있는 기능은 수업할 때 매우 효율적이다.

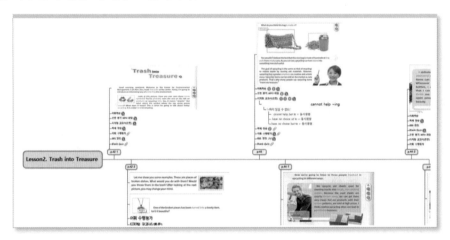

활용팁) 교과서 사진 첨부하기

1단계 : 디지털 교과서 등과 같은 원하는 화면에서 '윈도우키 + shift키 + S'를 동시에 눌러서 원하는 화면을 캡처한다.

2단계 : 캡처한 화면을 씽크와이즈맵의 원하는 가지 안에 드래그 한다.

3단계 : 가지의 사진을 클릭하여 원하는 크기로 조절한다.

※ 맵을 제시할 때 그림이 필요 없다면 그림이 포함된 가지를 접는다.

2) 씽크와이즈 맵을 활용한 수업 단계

① 지난 시간 학습내용 및 과제 확인하기

수업을 시작하면서 지난 시간에 배운 내용을 가볍게 언급하며 정리하려고 질문할 때면 가끔 학생 대부분이 "그거 안 배웠는데요?"라고 하는 경우가 있다. 그런 학생의 말을 듣고 같은 내용을 두 번씩 설명한 적이 한두 번이 아니다.

차시별 맵을 활용하여 수업하고 마칠 때마다 맵에다 빨간색 동그라미 표시를 하면, 다음 시간에 진도를 확인하는데 매우 유용하다. 맵에 진도가 표시되어 있으니 맵을 열고 진도를 확인하면, 학생은 배운 내용을 안 배웠다고 시치미 떼는 메소드급 연기를 하다가도 금세 접는다.

맵을 열어 지난 시간에 학습한 내용을 확인하고, 다시 한번 지난 시간에 배운 내용 중 중요한 부분을 간단히 질문하여 복습한다. 지난 시간에 학습한 내용에 대한 과제나 단어시험도 맵에 제시되어 있다. 학생은 그 맵을 보고 정말 기억이 안 났던 내용을 기억하기도 하고, 기억이 났지만 준비하지 않았던 예정된 단어시험을 보아야 하는 등의 현실을 받아들이기도 한다.

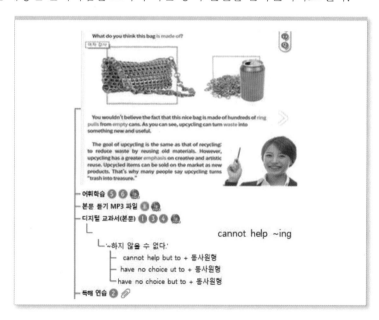

② 오늘의 학습목표 제시

교실 앞 스크린에 맵을 보여주면서 오늘 학습할 내용을 소개한 뒤 본격적으로 오늘 수업을 시작한다.

"우리는 43페이지를 공부하고 있고, 지난 시간에 어휘학습까지 끝냈으니 오늘은 본문 독해를 연습할 거예요. 총 세 가지 과제를 합니다. 먼저 선생님과 구문분석을 하면서 본문 내용 이해하기, 두 번째로 본문 이해와 학습지 완성하기, 그리고 마지막으로 지난번에 공지한 대로 단어시험을 볼 거예요."

이렇게 오늘 해야 할 과제와 학습 목표를 제시하고 본 수업으로 들어간다.

③ 하이퍼링크와 첨부 기능으로 모든 수업자료를 맵 한 장에!

수업을 진행하다 보면 여러 가지 매체와 수업자료를 사용하게 된다. 수업 시작 전 학생의 동기나 흥미 유발을 위해 사용하는 유튜브나 동영상 자료, 본문을 설명하기 위한 디지털교과서 화면, 본문 듣기 활동을 위한 MP3 파일, 학생이 과제로 해야 할 학습지 파일 등을 화면에 띄워 보여주어야 한다.

씽크와이즈를 활용하기 전에는 인터넷에 접속하여 디지털교과서 사이트에 들어가고, 수업자료를 저장한 USB를 꽂고 파일을 열어서 학생에게 필요한 자료를 보여줘야 했다. 수업을 마치고는 USB를 교실 컴퓨터에 그냥 두고 나와서 다음 수업을 하면서 난감했던 적이 한두 번이 아니었다. 하지만 씽크와이즈 맵을 활용하여 수업하기 시작한 후부터는 이런 실수로 인해 수업 진행에 방해를 받는 일이 없었다. 차시별로 정리된 수업을 위한 맵에 디지털교과서와 MP3를 하이퍼링크 기능으로 연결하고, 클릭 한 번으로 원하는 사이트로 이동하여 디지털교과서의 자료를 손쉽게 이용할 수 있었다.

또한 학생에게 제시할 학습지 파일의 이름(주로 1과 본문-1, 1과 본문-2)만을 보고 학습지 내용을 기억하지 못해 여러 파일을 열었다 닫았다 하며 시간을 낭비하는 일 또한 줄었다. 유튜브의 영상이나 사진이 있는 사이트도 하이퍼링크를 통해 바로 연결할 수 있어서 수업의 맥이 끊기지 않고 수업을 진행할 수 있다.

④ 차시 예고는 씽크와이즈 맵으로 짧고 굵게!

수업을 마치기 전, 다시 한번 학생과 맵을 확인하고 다음 시간에 학습할 내용을 제시한다. 아주 짧은 시간 동안 학생은 자신들의 진도 좌표를 다시 한번 확인하고 오늘의 수업을 마칠 수 있다. 다음 시간까지 해야 할 숙제나 단어시험 준비도 다시 한번 학생에게 강조한다.

3) 씽크와이즈 맵을 활용한 수업의 장점

한 장의 맵으로 지난 시간의 학습 내용을 확인하고, 오늘의 학습목표를 제시하고, 필요한 학습자료를 맵에서 클릭하여 바로 열어서 수업한 뒤, 다음 차시 예고까지 할 수 있다. 학생은 이 맵을 반복적으로 접하면서 내가 무엇을 배웠는지 되새기고 무엇을 배울지 예상하며 자신의 좌표를 확인할 수 있다. 내 머릿속에 그려진 전체적인 진도 계획을 학생에게 가시화해서 보여줄 수 있다는 것이 수업 시간에 씽크와이즈 맵을 활용하면서 얻은 가장 큰 소득이었다.

복잡한 일상을 변화시켜 주는 체계적 생각 정리의 도구

유소연(부광고등학교, 과학창의부장)

복잡한 일상을 변화시켜 주는 체계적 생각 정리의 도구

1. 씽크와이즈를 알게 되다

2017년은 관심을 갖고 운영을 시도했던 프로젝트 수업의 내용을 정리하고 운영 방법을 보강하는 한 해였다. 과학중점학교에 근무하는 동안 학생이 다양한 활동에 의욕적으로 참여하는 모습을 보면서 나 역시 더불어 많은 것을 배우는 기회를 가질 수 있었다. 머릿속으로만 생각했던 수업과 동아리 활동을 조금씩 시도해 볼 수 있었고, 1년 프로젝트 수업을 구성하여 운영하기도 하였다. 2017년은 이 모든 활동의 과정과 결과를 분석하고 보완점을 찾는 시기였다.

과학중점학교에서 주로 이루어지는 과제연구 수업은 장기간의 협업 활동이 가능한 수업이다. 학생은 팀을 이루어 관심 주제에 대해 토의하고, 이 과정을 통해 문제점과 의문점을 찾아 함께 해결방안을 모색하여 검증하는 활동으로 이루어진다. 관심 주제에 대한 탐구활동이라는 점은 학생에게 큰 매력이었고, 그 과정을 통해 학생이 진정한 협업을 경험하고 문제해결력을 배양할 수 있다는 점은 교사에게 의욕을 갖게 했다.

'환경'이라는 대주제를 중심으로 물리, 화학, 생명과학, 지구과학 영역의 기초과학이론을 적용하고, 아두이노와 각종 인식 센서, 3D 모델링 프로그램, 코딩프로그램, 태양전지, 압전소자 등 일반적 수업에서 흔히 사용되지 않는 소프트웨어나 물품을 사용한 주제 탐구 활동이 이루어졌고, 나아가 동아리에서의 심화탐구활동으로 이어지기도 하였다.

하지만 그러한 수업 장면에서도 여러 문제점은 있었다. 특히 프로젝트 초반 학생의 참여를 끌어내는 일과 프로젝트를 진행하는 동안 흥미를 유지하는 일이 가장 어려웠다. 학생의 참여와 흥미를 높이기 위해 관심 분야와 이슈를 파악하여 탐구 주제를 바꿔 제시하고 다양한 관련 자료를 제공하며 토론 시간을 늘려 충분히 아이디어를 공유할 수 있도록 하였다. 이러한 시도는 초반 참여도를 높일 수 있었으나 지속적인 흥미와 참여 의지를 끌어내기는 어려웠고, 아이디어 발산은 여전히 잘 이루어지지 않았다. 학생의 탐구과정과 토의과정을 관찰한 결과, 자료를 해석하고, 주제 적합성을 판단하여 선별하고 이를 재구조화하여 의사소통에 활용하는 것이 익숙하지 않아 겪는 어려움이 많은 부분을 차지하고 있음을 알게 되었고, 동료 교사와 함께 연수나 강연에 참여하며 이를 해결하기 위한 방법에 대해 고민하였다.

이러한 이유로 참여한 여러 연수 중, 2017년 책 토론 관련 연수에서 씽크와이즈를 알게 되었다. '생각코딩연구소'의 학습법을 소개하는 과정이 있었는데 씽크와이즈로 논리적 마인드 맵을 작성하여 자료 정리나 노트 작성, 계획 수립 등에 활용하는 내용에 관심을 갖게 되었다.

2. 씽크와이즈를 알아 보다

씽크와이즈는 디지털 도구이기 때문에 수기 작성을 어려워하는 학생이 편하게 작성할 수 있고, 여러 기능을 사용하지 않아도 내용 정리가 깔끔하게 이루어졌다. 씽크와이즈에 관심을 갖게 했던 기능은 다음과 같다.

- 체계적으로 정리된 맵의 형식이라 한눈에 잘 들어오고 문서 작성 중에도 맵의 형태를 자유롭게 변경할 수 있다.
- 가지마다 다른 색을 지정하거나 여러 기호를 넣어 중요도를 쉽게 표시할 수 있다.
- 한 페이지에 많은 내용을 담을 수 있고 가지를 접고 펼치면서 보이는 범위를 정할 수 있어서 필요한 부분을 집중해서 볼 수 있다. 내용이 많아도 가독성이나 발표 시 전달력이 떨어지지 않는다.
- 가지의 위치 이동이 Drag & Drop으로 자유로워 내용이나 구성이 달라져도 다시 필기해야 하는 번거로움을 피할 수 있다.

지금은 다양한 문서 작성 도구가 있어 상황에 맞는 기능을 가진 도구를 선택하지만, 2017년에 알게 된 씽크와이즈는 그 기능이 마냥 신기했다. 나중에는 씽크와이즈 문서를 한글, MS 워드, 파워포인트, 엑셀 등으로 전환이 가능하다는 것도 알게 되어 문서 작성 시간을 줄이면서도 전달력은 높일 수 있고, 문서 작업을 재미있게 할 수 있는 효율성 높은 도구라고 생각했다.

이후 씽크와이즈의 여러 기능을 익히며 학생과의 주제 선정이나 활동 내용 구성 등의 협의 과정에서 사용해 보았다. '생각코딩연구소'의 여러 교육프로그램에 참여하며 노트 정리, 독서 노트 작성뿐 아니라 업무 활용, 기획서 작성, 도서출판기획 등에 활용할 수 있다는 것도 알게 되었고, 씽크와이즈는 정리와 체계화를 돕는 내용 정리, 생각 정리의 도구라는 결론을 내리게 되었다.

하지만 학생들이 수업시간에 씽크와이즈를 사용하기 위해 지불해야 하는 가격이 상당했고 그 당시 학교 컴퓨터의 성능으로는 프로그램 사용이 원활하지 못했기 때문에 생각코딩연구소에서 주는 씽크와이즈 쿠폰을 이용하며 개인적인 사용으로 만족해야 했다.

2021년 중등 디지털 맵 자료 개발 연수(씽크와이즈 활용) 운영 소식을 접하고 가격 문제 해결의 실마리와 수업에서의 활용방법 아이디어를 얻을 수 있을 것이란 기대로 연수를 신청하였다. 연수에서의 배움은 기대 이상이었다. 다양한 활용 사례뿐 아니라 연수 동기 교사의 수업 아이디어까지 얻게 되어 업무와 수업에서 본격적으로 활용할 수 있는 자신이 생겼다. 또한 담당 장학사님의 배려와 노력으로 전문적학습공동체도 만들어져 지속해서 다른 교사와 함께 배우고 나누는 기회가 생겼다.

3. 씽크와이즈를 활용하다_일상편

가. 도서 내용 정리

수업이나 업무에 활용할 목적이 있는 독서 활동에서는 그 내용을 구체적으로 기록하며 읽는다. 하지만 독서 순서에 따라 생각 없이 이루어지는 기록은 독서 시간이 길어져 끝까지 작성하지 못하는 경우가 많았다. 기록된 내용도 단편적이고 뒤죽박죽이라 재구성하여 다시 필기하는 경우도 있었다.

씽크와이즈를 처음 접했을 때 이런 문제점을 해결할 수 있을 것이란 생각이 컸다. 독서 습관이나 필기 방식은 유지하면서 작성 도구만 씽크와이즈로 바꿨을 뿐이었지만 작성된 내용은 이전과 많

씽크와이즈 수례집

150

이 달라져 있었다. 우선 한 페이지에 모든 내용이 기록되어 있고 위계가 잡혀서 원하는 내용을 찾기 편했다. 단편적이고 뒤죽박죽인 내용을 Drag & Drop으로 가지를 이동시키며 서로 통합하거나 분리하면서 쉽게 정리할 수 있어서 나만의 구조화된 맵을 작성할 수 있었다. 이렇게 작성된 도서 맵은 [선택가지 중심 보기] 기능으로 가지별로 보는 것도 가능하여 학생에게 책을 소개할 때 유용하게 사용하였다.

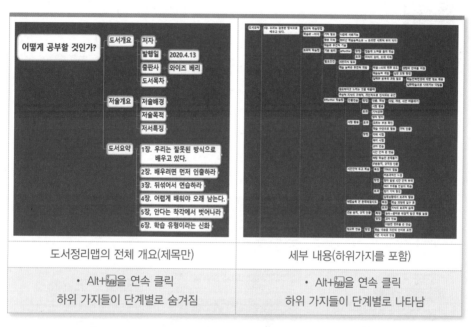

도서정리맵의 전체 개요(제목만)	세부 내용(하위가지를 포함)
• Alt+PgUp을 연속 클릭 하위 가지들이 단계별로 숨겨짐	• Alt+PgDn을 연속 클릭 하위 가지들이 단계별로 나타남

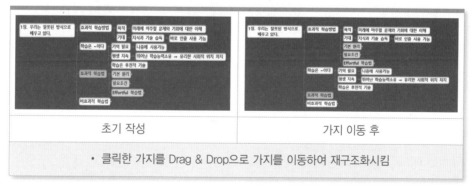

초기 작성	가지 이동 후
• 클릭한 가지를 Drag & Drop으로 가지를 이동하여 재구조화시킴	

나. 참고 자료 정리, 소논문 작성

코로나19 감염병의 유행으로 온라인 수업이 진행되면서 다양한 디지털 도구를 짧은 시간에 익히고 기억해야 했고, AI 교육에 대한 이론을 접하게 되면서 지금까지 다뤘던 전공과는 다른 분야에

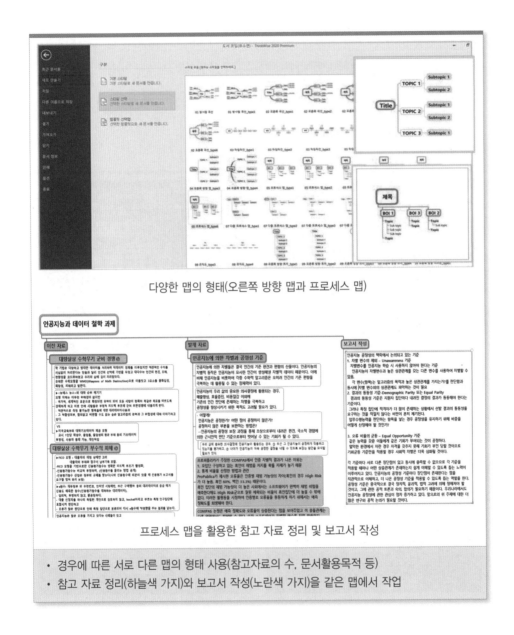

다양한 맵의 형태(오른쪽 방향 맵과 프로세스 맵)

프로세스 맵을 활용한 참고 자료 정리 및 보고서 작성

- 경우에 따른 서로 다른 맵의 형태 사용(참고자료의 수, 문서활용목적 등)
- 참고 자료 정리(하늘색 가지)와 보고서 작성(노란색 가지)을 같은 맵에서 작업

대한 어려움과 많은 분량을 감당하기 버거웠다. 또한 소논문이나 연구보고서 등을 작성하면서 참고 자료 정리가 체계적으로 되지 않아 원문을 다시 읽거나 분량이 많아서 내용을 찾기 어려울 때가 있어 시간을 낭비하는 일이 빈번했는데 이러한 어려움을 씽크와이즈를 활용하여 해결할 수 있었다. 프로세스 맵을 이용하여 참고자료 제목을 같은 줄에 놓고 각 자료별로 추출한 내용은 아

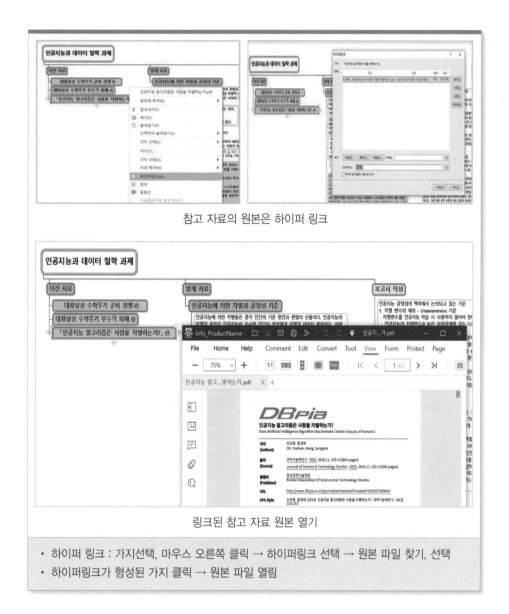

참고 자료의 원본은 하이퍼 링크

링크된 참고 자료 원본 열기

- 하이퍼 링크 : 가지선택, 마우스 오른쪽 클릭 → 하이퍼링크 선택 → 원본 파일 찾기, 선택
- 하이퍼링크가 형성된 가지 클릭 → 원본 파일 열림

래 가지에 놓이도록 정리하니 원하는 내용을 쉽게 찾을 수 있었고 같은 맵에 보고서 작성 가지를 만들어 옆의 참고 자료들을 보며 내용 누락없이 작성할 수 있었다.

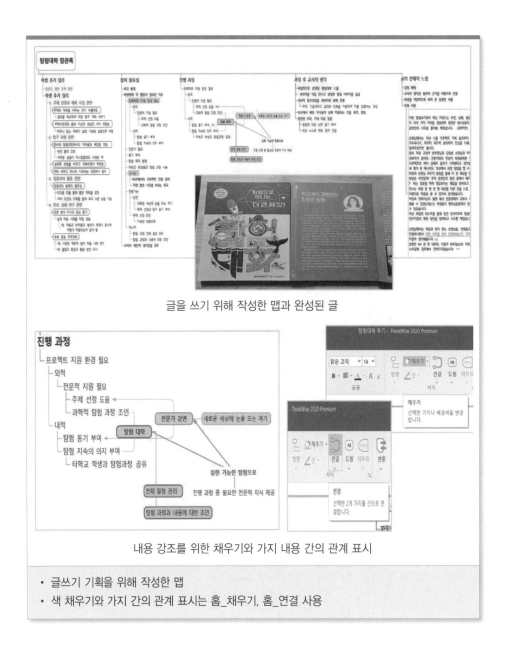

글을 쓰기 위해 작성한 맵과 완성된 글

내용 강조를 위한 채우기와 가지 내용 간의 관계 표시

- 글쓰기 기획을 위해 작성한 맵
- 색 채우기와 가지 간의 관계 표시는 홈_채우기, 홈_연결 사용

다. 자녀의 학습에 활용

연수를 통해 씽크와이즈를 알게 되었을 때 우리 아이에게 필요한 도구라는 생각이 가장 먼저 들었다. 씽크와이즈를 사용하며 일과를 계획하거나 독서노트를 작성하는 방법을 조금씩 알려 주고 함께 작성해 나갔다. 중학생이 되어 학습량이 많아지고 다양한 방식의 수행평가에 참여하면서

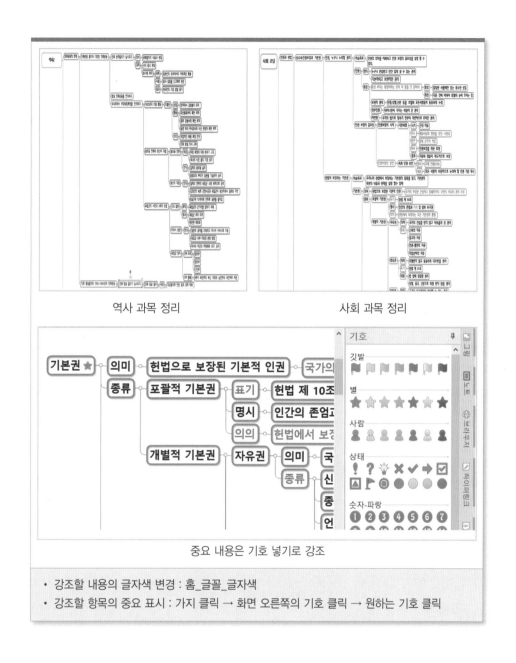

역사 과목 정리

사회 과목 정리

중요 내용은 기호 넣기로 강조

- 강조할 내용의 글자색 변경 : 홈_글꼴_글자색
- 강조할 항목의 중요 표시 : 가지 클릭 → 화면 오른쪽의 기호 클릭 → 원하는 기호 클릭

씽크와이즈를 학습에도 사용하기 시작했다.

생각코딩연구소에서는 학생을 대상으로 씽크와이즈를 활용하여 교과서 코딩, 단권화 시험 공부법, 원 페이지 코딩, 기사 코딩 등 자신만의 논리적 구조도 작성을 통한 공부법에 대한 교육을 진행하였다. 이 교육프로그램에 참여하면서 씽크와이즈 활용은 아이의 일상이 되어갔다. 활용 범위도 넓어져서 글쓰기나 포트폴리오 정리 등에도 이용하였다.

한번은 아이가 학교 책 토론 행사에 참여했었는데 책의 내용을 분석하고 자기 생각을 정리하여 발표해야 하는 활동에서 아이디어가 떠오르지 않아 힘들어한 적이 있었다. 아이와 함께 씽크와이즈를 사용하여 책의 내용을 사건별로 나누어 통일된 항목으로 정리해 보았다. 사건별 개요가 한눈에 파악되어 쉽게 분석할 수 있었고, 이전에 알지 못했던 상황과 등장인물의 생각 변화까지 파악하고 유추할 수 있게 되어 어려움을 해결할 수 있었다. 그 이후에 아이는 자료 정리, 감상문 작성 등의 글을 쓸 때 씽크와이즈를 사용하였다.

4. 씽크와이즈를 활용하다_수업편

2020년, 갑작스레 전 학년 온라인 수업이 시행되어 매일매일 새로운 수업 방법과 디지털 도구를 배우면서 바로 수업에 적용하는 상황에 놓이게 되었다. 학생에게 수업내용이 잘 전달될지에 대한 의문으로 선후배 교사와 함께 수업 방법에 대한 열띤 논의가 대대적으로 이루어진 시기였다. '지금 무슨 수업이야?', '과제 있어?', '이거 어떻게 해?' 등의 친구와 평범하고 짧지만 수업내용이나 과제를 파악할 수 있었던 대화가 단절되었다. 집중도가 떨어질 수밖에 없는 온라인 수업에서 단편적 자료 제시가 아닌 수업의 전체 흐름을 어느 정도 파악할 수 있는 시각 자료를 제시하는 것이 필요하다고 생각되었고, 이를 씽크와이즈를 활용하여 제작하였다.

수업 시작에서는 전체 수업 구성 과정을 제시하여 무엇을 하게 될 것인지에 대한 안내 표지 역할을 할 수 있도록 하였다. 수업 세부 주제는 이전 수업에서의 핵심개념을 보이면서 수업별 연관성을 찾을 수 있도록 유도하였다. 각 핵심 개념은 PPT, eBook, 실험 동영상 파일과 링크시켜 수업 자료로 활용하였다.

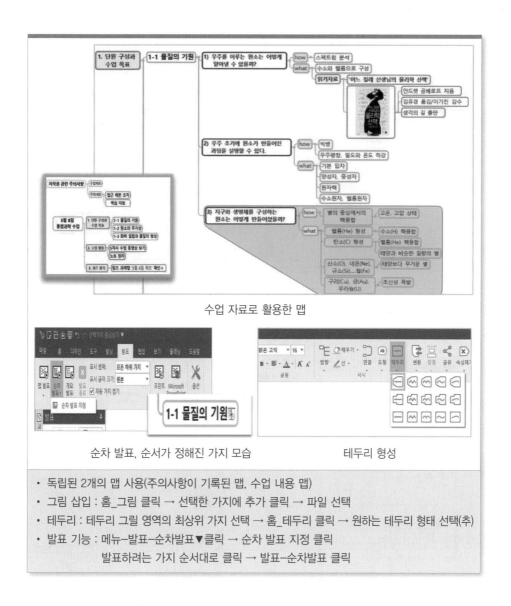

수업 자료로 활용한 맵

순차 발표, 순서가 정해진 가지 모습   테두리 형성

- 독립된 2개의 맵 사용(주의사항이 기록된 맵, 수업 내용 맵)
- 그림 삽입 : 홈_그림 클릭 → 선택한 가지에 추가 클릭 → 파일 선택
- 테두리 : 테두리 그릴 영역의 최상위 가지 선택 → 홈_테두리 클릭 → 원하는 테두리 형태 선택(추)
- 발표 기능 : 메뉴-발표-순차발표▼클릭 → 순차 발표 지정 클릭
  발표하려는 가지 순서대로 클릭 → 발표-순차발표 클릭

5. 씽크와이즈를 활용하다_업무편

가. 동아리 운영

과학동아리는 교내 및 교외 활동이 많다. 이러한 활동이 단편적인 체험으로 끝나지 않고 교과의 수업내용과 연계되도록 하고, 학생이 관심을 갖는 진로진학분야와 사회적 이슈에 대한 탐색이 함께 이루어질 수 있도록 대주제 중심 활동을 구상하였다.

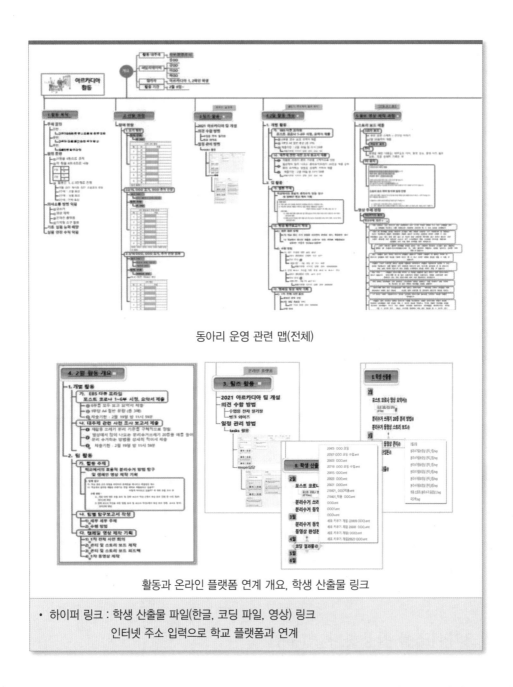

동아리 운영 관련 맵(전체)

활동과 온라인 플랫폼 연계 개요, 학생 산출물 링크

• 하이퍼 링크 : 학생 산출물 파일(한글, 코딩 파일, 영상) 링크
  인터넷 주소 입력으로 학교 플랫폼과 연계

2021년의 대주제는 '지구환경과 나'로 주제 몰입 활동, 협업 경험, 효율적 의사소통 방법, 기초 실험 능력 배양 등을 목적으로 운영되었다. 이러한 동아리 운영의 흐름을 유지하기 위해서 4명의 지도교사의 지속적 논의와 활동 피드백, 학생이 참여한 활동의 구체적 내용과 산출물의 누적 기록이 필요했고, 올해는 씽크와이즈를 활용한 동아리 활동 기록 맵을 작성하여 해결했다.

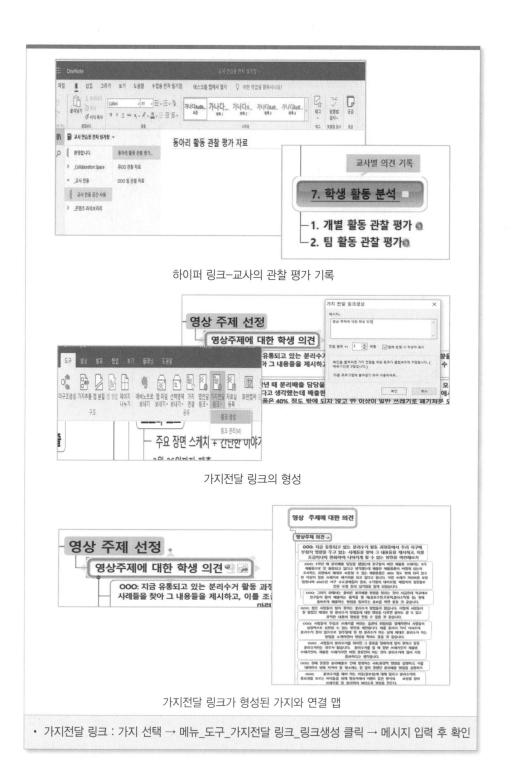

하이퍼 링크–교사의 관찰 평가 기록

가지전달 링크의 형성

가지전달 링크가 형성된 가지와 연결 맵

• 가지전달 링크 : 가지 선택 → 메뉴_도구_가지전달 링크_링크생성 클릭 → 메시지 입력 후 확인

우선 동아리 활동의 방향성을 제시하는 활동 목적을 기록하고 동아리원의 선발 과정을 상세히 기록하여 학생의 특징과 관심 주제를 파악하고 운영상의 문제점을 찾을 수 있었다. 소주제별 활동 개요를 작성하여 교사와 공유하여 학생의 여러 산출물을 하이퍼링크로 저장하여 수시로 확인할 수 있도록 구성하였다. 또한 학교 온라인 수업 플랫폼인 팀즈와 연계하여 개설된 동아리팀의 일정 관리나 수업용 전자필기장으로 이동할 수 있도록 하여 학생의 활동 상황을 파악할 수 있었다. 이를 통해 여러 폴더에 나뉘어 있었던 동아리 활동을 한눈에 파악할 수 있고, 학생별로 어떤 활동에 참여했는지 운영 목적 관련 활동이 잘 이루어졌는지 등을 알 수 있었다.

동아리 활동 중 학생의 의견을 모아야 할 경우 [가지전달 링크를 사용해 같은 맵에 내용이 보일 수 있도록 하였다. 그리고 협업 개설을 통해 지도교사에게 모든 동아리 활동 내용을 공유하고, 팀즈의 교사 전용공간과 연계하여 학생 할동을 교사가 공동으로 기록할 수 있도록 하였다.

6. 씽크와이즈 활용을 계획하다

가. 다른 학교와의 연계 활동 운영에 사용

현재 근무하는 학교에서는 같은 지역의 공립특수학교와 연계하는 통합교육이 운영되고 있다. 교사에 의해 진행되는 교육활동과 더불어 상호교류 활동으로 학교 소개 동영상 제작 교환 활동, 체험마당 운영, 체험자료 교환 등의 다양한 활동이 이루어진다. 이를 통해 학생은 '차이에 대한 이해와 존중을 바탕으로 한 소통과 공감'에 대해 알아가고 함께하는 삶에 대해 생각하는 기회를 갖는다. 1학기와 2학기에 걸쳐 서로 다른 활동으로 이루어지므로 두 학교의 학사 일정 고려, 교육 내용, 학생 참여 활동의 종류와 규모 등에 대해 지속적인 논의가 이루어지고, 학생 산출물을 공유하기 때문에 이 모든 활동이 가능한 플랫폼이 필요하다.

지금까지는 각기 다른 디지털 도구를 사용하여 소통하고 자료를 교환하였으나 교사들의 합의로 씽크와이즈를 플랫폼으로 활용하기로 하였다. 협업을 개설하여 2021학년도의 모든 활동을 저장하고 2022년도의 활동의 계획, 운영을 추가하여 두 학교에서 이루어지는 통합교육 내용을 연도별로 누적 기록할 예정이다.

나. 수업 활용 계획

씽크와이즈가 학생의 자료 해석과 분석에 도움을 주고 글쓰기 등의 표현력을 높여주기 위한 효과적인 생각정리 도구로 적당하다고 생각되어 활용을 시작했지만 여러 가지 상황 때문에 충분한 활용이 이루어지지 않고 있다. 프로그램 구입, 학교 컴퓨터 사용 등의 조건도 고려 대상이지만 학교의 수업 시간뿐 아니라 집에서도 자유롭게 활용할 수 있는 환경이 마련되어 자료 정리나 글쓰기뿐 아니라 협업과 협업 과정에서의 일정 관리가 통합적으로 이루어졌으면 한다. 씽크와이즈 PC 버전과 모바일 버전을 함께 사용하여 디지털 도구 활용이 자연스럽게 이뤄질 수 있도록 시도해 볼 계획이다.

Chapter 9

씽크와이즈와 함께한 거꾸로 화학 수업

박인숙(인천교육과학정보원, 학생과학관)

씽크와이즈와 함께한
거꾸로 화학 수업

1. 씽크와이즈를 만나기 전 과학고 화학 수업

5년 전, 과학고 학생을 처음 만났을 때 나에게는 과학고 학생에 대한 환상이 있었다. 자기주도적 학습 능력이 뛰어날 것이므로 수업 중 동기유발 자료는 필요 없겠지, 예습과 복습을 강조하지 않아도 알아서 잘하겠지, 내가 강의하는 내용을 아이들은 이미 다 알고 있을 거야, 수업 시간 중에 궁금한 점이 생기면 스스로 알아서 찾아보고 정리할 거야.

그래서 나는 화학의 원리와 법칙을 일목요연하게 정리해서 빠르게 전달하는 일에만 온 힘을 기울였다. 일반 인문계 고등학교에서는 어떻게 하면 학생에게 학습 내용을 재미있게, 인상 깊게 전달할까, 어떻게 하면 학생이 과학적으로 사고하는 방법을 연습해 볼 수 있을까, 어떻게 하면 학생이 화학이라는 학문에 긍정적인 태도를 보이게 할까에 대해서 고민했던 것과는 전혀 다른 수업 준비였다.

그렇지만 딱 한 학기 만에 내가 가지고 있었던 과학고 학생에 대한 이미지가 환상이었다는 것을 깨닫게 되었다. 물론 과학고 학생은 학습할 준비가 되어있고, 과학에 흥미를 보이는 학생인 것은 분명하지만, 역시 아이는 아이였다. 수업 시간에 궁금한 점이 생기면 선생님에게 도움을 청하지만 선생님이 해답 대신 정보를 찾을 수 있는 경로만 안내해 줄 때는 주도적으로 깊이 있는 내용을 찾아보거나 심화 학습으로 진행하지는 못했다.

그리고 또 하나, 내가 예상하지 못했던 것이 있었다. 그것은 바로 과학고 학생에게 가장 중요한 과목은 과학이 아니라 수학이라는 것이었다. 학생들은 종일 수학 공부에 대부분의 시간을 할애하였다. 그 외의 과목은 과제만 겨우 해결하고 있었다. 이렇게 하루 종일 수학 공부만 하는데 더 공부할 것이 있을까 싶을 정도로 학생들은 수학 공부에 매달렸다. 중학교에서 이미 고등학교 수준의 수학 내용을 배우고 온 학생이 대다수라고 하는데, 고등학교에 입학해서도 여전히 수학 공부에만 전념하고 있는 모습이 처음에는 이해하기 어려울 정도였다.

어쩌다가 혹시 시간 여유가 생기면 물리 과목을 학습하는 것이 평소 과학 공부의 전부였다. 내가 담당하는 화학은 과학고에서 찬밥이라는 생각이 들 정도로 대다수의 학생은 평소에 수학과 물리 공부에 푹 빠져있는 것 같았다. 화학을 좋아하고 잘한다고 하는 학생도 예습이나 복습을 하는 것 같지는 않았고, 주말에 학원에서 화학 수업을 듣고 오는 것과 시험 전에 벼락치기로 공부하는 것이 전부라는 학생의 말이 나에게는 충격이었다. 너무 많은 기대를 했었기 때문인지 실망감의 깊이도 깊었다.

그래도 너무 피곤한 나머지 자신도 모르게 꾸벅거리는 학생이 있기는 했지만, 대부분의 학생은 수업 시간에 그림같이 앉아서 수업에 집중했다. 모둠별로 과제를 해결해 발표하는 시간에 경쟁적으로 어렵고 복잡한 과제를 선택해서 해결하려고 하는 예상치 못한 모습을 보여주었다. 과학고 학생과의 화학 수업은 일반고 학생과의 화학 수업과는 또 다른 매력이 있었다.

그렇게 1년이 지난 후, 같은 학생들을 데리고 다음 학년을 다시 담당하게 되었다는 것을 알게 되면서부터 나의 고민이 시작되었다. 어떻게 보면 나의 욕심이 드러나기 시작했던 것이라고도 할 수 있을 것 같다. 수업 시간에는 학급 친구와 함께 있어야만 할 수 있는 활동을 진행하고, 교과 내용 학습은 개별적으로 하면 좋겠다는 것이다. 바로 플립러닝(Flipped Learning)으로 수업을 진행하고 싶다는 생각이 들었다. 그러려면 학생이 수학과 물리 공부를 하는 시간을 쪼개서 화학 공부를 해 주어야 했다. 그리고 더 나가서 학생이 수업 시간에 진행되는 모둠 활동에 최선을 다해 주었으면 하는 바람까지 얹어지면서 새 학년을 준비하는 겨울 방학 내내 수업 형식에 대해 고민하고 공부해야 했다.

이렇게 만들어진 직소(Jigsaw) 협동학습 모형에 플립러닝 형식을 적용한 나만의 과학고등학교 3학년 일반화학 수업의 기본 포맷은 다음과 같다.

1) 학급 내 모둠 편성
2) 수업 전 개별적으로 부과된 학습 내용 예습 및 정리, 관련 문제 풀이
3) 수업 운영 흐름 : 전문가 활동 - 모둠 활동 - 발표 및 정리 - 평가

나는 매 수업 시간 학습 목표를 4가지로 나누어 4가지 전문가 활동지를 만들었다. 이 전문가 활동지는 1가지 학습 목표와 해당 학습 목표와 관련된 핵심 개념이 제시되어 있고, 학생이 개별적으로 학습한 내용을 채워 넣을 넓은 빈칸과 수업 시간에 진행될 전문가 활동의 내용을 간단하게 기록하는 좁은 빈칸으로 구성되었다. 한 모둠은 4명으로 구성되어 있고, 이 4명은 서로 다른 전문가 활동지와 4문항으로 구성된 동일한 예제 문항지를 수업 전에 받는다. 학생은 각자 맡은 부분을 학습하고, 그 내용을 전문가 활동지에 정리한 후, 관련 문제를 해결해 와야 했다. 이 때 4문항 중 본인이 맡은 학습 목표와 관련된 한 문제만 풀어와도 되지만 수업 시간 중에 형성 평가가 실시되기 때문에 대부분의 학생은 제시된 4문항을 모두 미리 풀어보고 수업에 참여했다. 지금 생각해봐도 참 기특한 아이들이다.

수업은 전문가 활동으로 시작된다. 각 모둠에서 같은 학습 목표를 담당한 전문가들끼리 모여 각자 학습한 내용을 서로 나누고, 혹시 해결하지 못한 내용은 친구들의 도움을 받아 해결한다. 그리고 각자의 모둠으로 돌아가서 어떤 내용을 어떻게 전달할 것인지 토의하면서 전문가 활동지의 전문가 활동 칸을 채운다. 나는 그 과정에서 각 전문가 집단을 순회하며 학생의 전문가 학습지를 채점하고, 학생의 질문에 답을 해 주었다. 토의가 마무리되면 전문가들은 자신들의 학습 목표에 포함된 문제의 채점 기준을 결정한 후 각자의 모둠으로 돌아간다. 나는 학생들이 채점 기준에 대해 논의하는 시간에 전문가 활동지를 걷어서 모둠별로 분류한 후 복사하여 각 모둠의 모든 모둠원들에게 4가지 전문가 활동지 한 세트를 나누어 줄 준비를 해 둔다.

이제 4가지 학습 목표의 전문가 4명이 한 자리에 모여 모둠 활동을 시작한다. 각자 학습한 내용을 전문가처럼 다른 모둠원들에게 설명해 주는 것이다. 이 과정에서 학생은 자신이 준비해 온 내용을 설명해 주고, 다른 친구의 설명을 들으며, 서로 질문하고 답하며 학습 목표를 성취해 간다. 관련된 문제도 함께 해결하면서 형성평가를 준비한다.

그 후, 학생들은 A0 사이즈의 이젤 패드에 4가지 학습 목표를 간단히 정리해서 발표 자료를 구성하고 5분 스피치 형식으로 자신들이 학습한 내용을 발표한 후 형성평가를 본다. 각 학습목표의 전문가 중 한 명이 칠판에 정답과 채점 기준을 기록해 주면 이를 참고해서 다른 친구의 형성평가지를 채점해 주면서 수업이 마무리된다.

처음에 학생 활동 중심의 수업을 도입했을 때는 학생들의 반발이 적지 않았다. 그냥 앉아서 듣는 수업이 좋다, 친구들이 정한 채점 기준으로 형성평가를 채점한다는 것이 받아들여지지 않는다, 전문가 활동지를 작성하고 발표 자료 내용을 구상하는데 시간이 너무 많이 걸린다 등 셀 수 없이 많은 이유들로 교사 중심의 수업으로 돌아가자는 의견이 많았다. 그래도 이 수업 이후 화학 수업 전날에는 학생들이 모두 화학 공부만 한다는 다른 과목 선생님들의 불평 아닌 불평을 듣게 되자 나는 이 수업 방식을 포기할 수 없었다. 학생이 수업 전날만이라도, 억지로라도 화학 공부를 하게 만드는 이 수업 방식을 포기하고 싶지 않았다. 그리고 내가 그 이후로 과학고에서 3학년을 담당할 때마다 이 수업 방식을 고수하게 된 가장 중요한 계기는 학생들의 반응이었다.

수업 방식에 대해 불만을 표현하는 학생이 불만을 갖게 된 이유도 공부를 너무 많이 해야 한다는 이유였고, 새로운 수업 방식이 마음에 든다는 학생도 태어나서 화학 공부를 이렇게 열심히 했던 적이 없었던 것 같다, 드디어 화학이 어떤 학문인지 알 수 있게 되었다, 화학 개념들이 완벽하게 정리되는 기분이다 등의 이유를 들며 학생 활동 중심의 수업 방식에 찬성해 주었기 때문이다. 그리고 많은 학생이 대학 입시를 위한 자기소개서 1번에 나와 화학 공부를 했던 이야기를 넣게 되면서 다른 선생님들도 나의 수업 방식에 관심을 갖기 시작하였다. 교사가 수업 시간에 가르쳤다고 믿는 것과 학생이 수업 시간에 실제로 알게 되고 배운 것이 서로 일치하지 않는다는 연구 결과[1]가 있다. 많이 가르치려고 노력하기보다는 많이 배우게 하려고 노력해야겠다고 다짐하게 된 계기가 되어 준 연구이다. 그리고 이 수업 방식은 나의 이런 다짐을 실천하게 해주는 방법이었고, 해를 거듭하면서 나의 고3 수업 방식은 조금씩 수정 보완되었지만 큰 틀은 위에 소개한 대로 이어지고 있었다. 코로나가 전세계를 덮치기 직전까지.

2. 씽크와이즈로 원격 수업에서 살아남은 화학 수업

사실 COVID-19로 인한 갑작스러운 원격 수업의 도입이 아니었어도 씽크와이즈를 알게 되었다면 지금처럼 수업 시간에 적극적으로 활용했을 것이다. 중학교 때 선생님의 권유로 토니 부잔의 마인드맵을 도서로 처음 접한 나는 직접 이 마인드맵 기법을 국어와 사회 교과 학습에 사용해 보고 방사형 사고와 디자인적 요소가 효과적인 두뇌 활동에 얼마나 극적으로 작용하는지 체험해 보았기 때문이다. 또한 중학교에서 과학을 가르치던 당시에 학생의 창의력 신장을 위한 수업을

---

1) 고기환, 이선경, 강경희. (2007). 화학II 화학결합 단원의 학습 어려움에 대한 학생과 교사의 인식 연구. 대한화학회지. 51(5), 1-15.

디자인하면서 이 마인드맵 기법을 적용해 본 경험이 있고, 그 결과가 얼마나 대단 했는지도 기억하고 있기 때문이다. 한동안 잊고 지냈던 마인드맵이라는 단어를 '디지털 마인드맵 작성 연수'라는 제목의 공문에서 접했을 때 반갑다는 생각이 들었다. 그리고 원격 수업을 준비해야 하는 사회적 배경 속에서 이 연수는 꼭 들어야겠다는 생각이 들었다.

처음에는 단순히 내가 알고 있었던 마인드맵 기법을 웹 상에서 구현할 수 있는 프로그램으로만 생각했고, 그 정도만이라도 가능하면 좋겠다는 생각으로 연수에 참여했다. 그런데 실제 씽크와이즈에는 내가 생각했던 것보다 더 많은 기능과 가능성이 포함되어 있었다. 2021년을 준비하는 겨울에 씽크와이즈 연수에 참가했던 것은 지금 생각해 보아도 신의 한 수였다. 나는 2021년에 다시 과학고등학교 3학년 학생을 맡게 되었고, 과거에도 그랬듯이 이번 학년에도 학생 중심 협동 학습 형태의 수업을 디자인하고 있었다. COVID-19로 인한 원격 수업이 지속된다 하더라도 다른 활동의 진행은 어렵지 않을 것 같았다. 다만 함께 이젤 패드에 발표 자료를 만드는 과정을 원격 수업 상황에서 어떻게 진행해야 할지 걱정이 되었다. 바로 이 부분을 씽크와이즈가 매꿔 줄 수 있을 것 같았고, 씽크와이즈를 활용한다면 협동 학습 형태의 화학 수업이 원격으로 진행되든, 대면으로 진행되든 상관없이 수업을 자유자재로 운영할 수 있을 것 같았다.

3. 씽크와이즈를 품은 학생 활동 중심 화학 수업

연수를 들으며 새롭게 시작할 2021년 화학 수업의 전체적인 모습을 다음 그림처럼 디자인해 보았다.

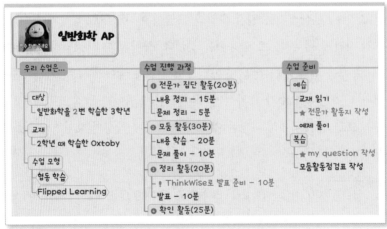

그리고 학기 초 오리엔테이션 시간에 씽크와이즈 맵을 활용하여 수업을 안내해 보니, 훨씬 명확하게, 그리고 계획했던 순서대로 자연스럽게 안내를 할 수 있었다. 로드맵 형식으로 구성된 씽크와이즈 맵은 학생의 학습 과정에 따라 학생의 역할과 해야 할 일, 과제 등을 명료하게 전달할 수 있도록 해 주었다. 정보 전달 시간은 단축되고, 전달의 효율은 향상되는 느낌을 받았다. 이 과정을 통해 학생도 씽크와이즈로 발표 자료를 작성해서 발표한다면 이전의 아날로그 형식의 이젤패드보다 효과적일 수 있겠다는 기대를 더하게 되었다.

다행히 대상 학생들은 진로 수업 시간을 통해 씽크와이즈를 사용해 본 경험을 갖고 있었다. 아이들은 무엇이든 빠르게 학습한다는 것을 믿으며 수업 시간을 통해 별도로 씽크와이즈 사용법을 안내하지는 않았다. 사실 안내하지 못했다는 표현이 더 정확할 것 같다. 물론 지금도 나는 씽크와이즈 초보 유저이지만, 그때는 정말 씽크와이즈 왕초보 유저였기 때문에 학생을 가르칠 여력이 없었다. 그냥 아이들을 믿어보기로 하고 무작정 수업 한 가운데에 씽크와이즈를 끌어왔다.

4. 씽크와이즈를 품은 학생 활동 중심 화학 수업 속에서 아이들의 모습

(1) 문장에서 개념으로 그리고 제목 선정까지, 하나씩 하나씩

첫 수업 시간에 학생은 발표 자료를 작성하는 제한 시간 10분의 3배가 되는 30분을 쏟아부어야 했다. 그 날의 학습 내용을 씽크와이즈맵으로 정리한 모습은 다음 그림과 같다.

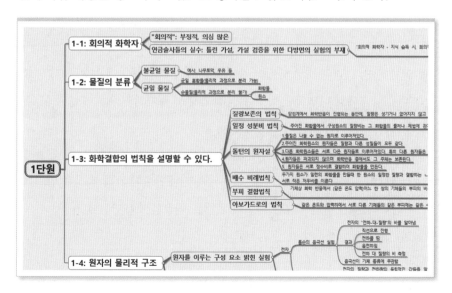

나는 학생이 학습한 내용을 분류하고 계열화하여 재배치하고, 이를 맵으로 표현해 보면서 머릿속에 잘 구조화된 개념 구조를 형성하기를 바라며 '씽크와이즈로 학습 내용 정리'하기 활동을 수업 시간에 끌어들였다. 그러나 학생은 '씽크와이즈로 학습 내용 정리하기'를 통해 정말 필기하듯이 학습 내용을 정리해 놓았다. 이는 내가 의도했던 활동의 의미와는 거리가 조금 멀었다. 그래서 학생에게 씽크와이즈의 '노트' 기능을 안내하며, 문장으로 정리할 필요가 있는 개념은 노트 기능을 활용하라는 안내와 함께 맵에서 '문장 금지'를 선언했다. 그 뒤로도 한두 차시 정도는 문장이 포함된 맵이 있었지만 첫 한 달이 지나기 전에 다음 그림처럼 학생들의 맵에서 문장은 사라졌다.

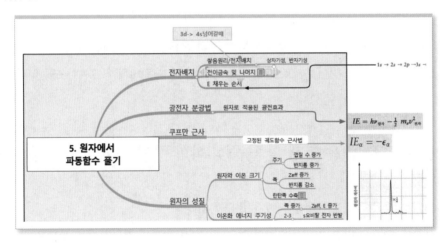

학생들의 맵에서 문장이 사라지자 이번에 나는 학생들에게 개념과 개념 사이의 위계가 중요하다고 강조하며 가지의 위치를 정확하게 배치해야 한다고 안내했다. 또한 개념들을 정확하게 분류하여 개념들이 정확한 가지에 배치되어야 한다고 힘주어 이야기했다. 그리고 씽크와이즈의 '연결선' 기능을 안내하며, 개념과 개념 사이의 관계를 연결선 위에 표현해 보는 것도 중요하다고 강조했다. 학습 내용을 그대로 나열하던 학생은 핵심 개념을 뽑아내기 위해 학습 목표와 학습 내용의 주안점을 찾는데 토의 시간을 많이 할애하기 시작했다.

그렇게 선정한 핵심 개념들의 위계를 모둠원들과 함께 고민하기 시작했고, 개념들 사이의 관계에 집중하기 시작했다. 같은 개념의 위치를 여기 저기로 바꿔보며 가장 적절한 위치를 찾으려고 노력했으며, 다음 그림처럼 개념과 개념 사이의 관계를 연결선으로 연결했다.

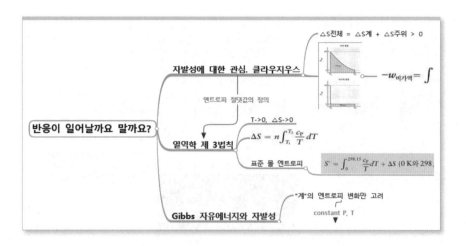

학생들이 핵심 개념들의 위계가 명확하고 개념들 사이의 관계가 연결선으로 정확하게 표현된 맵을 만들 수 있게 되자, 나는 이제 창의적인 맵을 만나고 싶다고 학생들에게 주문했다. 학생들은 창의적인 맵이 구체적으로 어떤 맵이냐고 물었다. 그래서 나는 지금 배우고 있는 내용들을 왜 배우는지에 대한 깊은 고민을 통해 학습 내용에 의미를 부여하고, 그 의미를 나름대로 재미있게 표현해 보라고 안내했다. 지금 생각해보니 학생들에게는 가장 어려운 주문이었던 것 같다. 그러나 이번에도 학생들은 내가 기대했던 것 이상으로 창의력이 반짝이는 맵을 만들어 냈다.

학생들은 아래의 그림들처럼 학습 내용에 다양한 스토리를 붙이고, 이를 은유적인 제목이나 개념 배치, 의미있는 사진 첨부 등으로 표현하는 재미있는 맵을 구성하여 발표했다. 그 과정에서 학생들은 단순히 학습 내용을 이해하는데 그치지 않고 학습 내용의 의미를 분석하고 전후 학습 내용과 연결하여 학습 순서가 그렇게 정해질 수밖에 없는 이유를 찾아내고, 그 내용을 주변의 현상이나 이야기에 빗대어 유머와 위트를 섞어 표현할 수 있을 정도로까지 발전해 주었다. 그 과정을 통해 학생들은 학습하는 내용에 대한 메타 인지 능력이 향상되었다는 것을 느낄 수 있었다.

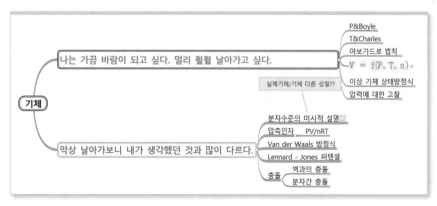

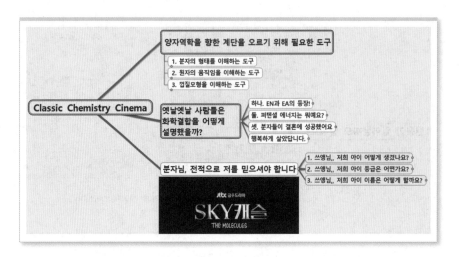

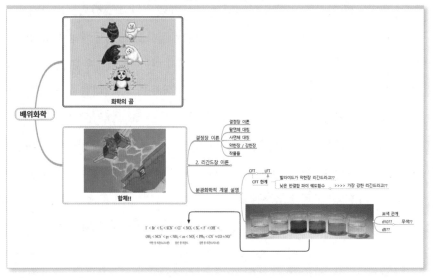

그렇게 학생들은 매 시간 자신들이 학습한 내용에 특별한 의미를 붙이고, 핵심 개념을 뽑아내서 위계에 맞춰 배치하면서 단원 전체의 핵심내용을 씽크와이즈 안에 정리해 나갔다. 그리고 그 과정이 익숙해지면서 처음에는 30분이 걸리던 맵 작성 시간이 15분 내외로 줄어들었고, 다음 그림처럼 맵 안에서 글씨체, 도형, 색의 변화가 생기기 시작했다. 아마 이런 부분들이 학생이 맵의 구조를 기억하는데 많은 도움이 되어 주었을 것이라고 생각한다.

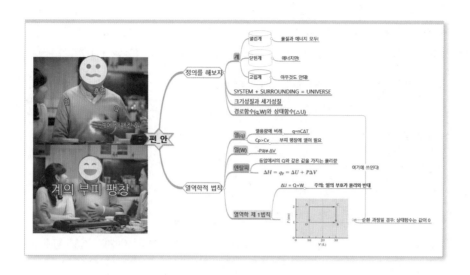

그리고 학생은 학습 내용의 성격에 따라 각기 다른 성격의 맵을 만들어 낼 줄도 알게 되었다. 공부를 하다보면 과학적 개념이 많이 등장하는 단원도 있고, 법칙을 유도하는 것이 중요한 단원도 있고, 이론을 설명하는 것이 중요한 단원도 있고, 다양한 적용 문제를 해결해 보아야 하는 단원도 있다. 어느덧 학생은 이것을 깨닫고 각 단원별로 어떻게 공부해야 하는지를 파악하여 이에 적합한 맵을 만들어 내고 있었다. 아주 짧은 기간에 씽크와이즈라는 어찌보면 간단한 프로그램을 통해서 아이들의 수준이 생각하지 못한 정도까지 발전한 것 같아 깜짝 놀랐다.

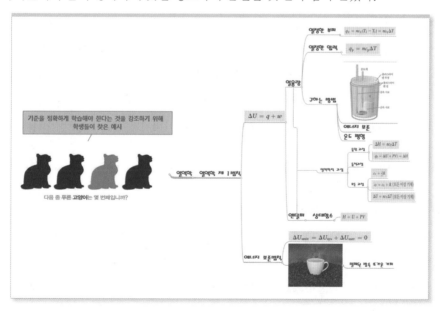

(2) 하나의 맵을 만들어가는 모둠 활동 과정

전문가 활동과 모둠 활동을 마치면 2시간이 연결된 블록 수업에서 첫 시간이 끝난다. 10분의 휴식 시간을 가진 후 두 번째 시간이 시작되면 10분간 씽크와이즈의 협업 기능을 이용해서 모둠원들이 다 함께 발표 자료를 작성한 뒤, 5분씩 모둠별 발표를 한 후 형성평가를 실시한다. 대부분의 모둠들이 중간의 쉬는 시간에 쉬지 않고 모둠 활동을 마치는 대로 발표 자료 작성에 들어간다. 그래서 대부분의 모둠들은 20여분의 발표 자료 작성 시간을 확보한다.

아이들이 발표 자료를 작성하는 과정을 관찰한 결과 대부분의 모둠에서 아이들은 먼저 모둠 이름이 써있는 중심에 각자의 이름부터 가지로 연결한다. 그리고 각자 그날 본인이 맡았던 학습 내용중 핵심이 되는 개념들을 위계에 맞춰 써 내려간다. 이렇게 일단 각자 전문가로 활동했던 부분의 내용을 정리한 후 모둠 토의에 들어간다. 가지의 위치와 개념의 배치, 그리고 개념들 사이의 관계에 대해 이야기를 나누며 가지의 위치와 개념의 배치를 이리저리 바꿔보기도 하고, 가지를 추가하기도 하고, 삭제하기도 하면서 학습한 내용을 구조화한다. 종이를 사용했던 아날로그식 발표 내용 작성에서는 상상하기 어려웠던 사고의 수렴 과정이다. 아마 그 과정에서 반성적 사고에 기반한 수렴적 사고 능력이 향상되었을 것으로 기대한다.

이렇게 어느 정도 맵의 구성이 다듬어지면 아이들은 그날 학습한 내용에 특별한 의미를 부여하기 위해서 학습 내용 전체를 대표하는 표현이나 상황을 생각해 내려고 노력한다. 서로 좋은 생각을 떠올려볼 것을 독려하는 모습이 참 예쁘다는 생각이 드는 순간들이었다. 이렇게 아이들은 학습 내용을 대표하는 제목이나 그림, 상황을 찾아 맵에 창의적 아이디어를 불어넣었다. 당연히 이과정에서 유창성, 융통성, 독창성에 기반한 발산적 사고 능력이 향상되었을 것이다. 그리고 그과정에서 현재 학습하고 있는 내용이 화학이라고 하는 학문 전체에서 어떤 의미를 갖는지 고민하게 되고, 학습하는 내용의 의미에 대한 학습이 이루어지면서 학생의 메타 인지 능력도 향상되었을 것이라고 기대한다.

(3) 맵을 발표하며 드러나는 아이들의 머릿속

교사가 중심이 되어 수업을 진행할 때 학생이 내 이야기 중 어디까지 이해했을까? 어느 정도를 이해했을까? 얼마나 정확하게 이해했을까? 늘 궁금했다. 학생이 중심이 되어 협동 학습을 하도록 수업을 디자인하면서도 같은 질문은 계속되었다. 그런데 이번 수업에서는 학생이 자신들이 작성한 맵을 발표할 수 있도록 디자인하면서 이러한 질문들에 대한 답을 어느 정도는 얻을 수 있었다.

먼저 학생들은 같은 내용을 학습했지만 모둠별로 각기 다른 맵을 작성했다. 올해 3학년에는 7개의 모둠이 있지만 이 중 같은 맵을 작성한, 아니 비슷한 맵이라도 작성한 모둠은 단 하나도 없었다. 아래의 세 가지 맵처럼 같은 학습 내용에 서로 다른 의미를 부여하고, 서로 다른 형식으로 개념을 배치하고, 서로 다른 핵심 개념을 뽑아냈다.

그래서 서로 다른 모둠의 맵을 보면서 자신들의 머릿속에 정리된 학습 내용의 구조가 정말 적절한지 판단해 볼 수 있는 기회를 갖게 되었다. 그리고 이 경험은 다음 시간에 맵을 작성하는데 참고가 되고 반영된다.

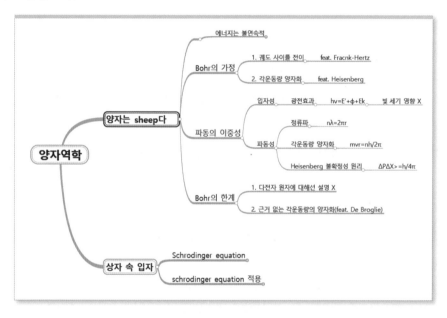

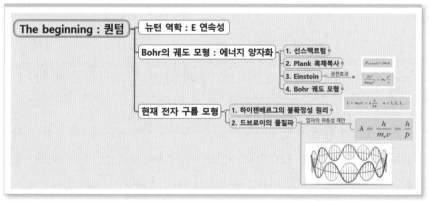

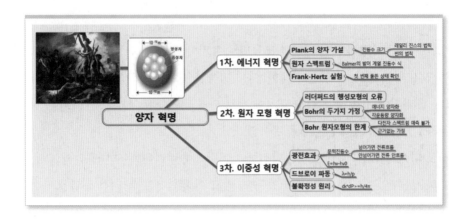

학생은 맵을 발표할 때 자신들이 학습 내용을 어디에 비유했는지, 학습 내용을 왜 그렇게 표현했는지부터 설명했다. 그 과정에서 자연스럽게 학습 내용을 왜 배우는지에 대한 자신의 고민 결과를 이야기한다. 그리고 학습 내용의 구조도를 설명했다. 나는 이 과정에서 학생의 개념 형성 정도와 개념 분화 정도를 분석할 수 있었다. 그리고 학생의 오개념을 확인할 수 있고, 이를 교정해 줄 수 있는 기회를 갖을 수 있었다. 교사 주도 수업을 통해서는 확인하기 어려운 내용들이지만 발표를 통해 학생이 개념과 개념의 관계를 어떻게 이해하고 있는지, 해당 개념을 어디까지 이해하고 있는지까지 비교적 정확하게 파악할 수 있는 매우 효과적인 방법이었다.

또한 학생은 맵을 발표하면서 학습 내용을 학습하는 과정에서 자신이 헷갈렸던 부분을 소개하는 경우가 많았다. 그러면서 헷갈렸던 원인을 스스로 분석하여 혹시 자신과 비슷한 친구들이 있다면 그 혼동을 어떻게 하면 극복할 수 있다는 것까지 알려주는 모습에서 학습 내용을 정리해서 발표하는 과정의 중요성과 효과를 또 한번 확인할 수 있었다.

5. 씽크와이즈를 품은 학생 활동 중심 화학 수업 속에서 교사의 모습

수업의 처음부터 끝까지 학생 활동이 중심이 되는 수업이 시작되면 교사는 여유로운 관찰자가 된다. 수업을 준비할 때는 4가지 학습지를 제작하고, 예제 문항을 선정하여 문항지를 작성해야 하기 때문에 교사 중심 수업과 마찬가지로 준비해야 할 것이 많다. 그러나 일단 수업이 시작되면 수업의 중심은 학생이기 때문에 선생님의 역할은 모둠 활동의 조력자, 관찰자로 제한된다. 수업이 시작되면 나는 수업 일지를 펼치고 전문가 활동과 모둠 활동 중에서 열심히 활약하고 있는 학생의 모습을 최대한 자세히 기록한다. 그리고 학생의 질문에 답을 한다. 의미 있는 질문이라고 판단되면 이 내용도 수업 일지에 기록해 놓는다. 가끔 학습 내용에 따라 전문가들에게 특별히 당부할 내용이 있는 경우 특정 전문가 집단을 대상으로 짧게 강의를 하기도 한다. 이어서 전문가들이 내용 정리를 마치고 해당 문제에 대한 채점 기준을 논의하기 시작하면 나는 전문가 학습지를 수거하여 모둠원들이 모두 나누어 가질 수 있도록 복사를 해 놓는다.

전문가 활동이 끝나고 모둠별 활동이 시작되면 복사해 놓은 전문가 활동지 세트와 서로 설명을 해 주거나 문제를 풀이할 때 사용할 수 있는 화이트 보드를 모둠별로 나눠주고, 다시 관찰자로 돌아간다. 그러다가 모둠별로 함께 문제를 풀고 채점 기준을 서로 알려주는 단계가 되면 씽크와이즈에 접속하여 개설해 놓은 협업에 참여한다. 이때 각 모둠들이 이전에 작성해 놓은 맵을 지우거나 접어 놓고, 모둠별 이름이나 단원명을 적은 상자를 입력하여 학생이 새로운 내용을 작성할 수 있는 중심을 만들어 놓고 아이들을 기다린다. 대부분의 학생이 협업에 참여하는 방법은 학기 초에 내가 보내 놓은 협업 초대 메일을 통해 씽크와이즈에 들어오는 것이었다. 그래서 학생이 메일을 통해 협업에 참여했을 때 바로 그 날의 학습 내용을 정리할 수 있도록 이전에 작성한 맵을 정리해 주었다. 그리고 단원이 끝날 때까지는 맵을 단원명에 붙여서 학생이 한 단원의 내용 전체를 하나의 맵으로 볼 수 있도록 해 주었다. 중간 고사나 기말 고사쯤이 되면 시험 범위에 들어오는 단원들은 또 함께 묶어 한 학기 동안 학습한 전체 내용을 하나의 맵으로 볼 수 있도록 해 주었다.

학생이 발표를 마치면 형성평가를 실시하는 동안 맵을 모둠별 폴더에 날짜별로 저장해 놓음으로써 학생의 실수로 이전에 작성해 놓은 맵이 사라지거나 소실되는 것을 방지했다.

이렇게 수업이 마무리되면 학생의 발표 점수와 형성평가 점수 등 평가 결과를 바로바로 입력하고, 수업 일지의 내용도 정리하여 학생의 학교생활기록부의 과목별 세부 능력 및 특기 사항에 입력할 내용을 매일매일 작성했다. 관찰 결과를 미루지 않고 그날그날 기록하는 것이 가장 생생하게 학생의 발전 과정을 기록할 수 있기 때문에 평가 결과 기록은 미루지 않고 수업 직후에 바로 작성했다.

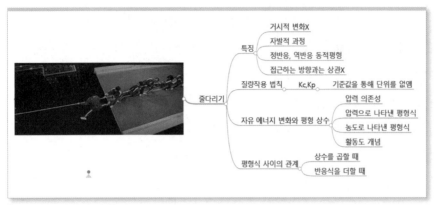

거시적 변화X
자발적 과정
특징
정반응, 역반응 동적평형
접근하는 방향과는 상관X
줄다리기
질량작용 법칙   Kc,Kp   기준값을 통해 단위를 없앰
압력 의존성
압력으로 나타낸 평형식
자유 에너지 변화와 평형 상수
농도로 나타낸 평형식
활동도 개념
상수를 곱할 때
평형식 사이의 관계
반응식을 더할 때

(1) 1차시 동안 학생들이 작성한 맵

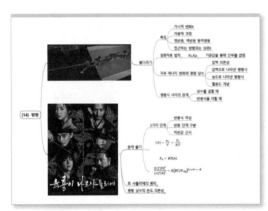

(2) 한 단원에 대한 맵

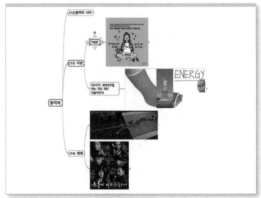

(3) 중간 고사 범위에 해당되는 맵

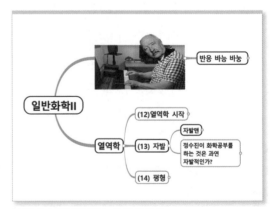

(4) 한 학기 동안 학생들이 작성한 맵 묶음

6. 씽크와이즈를 품은 학생 활동 중심 화학 수업의 미래

씽크와이즈의 가지전달 기능을 이용하여, 1년 동안 씽크와이즈로 학습 내용을 정리해 본 학생들의 의견을 들어 보았다. 아래 그림처럼 4가지 질문의 가지를 만들고 학교에서 활용하고 있는 LMS(Learning Management System)인 MS TEAMS를 사용하여 가지를 전달했다.

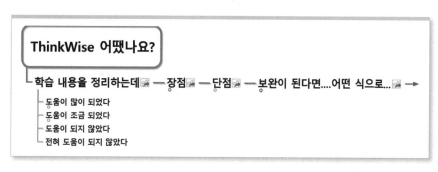

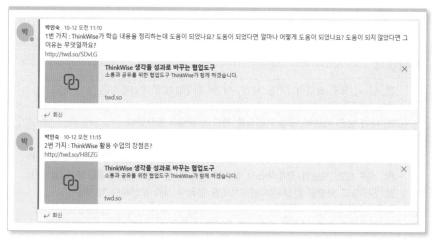

설문에 참여한 모든 학생이 학습 내용을 정리하는데 씽크와이즈가 도움이 되었다고 답했다. 그날 그날 학습한 내용을 정리하면서 정확히 무엇을 배웠는지 한 번 더 확실하게 정리할 수 있었고, 학습한 내용을 정리하고 구조화하면서 핵심개념을 파악할 수 있었고, 학습의 흐름을 파악할 수 있었다고 답했다. 또한 씽크와이즈의 다양한 기능을 이용하여 단원의 특성에 맞게 효율적으로 마인드맵을 작성할 수 있었다고 답했다.

└ 학습 내용을 정리하는데

─ 도움이 많이 되었다

- 강: 학습내용을 키워드로 정리하고 분류하는 과정에서 배운내용의 흐름을 정리할 수 있었다
- 정: 그날 배운 내용을 발표하기 위해 정리하는 것에서 내가 오늘 정확히 뭘 배웠는지 정리할 수 있었다.
- 박: 조원 친구들과 같이 제작하며 발표를 준비하는 과정에서 내가 조사한 부분과 친구들이 조사한 부분과의 이어지는 흐름을 잘 파악할 수 있었다.
- 김: 발표자료를 만들면서 배운 내용을 확실하게 복습할 수 있었다.
- 박: 그날 무엇을 배웠는지 한 눈에 알 수 있어 유용하였다.
- 김: 마인드맵을 만드는 시간이 부족하였지만, 시간이 적어 친구들과 빠른 시간안에 많은 내용을 주고받아서 도움이 더 된 것 같았고, 직접 정리함으로써 개념을 더 정확히 이해할 수 있었던 것 같다.
- 홍: 짧은 시간 안에 많은 내용을 정리할 수 있어 좋았고 기능이 여러가지라서 단원에 특성에 따라 효율적으로 마인드맵을 구성 할 수 있었다.
- 정: 한눈에 보이는 자료, 친구들에게 무엇을 다시 언급해야할지 고민하면서 오늘 배운 내용의 중요한 부분을 다시 생각하게 되는 시간을 가질 수 있었다.
- 정: 당일 배운 내용중 핵심내용을 중심으로 공부하면서 흐름을 파악하는데 많은 도움이 되었다.
- 채: 빠르게 정리를 해보면서 중요한 핵심 개념에 대해서만 다룰 수 있어서 이해하는데 좋았다
- 배: 학습한 내용을 정리하고 구조화 하면서 핵심개념의 흐름을 파악할 수 있었다.
- 강: 그날 배운 내용을 정리할 수 있는 시간을 가질 수 있어서 좋았다

─ 도움이 조금 되었다

- 한: 발표자료용으로 급하게 만들어서 뭘 정리했는지 개인적으로 기억에 잘 안남았음
- 김: 한눈에 알아보기 쉬우나 보기 편하게 꾸미는데 익숙하지 않았다.
- 강: 내용을 정리하고 파악하기는 쉬웠지만, 빠른 시간 안에 만들어야 해 내용 간의 연결을 강조할 수 있는 마인드맵의 장점을 제대로 활용하지 못했다.

─ 도움이 되지 않았다

─ 전혀 도움이 되지 않았다

─ 장점

- 전: 실시간으로 정리해나가는 작업 덕분에 친구들과의 의견을 나누며 적극적인 수업 참여가 가능했다.
- 한: 내가 맡은 파트에 대해 책임감을 가지고 열심히 공부했다
- 강: 공부한 내용에 맞는 컨셉을 정해 정리하면서 더 잘 기억할 수 있었다.
- 정: 친구들과 협력하여 오늘 어떤 것을 배웠는지 간단하게 정리할 수 있어 좋았다.
- 박: 서로 맡은 부분을 정리하면서 부족한 부분을 실시간으로 보완해 줄 수 있었다.
- 김: 친구들과 역할을 분담하며 발표자료를 만들며 서로 토론하며 더 좋은 발표자료를 만들 수 있었다.
- 박: 친구들과 함께 내용을 정리하며 개념을 정리할 수 있었다.
- 김: 수업시간에 배운 내용을 한번 더 정리하고 다양한 강조내용을 볼수 있어 좋았다
- 김: 조원들과 토의하며 배운 내용을 다시 정리할 수 있었다.
- 김: 친구들과 토론식 수업을 통해 다양한 의견을 주고 받을 수 있었으며, 직접 만드는 발표자료로 개념을 더 잘 이해할 수 있었다.
- 정: 여러 명이서 동시에 발표 준비를 할 수 있다는 점이 좋았다.
- 홍: 친구들과의 역할분담을 빠르고 쉽게 할 수 있어 발표자료를 빨리 만들수 있었다
- 임: 시각적으로 보기 좋다.
- 채: 전체적인 내용을 하나의 맵으로 만들어서 정리하는데 도움이 되었다
- 정: 공부하는 내용의 흐름을 잘 파악할 수 있었어서 좋았다.
- 배: 조원들과 의견을 공유하면서 시각적이고 효율적인 발표자료를 제작할 수 있다.
- 김: 다같이 하나의 발표자료를 공유하며 만들 수 있어 더욱 오류가 없는 발표자료를 만들 수 있었다.

학생이 생각하는 씽크와이즈의 장점은 역시 동시에 발표 준비를 할 수 있었다는 것과 모둠원들과 실시간으로 의견을 공유하면서 학습 내용을 시각적으로 정리할 수 있어서 학습 내용의 흐름을 이해하고 효과적으로 기억할 수 있었다는 점이었다.

─**단점**─────────────────────

- 전: 가끔 뜻대로 작동하지 않을 때가 있어서 원하는 구성으로 만들기 쉽지 않아 힘들었다.
- 한: 인터넷 연결문제로 인해 씽크가 안맞는때가 많았다
- 강: 가지의 구조를 바꾸는 작업은 선생님 계정에서만 할 수 있어서 불편했다
- 정: 업데이트를 하라고 하면 많은 시간 작업이 지연되는 경우가 있었고, 서버도 안정되지 않은 것 같았다.
- 박: 각 컴퓨터마다 보이는 방식이 다른 경우가 있어 발표 자료를 만드는 데에 제한이 다소 있었다.
- 김: 가끔 오류가 생겨 어플에 들어가지 못하거나 변경내용이 공유되지 않아 문제가 생길 때가 있었다.
- 박: 오류가 잦았고, 조작 방식이 익숙하지 않았다.
- 김: 프로그램 사용이 미숙해 한눈에 알아보기 쉽도록 하기 어려웠다
- 김: 가지 형태를 바꿀 수 없었고, 크기가 큰 사진에 의해 마인드맵의 형태가 교란되기도 했다.
- 김: 어플이 조금 복잡했고, 사용하는데 오류가 발생하는 등 어려움이 있었다.
- 임: 화면이 깨지는 오류가 가끔 있다
- 홍: 요류가 많이 떳고 글자가 깨지는 경우가 많았다
- 정: 서로 화면에 보이는 배치가 다른 경우가 있어서 고생을 하는 경우가 있었다.
- 채: 거런거 없다
- 정: 서로 화면에서 가지가 이상하게 배열되어 있는 모습을 자주 확인할 수 있어 발표하는데 어려움이 있었다.
- 배: 사용자별 화면 배치가 다른 경우가 있었으나 노트북을 모니터에 직접 연결하여 해결 가능하다.
- 김: 가끔 발표자료가 이상하게 보일때가 있었고 누구는 보이지만 누구는 안보이는 경우도 있었다

학생이 생각하는 씽크와이즈의 단점은 씽크와이즈 사용에 있어서의 단점보다는 인터넷 연결 환경의 제약에 따른 문제점들이었다. 다만 자신이 개설한 협업이 아닌 경우 가지의 방향을 바꿀 수 없었다는 정도가 씽크와이즈 사용 상의 문제로 지적되었다. 따라서 학습 내용을 정리하는 과정에서 씽크와이즈에 대한 단점은 크게 없었다.

-보완이 된다면....어떤 식으로...📷 →

전: 보완이 된다면 Thinkwise로 만든 발표 자료를 다른반 친구들까지 모두 함께 공유해보면 좋을 것 같다.

한: 저도 Thinkwise로 만든 발표 자료를 다른반 친구들과 함께 공유하면 좋을것 같다고 생각해요

강: 단원별로 나누는 것도 좋았지만, 그동안 했던 작업들도 한 페이지에서 볼 수 있었으면 좋을거 같아요

정: 발표 자료를 좀 더 활용할 수 있다면 다양한 색을 사용해서 보기 좋게 만들어도 좋을 것 같습니다

김: 단원마다 했던 작업들을 대단원마다 정리해서 볼 수 있으면 좋을 것 같습니다.

박: 한 번의 수업 마다 전체 반중에 제일 잘한 반을 선정해 가산점을 주는 것도 좋을 것 같습니다.

박: 시간이 너무 촉박한데, 과제 형식으로 제출하는 것은 어떨까요?

김: 전문가가 설명할 때도 학습지 대신 Thinkwise를 활용할 수 있을 것 같습니다.

김: 만든 발표자료를 친구들과 이야기해보며 피드백을 갖는 시간이 있었으면 좋을 것 같습니다.

임: 다른 반 친구들과도 공유할 수 있으면 좋겠다.

홍: 단원별로 독립적인 파일로 두지 말고 모아서 전체적인 흐름을 이해하는데 사용하면 좋을것 같습니다.

채: 버그로 깨지는거 좀 고쳐주세요
└ 채주호: 띵크와이즈로 단순 맵이 아니라 전체 내용정리도 좋아보인다

정: 보완이 된다면 단원이 끝날 때 마다 가장 잘 만든 부분들을 편집하여 합한 합본을 인쇄하여 나누어 주는 등 학생들에게 공유하면 더 좋을 것 같다.

정: Thinkwise를 통해 저번시간에 배운 내용을 빠르게 복습하여 상기시킬 수 있는 시간이 있으면 좋을 것 같습니다.

배: 단원별로 나뉘어져 있는 파일들을 통합하여 정리하거나 다른반 친구들의 발표내용을 공유할 수 있으면 좋을 것 같습니다.

김: 지금까지 만들었던 발표자료들을 한 번에 볼 수 있으면 좋을 것 같아요

김: 발표를 한 후 친구들과 의견을 공유하는 것도 좋을 것 같습니다.

보완할 점에 대한 학생의 다양한 의견은 내가 다음 수업을 디자인하는데 많은 도움이 되었다. 전문가 활동지까지 씽크와이즈로 작성해 보는 것, 수업 시작 전에 지난 시간 복습에 빠르게 사용해 보는 것, 가장 우수한 맵을 공유하는 것, 우수한 맵을 합하여 학습지 대용으로 사용하는 것 등 앞으로 더욱 다양하게 씽크와이즈를 활용해 볼 수 있겠다는 아이디어를 얻었다.

7. 씽크와이즈와 함께한 거꾸로 화학 수업 소개를 마치며

올해 초 씽크와이즈를 처음 만나며 왕초보 상태에서 수업에 씽크와이즈를 끌어왔다. 교사가 왕초보이니 학생에게 씽크와이즈 사용법에 대한 설명도 변변하게 해 주지 못했다. 겨우 가지 만드는 법과 연결선 사용법, 노트 사용법 정도를 간단히 알려주고 무작정 수업에 도입했다. 지금 생각해 보니 무식하니 용감했다는 생각이 든다. 그러나 시간이 지나면서 나도, 학생도 천천히 씽크와이즈에 익숙해졌고, 일년이 지날 때쯤 학생은 자신들이 스스로 학습한 내용에 생명을 불어넣으며, 개념들 사이의 관계를 재미있게 표현하는 것에 불편함이 없어졌다. 그리고 어느 순간부터 자신들이 학습하고 있는 내용이 왜 중요한지, 그리고 단원의 흐름이 왜 이렇게 배치되어 있는지에 대해 의논하기 시작했다. 화학이라는 학문을 학습하는 것을 넘어 화학이라는 학문 자체의 의미를 발견해가고 있었다. 화학을 가르치는 교사에게 큰 기쁨이었고 보람이었다. 매 시간 칠판 앞에서 목이 터져라 수업했을 때는 느끼지 못했던 즐거움이었다.

학생의 이러한 변화는 씽크와이즈가 아니었다면 불가능했을 것이라는 생각에 씽크와이즈에 감사한 마음 뿐이다. 그리고 여기에 멈추지 않고 내년에는 더 다양한 방법으로 씽크와이즈와 함께 수업을 디자인해 보고 싶다는 생각이 든다. 다음에는 더 다양한 기능을 더 적절하게 사용하고 있는 수업 모습을 소개할 수 있기를 바라며, 많이 부족했지만, 많은 것을 얻은 씽크와이즈와 함께한 거꾸로 화학 수업에 대한 소개를 마친다.

Chapter 10

손쉬운 가지전달 링크로 만드는 살아있는 수업 이야기

정현아(만월중학교, 민주시민교육부장)

손쉬운 가지전달 링크로 만드는 살아있는 수업 이야기

교실에서 모둠 활동을 하며 같이 웃고 대화하고 함께 배우는 것이 더는 일상적인 교실 풍경일 수 없게 된 상황에서 학생의 참여를 높이며 함께 배울 방법이 무엇일지 고민이 깊어졌다. 특히 온라인으로 수업할 때 눈앞에 없는 아이들을 함께 공부하는 공간으로 데려오는 일은 풀기 어려운 숙제 같았다.

여기저기 두리번거리며 숙제를 해내기 위해 고민하던 참에 아리아드네의 실처럼 내 손에 들어온 것이 씽크와이즈였다. 씽크와이즈라는 실마리로 학생의 참여와 배움을 자극하는 다양한 방법을 수업에 적용하며 온라인으로도 손쉽게 아이들과 함께 배울 수 있게 되었다.

씽크와이즈에는 참 많은 기능이 있다. 그중 수업에 주로 활용한 것은 초간단 도구인 [가지전달 링크]다. 배우기 쉽고 활용하기는 더 쉽고…. 마치 우리글 한글 같다. 지금부터 EBS 온라인클래스에서 씽크와이즈 [가지전달 링크]를 활용했던 실시간 쌍방향 수업을 하나씩 풀어 보겠다.

1. [가지전달 링크] 활용을 위한 준비

1) 씽크와이즈의 [가지전달 링크] 생성 및 복사 방법 익히기

가장 필요한 것이 씽크와이즈 [가지전달 링크]를 생성하고 때로는 복사하여 수업에 활용할 방법을 익히는 것이다. 씽크와이즈 [가지전달 링크]를 생성하는 방법은 다음과 같다.

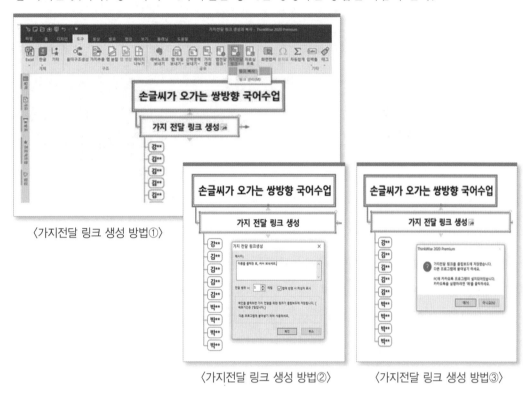

〈가지전달 링크 생성 방법①〉

〈가지전달 링크 생성 방법②〉 〈가지전달 링크 생성 방법③〉

먼저 가지전달을 할 [가지]를 클릭한다. 다음으로 씽크와이즈 도구 창이 있는 상단에서 [도구]의 [가지전달 링크]를 클릭하면 위 사진의 ①처럼 [링크 생성]과 [링크 관리]가 뜬다. [링크 생성]을 클릭하면 위 사진 ②와 같은 창이 뜬다. 필요한 활동 내용을 기재한 후에 [확인]을 누르면 사진 ③처럼 링크가 생성된다. 생성된 링크를 카카오톡이나 줌 또는 온라인클래스 채팅창으로 보낸다.

링크를 클릭하면 학생이 활동한 내용을 입력할 창이 뜬다. [이름]을 클릭한 후 자신의 이름을 쓰고, 보낼 내용을 직접 입력한 후 아래 사진 ①에 보이는 [추가]를 누른다. 사진으로 전송할 경우 아래 사진 ①에서 보이는 사진기 모양 아이콘을 눌러서 사진을 직접 찍거나 보낼 이미지 파일을 찾아 아래 사진 ②에 나오는 [확인]을 누르면 전송이 되고, 들어간 사진은 ③처럼 뜬다. 학생에게 꼭 자신의 이름을 클릭한 후에 하라고 주의를 줘야 다른 곳에 붙은 사진을 그 학생의 이름으로 찾아와 붙이는 번거로움을 피할 수 있다.

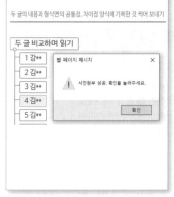

〈링크로 사진 전송하기①〉　　　〈링크로 사진 전송하기②〉　　　〈링크로 사진 전송하기③〉

교사가 링크를 생성한 가지에 있는 아래 좌측 사진에 파란색으로 밑줄 그은 아이콘을 클릭하면, 학생이 보낸 자료가 모두 들어온다. 아래 우측 사진과 같이 실시간으로 학생이 보낸 자료를 바로 확인해 볼 수 있으며, 학생이 잘못 보낸 것은 삭제하거나 다른 가지로 이동시키는 것이 가능하다. 수업을 진행하며 씽크와이즈를 화면 공유해 두면 실시간으로 학생의 생생한 반응을 볼 수 있다.

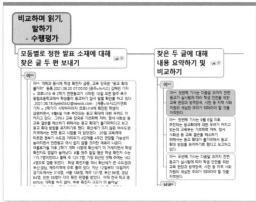

〈생성 링크 누르기〉　　　　　　〈생성된 링크 누른 결과 예시〉

2) 반별 씽크와이즈 파일 준비하기

씽크와이즈 맵을 반별 번호순으로 만든다. 이때 차시 계획에 따라 필요한 수만큼 가지를 복사해서 붙여 놓는다. 토론 준비하기 수업의 경우, 1차시 자료 수집하기, 2차시 쟁점 형성하기, 3차시 입론하기, 4차시 반론하기, 5차시 토론 개요서 작성하기의 총 5차시로 진행되므로 복사하기를 활용하여 학생의 이름이 작은 가지로 이뤄진 큰 가지 다섯 개를 만든다.[1]

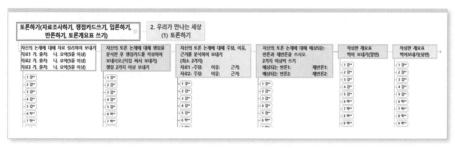

〈학생 이름 넣은 맵 예시〉

한 반만 수업하는 것이 아니라 여러 반을 한다면 파일 자체를 복사하여 활용하는 것이 더 편리하다. [다른 이름으로 저장하기]를 눌러 다른 반으로 이름을 바꾸고, 안의 내용도 큰 가지와 말풍선은 그대로 두고 학생 이름만 미리 만들어 둔 것에서 복사해 쓰는 것이 편리하다. 반별로 학생 이름이 담긴 맵은 큰 가지 아래 [다중가지 추가]를 눌러 한꺼번에 학생의 이

〈반별 토론 준비 파일 예시〉

름을 입력하여 하나의 맵으로 미리 만들어 둔다. 그 맵 하나를 열면 반별 학생의 이름이 번호순으로 나와 있어 필요한 경우 그때그때 복사해서 쓸 수 있으므로 매번 맵을 만드는 번거로움을 피할 수 있다.

혹 이름을 잘못 붙였을 때도 당황할 필요가 없다. 씽크와이즈는 불필요한 것을 묶어서 삭제하고 묶어서 붙이기가 매우 쉽기 때문이다. 가령 삭제해야 할 범위가 넓은 경우, 마우스를 삭제하고자 하는 곳 오른쪽이나 왼쪽 상단에 두고 하단으로 긁어 내려가면 그 범위 안에 있는 것이 모두 선

---

1) 5차시 '토론 개요서 작성하기'에서 앞면과 뒷면을 따로 제출받을 예정이라 총 6개의 가지를 만들었다

택된다. 선택된 것에 대해 [Delete] 키만 누른 후, 자신이 원하는 것을 다시 붙이거나 입력할 수 있는 맵으로 만들면 된다.

3) 말풍선에 학생 활동 사항 기재해 두기

구체적으로 수업시간에 [가지전달 링크]를 통해 학생에게 보낼 사항을 씽크와이즈 [홈]의 [말풍선]에 기록한다. 말풍선에 기록된 것은 실시간으로 온라인 수업을 할 때 공유 화면에 띄워서 학생에게 설명할 때뿐만 아니라 링크를 생성한 후, 학생이 활동할 사항을 적을 때 그대로 말풍선의 내용을 복사해서 쓸 수 있어 유용하다. 실제 수업을 진행할 때 생성된 링크에 학생이 해야 할 활동을 자세히 그 순간에 기재하는 것은 생각보다 시간이 소요될 수 있기에 말풍선에 미리 활동할 것을 적어놓고 복사하여 활용함으로써 시간을 단축할 수 있다.

또한 교사도 설계한 수업의 흐름을 한눈에 볼 수 있어 편리하며, 학생도 지난 시간에 활동한 것을 돌아보고 다음 시간을 준비하는데 도움을 받을 수 있다.

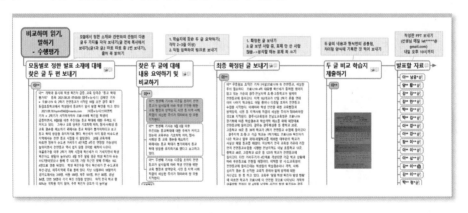

2. 가지전달 링크로 발표하기

EBS 온라인클래스에서 처음에 학생의 반응을 확인하는 방식은 학습지의 괄호에 넣은 것을 채팅창에 올리는 것이었다. 바로 올라오는 것이 좋기는 했지만 올린 내용이 한눈에 들어오지 않고, 답한 내용이 학생별로 체계적으로 정리되지 않아 불편했다.

개선하는 방법을 고민하다가 처음으로 씽크와이즈 [가지전달 링크]를 활용해 보았다. 처음이라 잘 안 되더라도 바로 다른 방식으로 전환 가능한 것을 고르다 소설 줄거리를 요약하는 것으로 시작했다. 수업을 준비하며 링크를 만들고 교사가 먼저 해 보고 나름대로 연습했지만, 첫 번째 반은 수업하며 학생도 교사도 좀 당황스러웠다. '링크가 안 열려요.', '뭘 눌러야 해요?', '어디다 써요?', '샘, 잘못 눌렀는데 그대로 갔어요. 어떡해요?' 등 학생의 목소리가 실시간으로 쏟아졌다. 질문마다 답하며 문제를 해결하다 시간이 허비되었고, 그 차시에 원하던 목표까지는 달성하지 못했다. 그래서 그다음 반부터는 아예 학생이 링크를 클릭했을 때 어떤 과정을 거쳐서 그것을 활용해야 하는지를 안내하는 PPT를 만들어 띄웠다. 학생의 질문이 확실히 줄었고, 씽크와이즈가 처음이라 신기해하며 학생이 활동을 열심히 해서 링크로 보내는 것을 보고, 씽크와이즈 [가지전달 링크] 활용에 대한 교사의 자신감도 붙었다.

본격적으로 씽크와이즈 [가지전달 링크]를 활용하여 구체적인 차시 계획을 짜서 수업을 진행한 것은 '소개하는 말하기와 글쓰기'다. 말을 하거나 글을 쓸 때는 주제, 목적, 독자(청자), 매체 등을 고려해야 하며, 말을 하거나 글을 쓰면서 발생하는 문제를 능동적으로 해결하는 것이 필요한데, 씽크와이즈 [가지전달 링크]는 그 과정을 자세히 보여주기 좋겠다는 생각이 들어 활용했다.

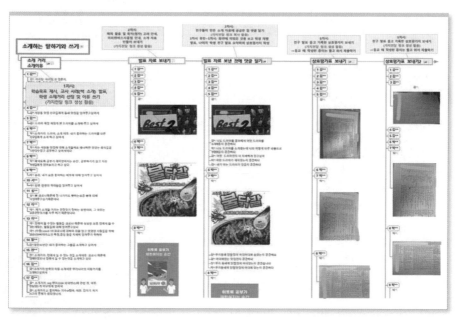

〈'소개하는 말하기와 글쓰기' 차시별 수업 흐름〉

1) 소개할 대상 선정하기

교과서에 실린 것으로 하는 것보다는 학생 개개인이 관심이 있는 것을 골라 소개하는 글을 쓰고 말하는 것이 학생의 참여도를 높이는데 좋겠다는 생각이 들어 소개 대상 소재는 교육적이지 않은 것을 제외하고는 자유롭게 정하도록 했다.

먼저 교사가 소개하는 말하기와 글쓰기의 사례를 직접 보인 후, 학생이 자신이 소개할 대상을 찾아보도록 했다. 씽크와이즈 [가지전달 링크]를 생성하여 학생에게 보낸 후, 소개 대상과 그 대상을 선정한 이유를 간략하게 입력하여 보내도록 했다. 링크를 클릭해 불러온 후 번호순으로 발표를 했고, 소개 대상이 적합한가에 대해 대화를 나눴다.

2) 발표 자료 만들기

교실에서 수업을 진행하며 소개하는 글쓰기를 먼저 했다. 소개할 대상에 대한 자료를 찾아와 그것을 분석한 후, 주제, 목적, 독자, 매체 등를 고려하여 800자로 글을 썼고, 쓴 종이는 EBS 온라인클래스에서의 발표를 위해 가져가도록 했다.

〈학생 자료 예시1〉

온라인에서는 먼저 학생이 친구들 앞에서 발표할 때 보여줄 자료를 만들도록 하였다. 시각적인 자료에 흥미를 느끼는 학생의 특성을 고려하여 '미리캔버스'를 활용하였다. 사진과 그림, 짧은 글 등을 활용하며 자신이 말하고자 하는 대상의 핵심만을 제시함으로써 다른 친구들의 호기심을 불러일으키기 좋았다. 자신이 만든 미리캔버스 이미지를 씽크와이즈 [가지전달 링크]를 통해 실시간으로 보냈다. 불러들이기를 하자 학생이 많든 자료들이 떴고, 수정이 필요한 사항에 대해서는 코멘트를 했다. 그들은 자신이 만든 것뿐만 아니라 다른 친구들이 만든 것까지 화면을 화려하게 가득 메우니 신기해하며 얘기를 나눴다.

〈학생 자료 예시2〉

3) 발표 자료에 질문 달기

다음 시간에는 씽크와이즈 [가지전달 링크 복사를 활용하였다. 씽크와이즈는 이전에 생성한 링크를 복사하는 것이 가능하다. [링크 복사를 클릭하면 링크와 함께 이전에 학생이 보내왔던 자료까지 학생에게 전송이 가능한 점을 활용한 것이다. [링크 복사로 전송된 것을 클릭한 후, 지난 시간에 미리캔버스로 만든 다른 친구의 발표 자료를 보고 궁금한 점을 질문으로 달도록 했다. 시각화된 발표 자료만 보는 것이라 질문거리가 많았으며, 함께 하는 배움을 이루는 것에도 도움이 되었다.

교사가 생성된 씽크와이즈 [가지전달 링크]를 다시 클릭하자 학생이 보낸 질문이 미리캔버스 이미지 아래로 들어왔고 학생과 함께 질문을 살펴보며 학생이 쓴 질문의 의도가 명확하지 않은 것은 함께 고쳐갔다. 마지막으로 다음 시간에는 개별 발표를 할 것이며, 발표 후에는 친구가 단 질문에 대해 응답할 수 있도록 준비해 오라고 안내했다.

〈학생 예시1〉

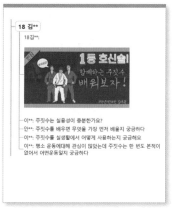

〈학생 예시2〉

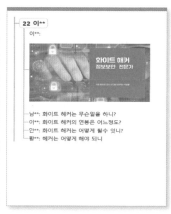

〈학생 예시3〉

4) 발표하기

씽크와이즈 [가지전달 링크]로 보낸 미리캔버스 이미지를 확대하여 공유 화면에 띄운 후 한 명씩 발표를 시작했다. 교실에서 이미 글쓰기를 통해 소개할 대상에 대해 정리를 해 보았기에 발표하는 것은 큰 어려움이 없었다. 다만 800자로 썼던 것을 시각적 자료를 활용하여 2~3분 내로 재구성하여 말해야 하기에 긴장하는 학생도 종종 있었다. 듣는 학생은 미리캔버스로 제작된 시각 자료를 함께 보면서 친구의 발표를 듣기에 집중도가 더 높았다.

발표가 끝나면 하단에 달린 질문에 대해 답하도록 했다. 발표자의 답을 듣고 질문한 학생의 궁금

증이 풀렸는지를 물었고 다른 학생은 질문이 더 없는지를 확인했다. 이런 방식으로 총 3차시에 걸쳐 발표를 진행하였다.

5) 상호평가지 보내기

친구의 발표를 들으며 기록한 내용을 사진으로 찍어서 씽크와이즈 [가지전달 링크]로 보내도록 했다. 상호평가지가 앞면과 뒷면으로 되어 있어 링크를 두 개 생성한 후에 사진을 따로 전송하도록 했다. 이때 학생이 보낸 사진 중, 이미지가 선명하지 않게 깨진 상태로 온 것이 있어 내용 파악에 어려움이 있었다. 지우고 다시 받았는데도 개선이 안 되어서 국어부장 카톡으로 받은 후, 따로 복사해서 붙여 놓았다. 핸드폰으로 제출한 학생이었는데, 기종에 따라 혹은 촬영할 때 설정을 별도로 한 학생의 경우 그럴 수도 있을 것 같다는 얘기를 들었다.

상호평가지를 작성하는 것은 다른 사람의 말을 듣고 내용을 요약하는 국어 공부의 가장 기본적인 것을 배우는 의미 있는 활동이라는 것과 더불어 친구의 발표에 대한 피드백이 함께 담겨 있어서 서로에게 유익했다. 링크로 보낸 상호평가지를 화면에 공유한 후, 친구가 자신의 발표에 대해 쓴 피드백을 읽으며 대화를 나눴다. 발표를 듣고 기록한 내용을 아이들의 살아있는 손글씨로 보는 즐거움이 컸던 수업이었다.

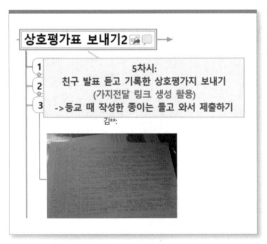

〈상호평가표 보내기 가지전달 링크 생성〉

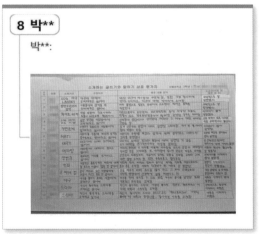

〈링크로 전달한 상호평가표-학생 예시〉

3. [가지전달 링크]로 토론 준비하기

현대는 다양한 이해관계가 상충하는 복잡한 사회 문제로 인한 갈등을 안고 있다. 그리고 코로나19는 온라인 앞에 더 많은 사람과 시간을 붙잡아 놓음으로써 갈등을 이전과는 다른 양상으로, 혹은 더 두드러지게 만들고 있다. 갈등을 합리적으로 해결하기 위해 필요한 것이 토론이다. 토론은 어떤 논제에 대해 서로 다른 의견을 가진 사람이 그 논제와 관련된 문제를 해결하기 위해 각자의 의견을 논증하거나 반박하여 합리적인 판단을 하는 의사소통 방식이다. 토론의 과정을 통해 상대방의 의견과 주장이 나와 다를 수 있음을 이해하고, 그 차이를 인정하면서 갈등을 줄일 수 있다.

이렇게 '매력적인 토론'을 코로나19라는 무거운 교실 상황에서도 살리려면 어떻게 할까 고민하다가 온라인에서는 토론 준비를, 오프라인에서는 실제 토론을 하는 것으로 수업을 디자인했다. 특히 온라인에서 씽크와이즈를 활용함으로써 차근차근 단계를 밟아 모든 학생이 활발하게 참여하는 토론 준비를 할 수 있었다. 지금부터 그 과정을 조심스럽게 펼쳐 보려 한다.

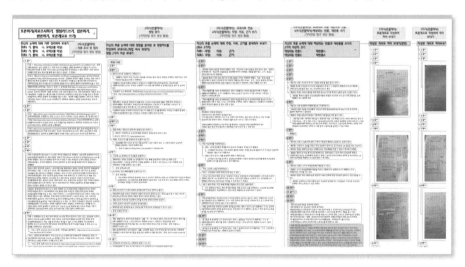

〈토론 준비하기 차시별 수업 흐름〉

1) 온라인에서 토론 준비를 하기 전에 교실에서 할 일

가장 먼저 한 일은 토론에 대한 동기 유발이었다. 토론의 논제로 적합한 것을 다양한 영상 자료로 보여주며 어떤 갈등 상황이 있는지, 자신은 어떤 관점에서 그 자료를 봤는지를 발표하도록 했다. 그중 학생이 흥미로워하는 논제를 골라 칠판에 적었다. 그리고 학생이 칠판에 기재된 것 이외에 관심 있는 논제를 제안하고 그 이유를 말한 후, 일정 인원 이상이 동의하면 칠판에 그 논제를 적었다. 칠판에 적힌 교사가 제시한 논제와 학생이 제시한 논제에 대해 학생과 논의를 거쳤고, 때로 합의가 안 되면 다수결로 모둠 수만큼만 남겼다.

이런 과정을 거쳐 논제가 정해지면 모둠 구성을 했다. 여러 좋은 방법도 많이 있겠지만, 학생이 흥미로워하고 의외로 가장 수긍도 빠른 '공 추출하기'를 했다. 공에 쓰인 번호가 연달아 나오는 두 명이 한 모둠이 되고, 두 명이 의논하여 칠판에 기재된 논제 중 모둠에서 토론할 논제를 고른다. 공에 번호가 나온 순서가 토론을 먼저 할 모둠이 되고, 대신 토론 논제도 먼저 고르니 거의 불만 없이 받아들였다. 이렇게 논제와 모둠을 정하고 토론을 준비하러 온라인으로 향했다.

2) 정보의 바다에서 쓸만한 자료 건지기

토론의 의의와 토론에서 사용하는 용어 등에 대해 설명한 후, 토론에서 자료 조사가 얼마나 중요한지를 설명했다. 그리고 자료를 조사하는 방법이나 조사하기에 유용한 사이트 등을 안내한 후, 토론에 필요한 자료를 개별로 조사하도록 시간을 줬다. 제시한 시간만큼 자료를 조사한 후, 씽크와이즈에서 생성한 [가지전달 링크]로 자료를 보내도록 했다. 이때 찾은 자료를 전부 보내는 것이 아니라 자료를 분석하여 요약한 후 일정 분량만큼만 출처와 함께 보내도록 하였다. 화면을 공유해 실시간으로 들어온 자료를 확인하며 피드백을 했고, 학생끼리도 서로의 자료를 직접 비교하며 부족한 점을 보완하는 시간을 가졌다.

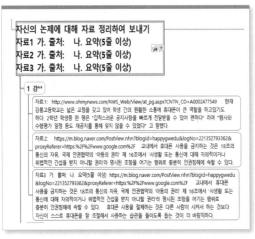

〈학생 자료 찾기 예시1〉

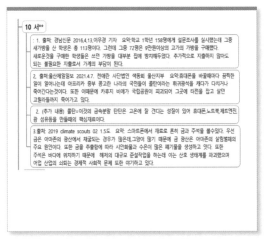

〈학생 자료 찾기 예시2〉

3) 쟁점 형성하기

토론에서 논제와 관련하여 찬성 측과 반대 측의 의견이 엇갈리는 내용을 '쟁점'이라고 한다. 토론할 때에는 쟁점을 파악하는 것이 중요하기에 먼저 쟁점이 어떻게 형성되는지 사례를 통해 파악하도록 했다. 동물원 폐지, 중학생 화장, 사형제 등 실제 모둠에서 정한 논제와는 무관한 것을 예로 들어 쟁점을 찾는 눈을 키웠다.

그 후 사전에 나눠준 학습지에 모둠에서 정한 논제에 대해 쟁점 카드를 작성하도록 했다. 작성이 끝나면 씽크와이즈에서 생성한 [가지전달 링크]를 통해 쟁점 카드 내용을 직접 보내도록 하였다. 처음에 수업했던 반은 학습지를 찍어서 보내도록 했는데, 씽크와이즈에서 몇몇 사진이 이미지가 깨진 상태로 와서 글씨를 알아볼 수 없는 일이 생겨 직접 입력하는 것으로 바꿨다. 사진이 없어 맵이 무겁지 않아 그랬는지, 내용을 입력해서 들어오는 것에는 문제가 없었다. 학생이 보낸 쟁점을 화면에 공유한 후, 실시간으로 쟁점을 잘 형성했는지를 확인하고 수정했다. 생각보다 수업시간이 짧아서 일부 학생은 코멘트를 못하고 수업이 끝나 그 학생의 쟁점은 따로 말풍선으로 코멘트를 단 후, 다음 시간 시작하면서 학생에게 전달했다.

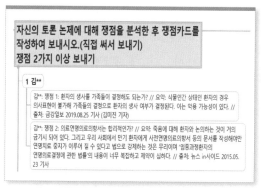

〈학생 쟁점 예시1〉

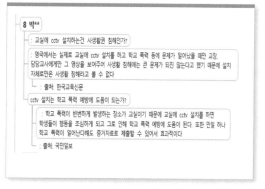

〈학생 쟁점 예시2〉

4) 입론하기

논제와 관련하여 쟁점별로 찬성이나 반대의 주장과 근거를 제시하는 것을 '입론'이라고 한다. '쟁점 형성하기'와 마찬가지로 논제로 제시되지 않은 것을 예로 들어 입론하는 것을 연습하도록 했다.

연습이 끝난 후, 학습지와 이전에 [가지전달 링크]를 통해 보냈던 자신의 자료와 쟁점을 보며 주장, 이유, 근거를 찾아 입론할 자료를 만들게 하였다. 씽크와이즈에서 [가지전달 링크]를 생성하면 '7일'의 시간이 주어진다. 7일의 시간 동안에는 자신이 입력한 내용을 그 링크만 클릭하면 다시 볼 수 있는 것이다. 학생이 찾은 자료를 메모해 놓지 않았거나 '즐겨찾기'로 걸어놓지 않았을 때 교사가 수업 중에 보낸 [가지전달 링크]를 찾아서 활용하도록 했더니 수업 진행이 보다 원활했다.

일정 시간이 경과한 후, 학생이 입론을 다 작성할 때쯤 입론한 것을 보낼 씽크와이즈 [가지전달 링크]를 생성했다. 교사가 [가지전달 링크]를 너무 빨리 생성하여 링크를 보내면 학생이 결과물을 빨리 내야 한다고 생각해서 그런지 활동을 다 마무리하지 못하고 미흡한 상태로 제출하는 경우가 종종 있어 활동 시간 종료 5분 전쯤에 링크를 보냈다.

링크를 통해 학생이 입론을 보내면 화면을 공유한 후 실시간으로 피드백을 하였다. 교사의 일방적인 코멘트를 가급적 지양하고, 논의거리가 있는 입론을 보여주며 어떤 점에서 수정이 필요한지를 학생끼리 토의하도록 했다. 수정해야 할 사항은 씽크와이즈 맵에 바로 반영해 수정해 갔다. 씽크와이즈가 가지 이동이 매우 자유롭고 구조를 만들기가 수월해서 편리했다.

또한 전 차시에 코멘트를 했던 학생을 따로 표시하지 않아 체크에 불편함이 있었기에 '입론하기' 때는 대화를 나눈 학생의 이름은 [홈]의 [채우기]에서 별도의 색으로 따로 표시해 구분했다.

입론하며 자신의 주장과 근거를 다지는 것도 좋았지만, 씽크와이즈 화면에서 학생끼리 서로의 입론을 고쳐주며 온라인 수업에서도 학생의 목소리가 계속 들리고, 함께 배움을 이뤄갈 수 있어서 의미 있었다.

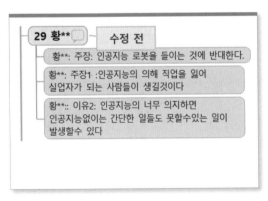

〈상호 피드백1 – 수정 전〉

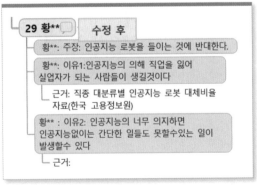

〈상호 피드백2 – 수정 전〉

5) 반론하기

'반론'은 상대측 주장의 논리적인 모순을 지적하고 자신의 주장을 강화하는 것이다. 온라인에서 토론을 준비할 때는 먼저 반론의 다양한 유형을 실제 사례를 들어 배우고 연습한 후에, 지난 시간에 자신이 세운 입론에 대해 예상되는 상대측의 반론을 써보도록 했다. 쓰는 도중에 자신이 세운 입론이 기억 안 난다고, 프린트도 없다고 하는 학생이 있어서 화면 공유를 통해 씽크와이즈에서 그 학생 것을 찾아 보여주기도 했다.

그 후 지난 시간 입론하기에서 학생이 보낸 씽크와이즈 [가지전달 링크]의 [링크 복사]를 클릭해서 다시 채팅창에 보냈다. 링크를 클릭하면 상대측의 입론을 볼 수 있고, 그 입론을 보며 상대측이 할 자신에 대한 반론 및 자신이 준비할 재반론에 대해 생각하게 되었다. 그렇게 하면 교실에서의 실제 토론에서 서로의 카드를 다 보게 되니 토론이 재미없을 수도 있다고 우려할 수 있지만, 대부분의 학생은 그렇게 다른 친구의 것을 보며 자신의 부족한 근거를 더 보완하여 자신의 논리를 강화하였다. 아래 사진의 음영이 들어간 부분이 그러한 예에 속하는 것으로 자신의 입론에 대해 상대측이 할 예상 반론에 대해 재반론할 것을 더 추가해 본 것이다.

그리고 씽크와이즈 [가지전달 링크]를 통해 보내는 것은 예상되는 반론과 재반론 각각 2가지이지만, 앞의 과정을 거치며 추가적으로 반론과 재반론을 더 준비하는 학생도 많이 생겼고, 실제 토론에서는 상대측이 제시한 이유와 근거에 대한 반론 및 그에 대한 재반론도 함께 이뤄지기에 실제로 교실에서는 살아있는, 깊이 있는 토론이 열렸다.

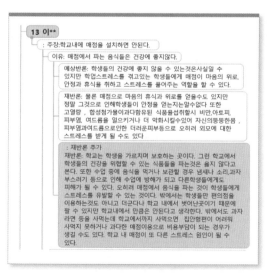

〈재반론 추가 사례1〉

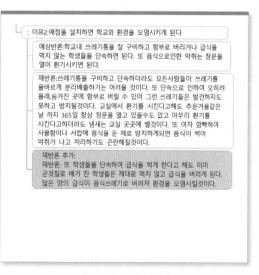

〈재반론 추가 사례2〉

6) 토론 개요표 찍어 보내기

마지막으로 지금까지 한 과정을 종합한 토론 개요표를 작성한 후, 사진을 찍어 보내도록 했다. 토론 논제와 관련된 용어의 정의뿐만 아니라 문제 제기와 예상되는 상대측의 입론과 그에 대한 반론, 마지막으로 방청객과의 질의응답에 대한 것까지 예상해서 써보도록 했다. 실제 토론만큼이나 생생한 글이 학생의 손을 거쳐 씽크와이즈 [가지전달 링크]를 타고 들어왔다. 공유 화면에 띄운 후, 개요표에서 빠진 것을 피드백한 후, 등교 때 작성한 종이 개요표는 꼭 가지고 와서 실제 교실에서의 토론에서 활용하도록 안내했다.

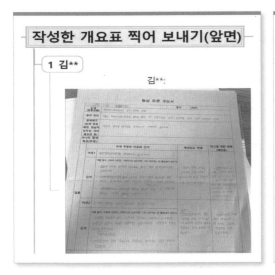

〈링크로 제출한 개요표 앞면 예시1〉

〈링크로 제출한 개요표 뒷면 예시2〉

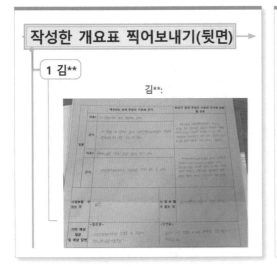

〈작성한 개요표 뒷면 예시1〉

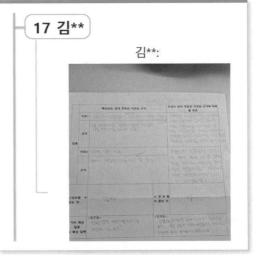

〈작성한 개요표 뒷면 예시2〉

7) 기타

씽크와이즈 [가지전달 링크]를 활용해 토론을 준비하는 과정은 화면 공유를 통해 실시간으로 학생에게 오픈한다. 위에서 말했듯 실제 토론의 생동감에 대해 우려하는 부분도 분명 있을 수 있지만, 상대의 카드를 알기에 더 준비를 철저하게 하는 긍정적인 면도 생긴다. 더불어 다른 친구의 준비 상황을 보며 자극받고 친구끼리, 또는 교사와 이뤄지는 피드백 속에서 학생은 함께 배우는 장을 만들어 간다. 사고가 함께 커가는 것을 보는 교사의 기쁨도 덤으로 얻는 소득이다.

씽크와이즈 [가지전달 링크]를 활용해 토론을 준비하며 아쉬운 것은 늘 시간이었다. 생각보다 차시별 과제의 해결에 시간이 오래 걸렸고, 학생별 편차도 심했다. 보통 학생의 2/3가 차시별 활동을 수업시간 내에 끝내고 결과물을 제출한 후 그 시간에 피드백을 받았으나, 나머지 1/3은 그 시간 안에 못 끝내고 수업을 마쳐서 5차시 동안 당일 4시까지 마무리하여 보내라는 숙제를 받게 되었다. 4시에 받은 후, 다음 시간에 학생에게 알리기 위해서 학생이 보낸 것을 점검하고 씽크와이즈 말풍선으로 코멘트를 달면 늘 퇴근 시간은 지나 있었다.

고쳐야 할 사항이 너무 많은 학생은 반톡을 통해 씽크와이즈 [가지전달 링크]와 함께 수정 사항 안내 후 다시 제출하라고 하고, 다시 체크하고 연락하고의 반복이었다. 학기 말에 학생에게 '자신에게 일어난 배움에 대해 성찰한 글'을 받아 보았을 때 학생도 토론을 준비하고 실제 토론을 한 것이 유익하고 재미있었다는 것이 많았지만, 드물게는 힘들었다는 토로가 있었다. 씽크와이즈 [가지전달 링크]를 통해 학생이 활동한 것이 다 들어오니 모두 챙겨보고 싶은 욕심에 너무 무리했던 것이 아닌가 싶다. 욕심을 조금 내려놓고 차시를 좀 더 여유 있게 설계했어야 했다는 아쉬움이 남았다.

마지막으로 여러 차시에 걸친 활동을 한 파일로 받다 보니 사진 파일의 경우 이미지가 손상되어 오는 경우가 있었다. 생성된 링크로 직접 입력해서 보내는 것은 그런 경우가 없었는데, 사진의 경우에는 한계가 있었다. 따로 받아 그 학생의 이름 아래 붙이기는 했지만, 처음부터 파일을 별도로 구성하는 것이 더 나았겠다는 생각이 들었다.

4. [가지전달 링크]로 질문 살리기

코로나19 이전에 교실에서 수업할 때는 학생의 사고를 자극하며 함께 대화를 나눌 수 있는 '질문'을 활용한 수업을 종종 했다. 그런데 코로나19 방역 지침에 따라 교실 내에서 모둠 활동은 할 수 없게 되었고, 자리마저도 짝꿍 없이 앉아 옆 사람과 대화하는 것을 최소화하는 수업을 해야 했다. '살아있는' 수업이라는 느낌이 안 드는 상황에서 학생의 사고를 자극하면서도 활발하게 활동할 수 있는 것으로 '질문'을 다시 살려봐야겠다고 생각했고, 그 구체적인 방법으로 온라인에서 [가지전달 링크]를 활용하여 수업을 진행했다.

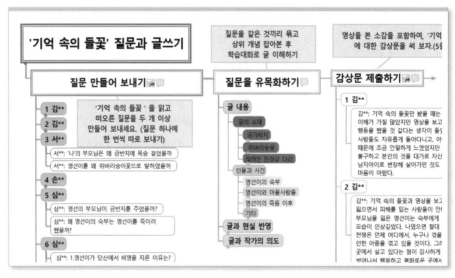

〈질문 살리기 차시별 수업 흐름〉

1) 질문 만들기

씽크와이즈의 [가지전달 링크]를 활용하기 전 차시에 한 편의 시나 소설을 완독하도록 지도한 후, 다음 차시에 질문 만들기가 있을 것임을 공지하고 글에 대해 질문을 만들어보는 것의 의의 및 질문을 만드는 방법을 사례를 통해 안내했다.

〈서클 맵〉

씽크와이즈를 활용한 첫 번째 차시에서는 먼저 사전에 나눠준 학습지의 서클 맵에 핵심 단어와 질문을 만들어 적도록 했다. 첫 번째 동그라미에 제목을 적고 두 번째 동그라미에 작품과 관련된 핵심 단어를 쓴 후, 원 밖에 그 핵심 단어에서 연상되는 질문을 만들어 적게 했다. 하나의 핵심 단어에 두 개 이상의 질문을 만들도록 했다.

다음으로 교사가 씽크와이즈의 [가지전달 링크]를 생성하여 온라인클래스 채팅창으로 학생에게 보냈다. 이때 핸드폰을 많이 사용하는 반의 경우에는 반톡에도 링크를 같이 전달했다.

전달받은 링크를 열어 학생이 자신의 이름을 찾아 클릭하고, 자신의 이름을 쓰고 만든 질문을 직접 입력한 후, [추가]를 누른다. 이때 질문의 개수에 따라 입력을 나눠서 하도록 지도하는 것이 좋다. 즉 질문 하나에 이름 입력 한 번, 추가 한 번을 누르도록 안내하는 것이다. 다음 활동에서 질문을 유목화하는 활동을 할 텐데, 질문이 따로 구분되는 것이 활동이 용이하기 때문이다.

학생이 만든 질문을 보내고 있을 때, 교사는 질문이 들어온 정도를 실시간으로 확인했다. 생성된 [가지전달 링크] 아이콘을 누르면 학생이 입력한 사항이 한눈에 보인다. 이때 보낸 질문을 통해 학습에 어려움을 겪는 학생이 파악되면 채팅창이나 개별 대화를 통해 문제 해결을 도왔다.

학생이 만든 질문이 가지전달 링크를 통해 모두 모이면, 화면 공유를 통해 실시간으로 바로 자신이 만든 질문과 친구가 만든 질문을 살펴보고 질문에 대해 상호 피드백을 하도록 했다.[2]

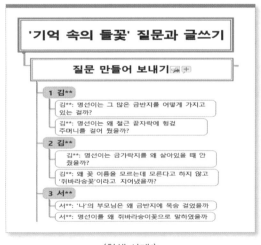

〈학생 사례1〉

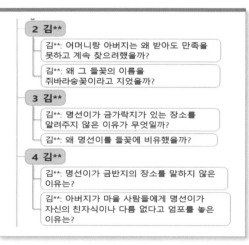

〈학생 사례2〉

---

2) 씽크와이즈 가지전달 링크로 들어온 학생이 만든 질문 중에는 오류가 있는 것들도 있다. 그 질문을 그냥 넘기지 말고 학생과 함께 대화하는 '소재'로 활용하면, 글의 내용을 꼼꼼하게, 보다 깊이 있게 이해할 수 있는 좋은 자료가 된다. 더불어 그 질문으로 친구끼리 또는 교사와 상호작용하며 함께 하는 배움이 일어나기도 한다.

2) 유목화하기

지난 시간에 [가지전달 링크]를 통해 들어온 질문을 화면에 공유하며 학생과 함께 질문을 묶어 봤다. 학생의 이름 옆으로 흩어져 있는 질문을 유목화해 보는 것은 학생의 사고력 향상에 도움이 된다.

⟨질문 분류하기 예시1⟩

나** : 그 많은 금반지를 어디서 가져왔을까
최** : 금가락지는 어디서 가져왔을까
이** : 어린나이에 금가락지는 어디서 난것일까
이** : 명선이는 금가락지를 어디서 구했을까
김** : 금반지는 누구의 것일까
김** : 명선이는 금반지가 왜 이렇게 많을까
김** : 명선이는 그 많은 금반지를 어떻게 가지고 있는 걸까?
심** : 명선의 부모님이 금반지를 주었을까?
김** : 나의 엄마 아빠는 금반지로 무엇을 하려했을까
이** : 명선이는 '나의 어머니와 아버지가 남은 금가락지가 어디냐고 묻자 왜 도망쳤을까
전** : 나의 부모들은 금반지로 뭘을 하려고 욕심을 내었는가
홍** : 어른들이 집착하는 금가락지를 명선이는 어디서 찾았고 또 전쟁인데 과연 가치가 있을까?
서** : '나'의 부모님은 왜 금반지에 목숨 걸었을까
심** : 왜 명선이의 숙부는 명선이를 죽이려 했을까?
이** : 명선이의 숙부는 대체 왜 명선이를 죽이려 했던 것일까?
김** : 명선이네 친척들은 왜 명선이를 버리고 갔을까
이** : 명선이의 숙부는 왜 명선이를 죽일려고 했을까?
이** : 숙부는 왜 명선이를 죽이려 하였을까?

⟨질문 분류하기 예시2⟩

지** : 명선이를 왜 들꽃에 비유했을까?
서** : 명선이를 왜 쥐바라숭이꽃으로 말하였을까
이** : 명선이를 왜 들꽃에 비유하였을까?
심** : 쥐바라숭꽃이 상징하는 대상은?
이** : 금가락지를 집요하게 찾는데 그 당시 금가락지 가치는?
송** : 만경강다리 지역을 배경으로 한 이유는?
홍** : 마지막에 명선이가 죽는 걸로 되는데 그러면 얼마나 많은 아이들이 목숨을 잃었을까?
김** : 쥐바라숭꽃은 왜 하필 그곳에 피어 있었나?
김** : 명선이는 왜 부서진 만경강 다리에서 놀았을까?
홍** : 그러면 "나"는 왜 꽃송이의 이름을 쥐바라숭꽃이라고 지어내었을까?
김** : 왜 꽃 이름을 모르는데 모른다고 하지 않고 '쥐바라숭꽃'이라고 지어냈을까?
지** : 쥐바라숭꽃은 무슨 꽃일까?
이** : 왜 꽃의 이름을 모른다고 하지않고 '쥐바라숭꽃'이라고 지어서 말했을까?
송** : 쥐바라숭꽃의 실제 이름은?
전** : 쥐바라숭꽃의 원래 이름은 무엇일까

같은 것으로 묶일 것을 다른 가지로 이동하는 것은 씽크와이즈에선 참 쉽고 빠르게 가능하다. 먼저 유사한 내용을 담은 질문을 학생에게 찾도록 한 후, 그 질문을 연달아 클릭했다. 그 후 옆에 미리 생성한 큰 가지 아래로 마우스를 끌어다 붙였다. 한 번 이동시킨 후 남아있는 질문도 앞에서와 같은 방식으로 이동시켰다. 중간에 혹 빠진 것이 있으면 어디로 이동하는 것이 좋을지 학생에게 물은 후, 그 위치에 갖다 붙였다. 씽크와이즈에서는 단계별 구조를 형성하기가 매우 쉬운데, 이동시킬 것을 클릭한 후, 원하는 곳에 드래그하면 어떤 위치에 붙일 것인지 화살표와 화살표 주위로 주황 네모 모양의 도형이 뜬다. 이전 질문의 아래에 놓고 싶으면 아래쪽 화살표를 고른 후 마우스를 놓으면 된다. 그리고 위 그림에 든 사례 1, 2처럼 같은 질문으로 묶일 수 있는 것을 같은 색깔로 표시했다.

이 과정을 거쳐 유사한 질문끼리 나란히 놓은 후, 하단 왼쪽 그림처럼 [홈]의 [추가]의 [부모가지 추가]를 활용하여 상위에 해당하는 것을 입력할 [가지]를 만들었다. 이때 이 가지에 넣을 단어를

〈부모가지 추가 방법〉

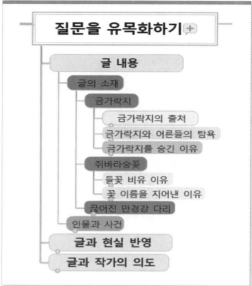

〈상위가지 용어 넣기〉

교사가 직접 말하지 않고 학생이 알맞은 말을 넣어보도록 하는 것이 사고를 더 자극하는 방법이다. 실제 수업에서 학생이 대화를 나누며 넣은 상위가지 용어가 하단 오른쪽 그림에 제시되어 있다. 유사한 단어를 묶을 단어를 생각하며, 범주화하는 사고를 정교하게 할 수 있어서 유익했다.

3) 질문 대화하고 글쓰기

유목화된 질문으로 학습대화를 나눴다. 중요도에 따라 혹은 사고를 열어주는 질문의 경우에는 [홈]의 [채우기] 기능을 활용하여 다른 색으로 표시하거나 색을 바꿔가며 학습 대화를 나눴다. 학생이 특히 대화를 나누고 싶은 질문을 고른 후, 학생이 말한 것을 상단 그림 우측 예시처럼 교사가 해당 사항을 입력했다. 그리고 가장 핵심으로 정리가 되는 말이 나오면 그 가지의 가장 진한 색으로 표시를 해서 학생이 보기 쉽게 했다.

학생이 만든 질문으로 서로 대화를 나누며 그 작품을 깊이 있게 이해하게 되고, 친구의 대화를 들으며 놓쳤던 부분을 확인하고, 자신의 빈틈을 작품과 친구의 대답 속에서 메웠다. 단순 사실을 확인할 때보다는 세부 사항을 정교화하거나 깊이 있는 문제를 다룰 때 유용했다.

나눈 대화를 바탕으로 마무리하며 작품에 대해 감상문을 쓰는데, 이때 관련되는 영상 등을 함께 보는 것이 유용하다. 국어 교과서에 나오는 작품이 학생 입장에서 봤을 때 매우 오래전 작품이라

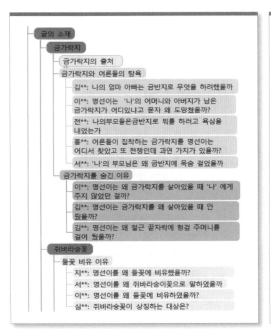

〈질문으로 학습대화 나누기 전 사례〉

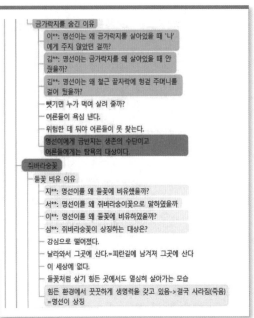

〈질문으로 학습 대화 나누기 후 사례〉

그 작품에 반영된 현실이 현재와 무관하지 않으며 어떤 연속성을 갖는지를 보여주는 영상을 주로 골라 보여줬다. 학습 대화 나눈 것과 영상을 바탕으로 작품에 대해 감상문을 쓴 것을 씽크와이즈에서 생성한 [가지전달 링크]로 보내도록 했다. [가지전달 링크]로 학생의 감상문이 모이면 공유한 화면을 통해 글을 함께 보며 자신이 쓴 감상문을 발표하도록 했다.

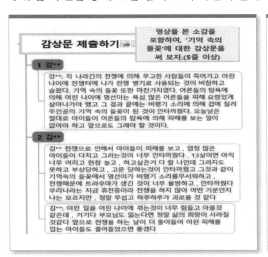

〈감상문 사례1〉

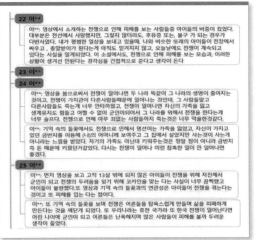

〈감상문 사례2〉

하나의 작품을 능동적으로 이해하며 함께 배우는데 '질문'은 유용하며, 그 질문을 활용할 수 있는 도구로 씽크와이즈 [가지전달 링크]는 편리했다. 다만 학생이 만든 정말 괜찮은 질문을 모두 활용할 수는 없었던 시간적인 한계와 자신의 질문에 대해 대화를 나눌 때는 눈을 반짝이지만, 다른 친구의 질문으로 대화를 나누며 내용이 조금 길어지니 교실에서와 같은 오랜 집중력을 보이지는 못하는 학생이 생긴 점은 아쉬움으로 남았다.

5. 나오며

씽크와이즈의 많고 편리한 기능 중, 아주 일부분만 사용한 수업 사례를 소개하는 것이라 마음의 부담이 없지 않다. 그러함에도 불구하고 초간단 씽크와이즈 [가지전달 링크]를 통해 실시간으로 학생과 소통하며 다양한 수업을 할 수 있었던 즐거운 경험을 함께 나누고 싶었다. 또한 정말 초간단이기에 누구나 쉽게 씽크와이즈 수업 활용에 도전할 수 있다는 것을 보여주고 싶어 펜을 들었다. 모든 아이가 씽크와이즈 [협업하기]를 사용할 수 있는 상황이 아니라면, 작은 출발로 이렇게 씽크와이즈 [가지전달 링크]로 첫발을 내디디면 어떠할까?

Chapter 11

씽크와이즈로
Think Together!

정영미 (부광여자고등학교, 고3 담임)

씽크와이즈로
Think Together!

아들 셋을 줄줄이 낳고 8년의 육아휴직을 마치고 복직한 학교는 정말 많은 것들이 달라져 있었다. 기존에 있었던 업무가 없어지기도 하고, 없었던 업무가 생겨났다. 30대에는 육아휴직을 시작하고 가정주부로만 살았다. 그런 내가 40대가 되어서 복직한 학교는 담임 업무에 행정 업무, 쏟아지는 교내 메신저 폭탄 속에서 정신이 없어 중요한 일을 놓치기 일쑤였다.

전임자가 다른 학교로 전출을 가서 업무에 관련한 의문점을 물어볼 곳이 없었다. 그런데다 코로나19 팬데믹 상황에 1, 2학년의 격주 등교까지! 학교는 전쟁터 같았다. 시시각각 업무 전달 사항이 변하고 또 바뀌었다. 거기다 이 어리버리한 하루살이 교사에게 복직한 지 1년 만에 부장의 책임까지 지워지니 더는 '지난 학년도에는 어떻게 처리했나요?', '이번에는 어떻게 해야 하죠?'라고 어리숙하게 지낼 수는 없었다.

집의 경우에도 한 번씩 짐을 정리하고, 비우기가 필요하듯이 컴퓨터 폴더도 정리가 필요하고, 내가 맡은 수업과 업무의 체계적인 정리도 필요했다. 그래서 나는 '씽크와이즈로 내가 맡은 일의 체계적인 조직화를 이뤄보자!'라고 결심했다. 2020년 말, 야심 찬 각오로 신청한 겨울 방학 연수에서 씽크와이즈를 접하고 시행착오를 겪으면서 하나씩 만든 맵과 씽크와이즈 초보 사용자가 사용할 수 있는 유용한 팁을 정리해본다.

1. 수업편

(1) 쓰는 것보다 누르는 것이 더 빠른 아이들의 국어 수업

내가 가르치는 교과는 국어다. 우리말로 말하고, 듣고, 읽고, 쓰고, 생각하고, 분석하고, 비판하고, 표현해야 한다. MZ세대는 그 이전의 세대보다 자신을 표현하는데 자유롭고 거리낌이 없다. 하지만 MZ세대도 이전의 세대가 그랬듯이 수업 시간에 자신을 드러내는 것을 즐기지도 좋아하지도 않는다. 초등학교 때까지는 손을 들고 발표하는 것을 즐기던 아이들도 고등학생이 되면 질문을 해도 대답을 잘 하지 않는 경우가 많다. 그런데 국어라는 과목이 자신의 생각을 표현해야 하는 활동이 많다 보니 나는 늘 시끄러운 수업을 꿈꾼다.

MZ세대는 자신의 생각을 펜으로 쓰는 것보다 컴퓨터 자판을 치거나 모바일에 손으로 버튼을 누르는 것이 빠르고 익숙한 아이들이다. 물론 직접 종이에 손으로 글쓰기의 좋은 점은 말로 다할 수 없을 만큼 많다. 그런데 생각을 표현함에 있어서 어떤 방법이든 그것은 중요하지 않다. 글을 잘 쓰기 위해 좋은 글을 베껴 쓰는 필사가 한창 유행하기도 했지만, 세상은 자꾸 변하고 있다. 이런 변화에 교사가 뒤처질 수는 없다.

지난겨울 2주간의 교육청 연수를 수강하고 자신만만하게 시작한 씽크와이즈를 개인적으로 쓰는 것에서 나아가 학교 수업에 적용하기란 쉽지 않았다. 내가 능숙하게 다룰 수 없는 프로그램을 학생들에게 설명하는 것이 두려웠다. 나도 아이들도 나름대로 구글 클래스룸, 패들렛, 알로, 니어파드 등 다양한 블렌디드 수업 프로그램을 사용하고 있었기에 어쩌면 씽크와이즈까지 생각하고 싶지 않았다고 표현하는 것이 맞을 수도 있겠다.

그런데 전문적 학습공동체 1학기 발표회 때 정현아 선생님의 씽크와이즈 활용 국어 수업을 보고 나는 내가 얼마나 게을렀는지 깨달았다. 그렇지만 과욕은 금물! 욕심을 부리면 내가 감당할 수 없는 한계치에 다다를까 두렵기도 했다. 그래서 일단 소규모 학습을 보장하며, 고교학점제에서도 강조하고 있는 성취평가제와 관련한 최소 학업 성취수준 보장지도 수업에 씽크와이즈를 써 보기로 하였다.

고교학점제에서는 학생이 해당 교과(목)를 선택하여 학습한 결과가 일정 수준에 이른 경우에 '이수'라고 판정을 한다. 이러한 판정을 위해 교과 이수기준을 마련할 필요가 있다. 최소 학업 성취수준이란 각 과목의 교육 목표에 비추어 학생이 알아야 할 것과 할 수 있는 것의 내용과 범위를 최소한으로 제시한 성취기준에 도달한 정도를 말한다. 그러므로 최소 학업 성취수준 보장지도는 성취도 I단계 예상 학생을 대상으로 성취수준 미도달 예상 지도를 통해 최종 E단계 이상의 성취도를 받아 미이수 처리 발생을 줄이는 고교학점제의 핵심 사항이다.

1학기에는 2학년 학생을 대상으로 국어, 영어, 수학 3과목을 보충 수업식으로 8차시를 운영했는데 2학기에는 15차시로 운영 횟수를 늘렸다. 최소 학업 성취수준 보장지도에서는 학생의 수준에 맞는 적정 내용을 교수-학습하게 하여 목표 달성 경험을 최대한 많이 제공해야 한다. 또 학습을 지원하고 과제 수행을 독려하는 과정에서 자기주도적 학습 능력을 향상해야 한다. 그래서 나는 학생이 독서를 통해 학업 의지를 키우며, 학생에게 학습동기를 부여함과 동시에 자아 탐색의 기회를 제공하여 자존감을 회복시키는 일련의 과정중심 교육과정에 최적화된 씽크와이즈를 사용하기로 한 것이다.

최소 학업 성취수준 보장지도는 소수의 해당 학생의 신청을 받아 운영함으로써 씽크와이즈 학교 계정이 필요 없었고, 씽크와이즈란 프로그램 사용법이 익숙하지 않아도 수업에 적용하는 것이 어렵지 않았다. 그리고 학습적인 면에서는 부족한 아이들이지만 모바일이나 PC환경에서는 아이들이 나보다 더 프로그램 활용 습득을 빨리할 수 있었다.

2021년 2학기 최소 학업 성취수준 보장 지도 수업 계획안

지도기간
2021년 11월 1일 ~ 2021년 11월 29일(매주 월/수 방과후 15차시)

지도목표
다양한 분야의 독서 경험을 통하여 일상생활과 학습 상황에서 필요한 독서 능력을 기르고 독서 태도를 함양하여 독서 문화의 발전에 기여한다.

차시별 지도 계획			
차시	주제	학습 내용	비고
1~2	학습 코칭	학습 방해 요소 검토 및 학습 목표 실천 계획 작성	11/1(월)
3~4	감상적 읽기, 창의적 읽기	관람 예정 연극 관련 도서 독후 활동 (김애란, 『달려라, 아비』)	11/3(수)
5~7	연극 관람	연극 "달려라, 아비" 관람하고 감상 나누기	11/6(토)
8~9	독서 문화에의 참여	필사를 통해 독해 능력 기르기 (정재승, 『열두 발자국』 발췌)	11/8(월)
10~11	글, 책의 선택 주제 통합적 독서	개인별 진로 관련 도서 요약 및 발표	11/10(수)
12	사실적, 추론적, 비판적 읽기	신문 기사 읽기	11/15(월) 원격
13	다양한 분야의 글 읽기	관심 분야 잡지 읽기	11/17(수) 원격
14	글의 특성을 고려한 글 읽기	시대, 지역, 매체가 다른 글 읽기	11/22(월)
15	자발적 독서 계획과 실천	학습 목표 실천 계획 점검 및 결과 나누기	11/29(월)

[그림1] 최소 학업 성취수준 보장지도 수업 계획표

(2) 내 수업 과정을 한눈에 보기

요즘은 예전과 다르게 수업지도안을 교장 선생님께 결재를 받지는 않지만, 기억력이 좋지 않아 전달 내용을 잊어버리기 일쑤인 나는 항상 수업지도안을 작성하여 수업 시간에 가지고 들어간다. 더구나 2학년 4개 반, 3학년 8개 반에 다른 학교로 순회 수업까지 가기 때문에 늘 학생에게 전달할 중요한 공지 사항을 놓치거나, 과제 검사를 잊는 것이 다반사였다. 그런데 워드프로세서로 수업지도안을 작성할 때보다 씽크와이즈로 수업지도안을 작성했을 때 수업의 도입부터 정리까지 한눈에 파악되기 때문에 지도안을 좀 더 체계적으로 작성할 수 있었다. 또 지도안의 맵 구조가 막연하다면 [새로 만들기] - [템플릿] 또는 [스타일 선택]으로 자신의 수업 형식에 적합한 맵 스타일을 찾을 수도 있었다.

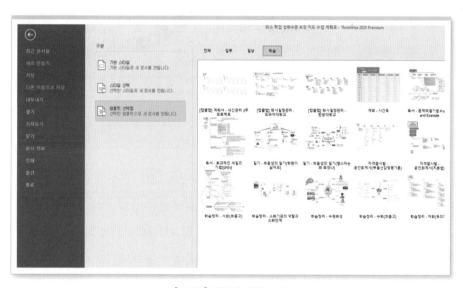

[그림2] 템플릿 선택 그림

코로나19 팬데믹 상황으로 교사들에게 노트북이 지원되었기 때문에 개인 씽크와이즈 계정이 있는 노트북을 직접 교실에 가지고 가서 씽크와이즈 맵으로 수업을 하였다. 시각화가 잘 되어있는 씽크와이즈 맵 수업은 학생들에게 수업의 과정을 공유할 수 있고, 수업내용 전달을 편리하게 할 수 있었다. 또 수업지도안에서 좀 수정해야 할 부분도 바로바로 씽크와이즈 맵에서 수정할 수 있었고 구글 드라이브에 저장하여 언제 어디서든 내용을 확인할 수 있었다. 다른 학습 도구와 다르게 맵 자체에서 확대, 축소가 가능해 뒤편에 앉은 학생들이 빔프로젝트 화면 글씨가 작아서 안 보이는 경우도 없었다.

씽크와이즈는 수업의 핵심내용을 유목화하기도 좋았다. 기본적으로 마인드맵 형식이어서 수업 시간에 학생과 같이 소설의 인물 관계도를 나타내거나 브레인스토밍과 같은 아이디어 생산 활동을 진행하기에 매우 적합했다.

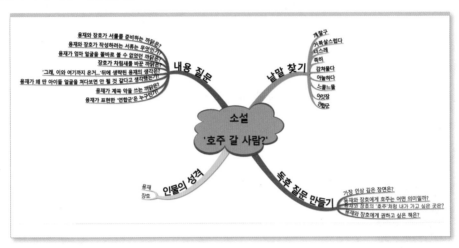

[그림3] 브레인 스토밍 맵

(3) 수행평가 결과물 포트폴리오 만들기

내가 올해 가르치게 된 과목은 고전 읽기, 실용 국어, 화법과 작문, 언어와 매체였다. 연구학교나 선도학교 등을 통해서 고교학점제가 학교 교육과정에 조금씩 도입되고부터는 일부 교과 교사만이 아니라 비교적 과목당 단위 수가 많은 국어 교사도 한 학기에 여러 과목을 가르치게 되었다. 이 중에서 고전 읽기와 실용 국어는 모두 진로 선택 과목으로 등급제가 아니라 성취도로 평가를 기록한다. A(80점 이상), B(60점 이상~ 80점 미만), C(60점 미만) 이렇게 세 등급으로 평가하기 때문에 정기고사도 한 학기에 1회만 보거나 아예 시험을 보지 않고 수행평가만으로 진행하는 경우가 많다.

고전 읽기는 문학, 비문학을 막론하고 실생활에서 다양한 고전 작품 읽기를 통해 통합적인 국어 능력을 기르는 것이 목표이다. 실용 국어는 학습자의 직무 능력을 향상하기 위해 직업과 관련 있는 국어 생활을 목표로 하는 과목이다. 그러다 보니 부담 없이 시나브로 국어실력 향상 능력을 체크할 수 있는 포트폴리오 형식의 수행평가가 좋은 방법이라고 생각했다.

그런데 종이로 된 수행평가지를 보면서 학생생활기록부의 과목별 세부능력 및 특기사항을 기록하기는 쉽지 않았다. 많은 학생의 과세특을 학교에서 다 기록할 시간이 없기 때문에 수행평가지를 집에 가지고 가는 경우가 많았다. 여러 반을 가르치다 보면 이렇게 가득 쌓인 종이 수행평가지는 학교에서 집으로 이동할 때 매번 부담스러운 짐이었다. 그래서 이제 수행평가지도 씽크와이즈로 제출받기로 했다. 물론 아이들은 종이에 작성하지만 각자 가지고 있는 핸드폰으로 수행평가지 사진을 찍고, 원본은 제출하고 사진은 가지전달 방식으로 제출받았다.

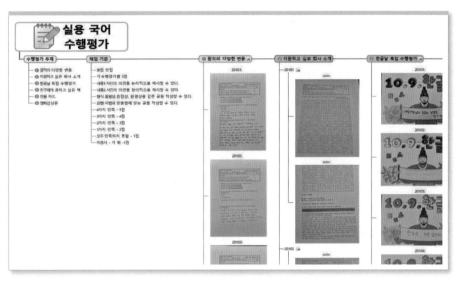

[그림4] 수행평가지 포트폴리오 맵

2. 업무편

교사는 매년 하던 업무가 반복된다. 하지만 그 안에서 1년에 한 번씩 업무분장이 바뀐다. 나 같은 경우에도 복직해서 첫해는 담임, 두 번째 해는 학년부장, 세 번째 해는 교육과정부장이 되었다. 복직 3년 동안 매년 새로운 업무를 해야 했다. 앞에서도 말했듯이 학교 일은 1년을 단위로 늘 반복이다. 그러나 매년 업무분장 기간이 되면 새로운 업무를 맡게 되니 전체적으로 반복되는 학교 일이지만, 업무를 새로 맡은 당사자에게는 매번 처음 하는 일이 되는 상황이 벌어진다.

매년 2월 전임자에게 업무 인수인계를 받는데, 보통은 본인이 사용했던 업무 폴더를 통째로 복사해서 주면서 자세한 것은 지난 공문을 찾아보라고 하고 인수인계가 끝나게 된다. 그러나 학교에서 진행되는 모든 업무를 속속들이 알기가 쉽지 않기 때문에 새 업무 담당자는 이미 학교를 떠난 전임자에게 전화하거나, 예전에 그 업무를 했던 다른 교사에게 물어보는 경우가 많이 생긴다. 어렵게 전임자에게 업무 문의 사항을 물어보더라도 깔끔하게 업무가 정리되지 않는 경우가 많다. 특히 올해 내가 맡은 업무는 고교학점제를 대비하여 학교에 처음 만들어진 교육과정부라는 부서의 부장이니 업무의 시작부터 끝까지 모르는 것투성이였다. 그때 내가 생각한 것은 내년에는 이런 일을 겪지 말자는 것이었다. 그래서 교육과정부의 1년 업무 흐름과 각종 사업에 대한 절차 및 양식을 씽크와이즈로 정리하는 것부터 시작했다.

이전에는 없던 업무… 무엇부터 시작해야 할까?

우리 학교는 작년에 고교학점제 선도학교를 처음 시작했지만, 코로나19라는 팬데믹 상황으로 교육청에서 받은 예산 대부분을 실질적인 고교학점제 사업에 다양하게 쓰지 못했다. 하지만 올해는 코로나19 2년 차이기에 교육청이나 학교 구성원의 요구도 있어서 고교학점제 담당자로서 다양한 행사를 계획하고 진행했다.

내가 하는 모든 업무 계획은 이 학교에서 모두 처음 시행하는 것이거나 작년보다 규모를 확장한 것이었다. 그래서 나는 내년에 이 업무를 하실 선생님께 보물 같은 문서를 만들어드리자는 생각으로 출근 후 컴퓨터 부팅이 되자마자 씽크와이즈에 접속했다. 그리고 기록하고 또 기록했다.

[그림5] 업무일지

그런데 매일 업무일지를 쓰다 보니 맵이 점점 뚱뚱해졌다. 물론 맵 확대와 중심가지 보기가 가능하지만, 전체적으로 맵에 기록한 내용이 많아질수록 전체 맵을 볼 때 글씨가 작아 불편했다. 어떤 업무를 찾아볼 때 시간이 오래 걸리고 업무를 추진할 때 언제 어떻게 진행했는지 잘 보이지 않는 경우가 있었다. 아무래도 일지라는 것이 1년의 기록이니 맵이 너무 커지는 것은 어쩔 수 없었다. 그래서 이것저것 여러 가지 기능을 눌러본 결과 효과적인 방법을 찾았다.

전체보기 화면에서 상단 메뉴 중 [도구] - [태그] 기능을 사용하면 한 가지 업무를 수행하기 위해서 각각 언제 일을 추진했는지 표시할 수 있다. [태그]는 안 보이게 할 수도 있고 보이게 할 수도 있다.

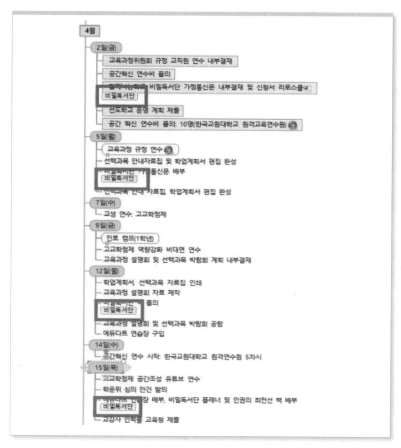

[그림6] 업무일지 태그

태그 기능을 쓰지 않을 경우, 뚱뚱해진 업무일지 맵을 좀 더 효율적으로 사용하는 방법이 하나 더 있다. 바로 클립아트나 테두리, 기호 등을 맵에 추가하는 것이다. 씽크와이즈의 다양한 클립아트를 사용하면 맵이 의미하는 내용을 이해하기가 쉬워진다. 또 테두리나 기호는 업무의 진행 정도를 표시할 수 있어서 좋다.

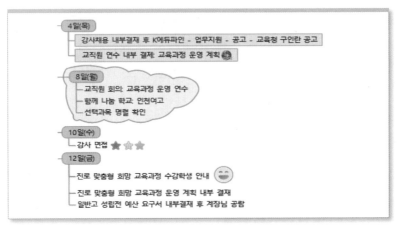

[그림7] 클립아트, 기호, 테두리

다른 직장인도 마찬가지겠지만 교사는 회의가 참 많다. 그래서 업무일지에 회의 일정을 기록하기 시작했는데 회의할 내용은 [노트] 기능을 사용하여 정리하면 좋다. 특히 교육과정부는 교육과정위원회를 비롯하여 교육과정이수지도팀 등 회의를 주최하는 경우가 많다. 이럴 때마다 미리미리 [노트]에 회의 안건을 메모하면 회의에서 중요한 내용을 빠뜨리지 않을 수 있고, 노트북을 들고 회의에 참여하면 회의 내용을 바로바로 씽크와이즈에 정리할 수도 있다.

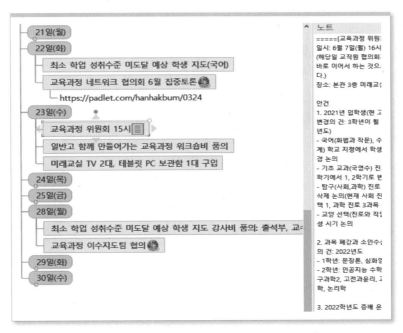

[그림8] 업무일지 노트 기능

교사는 연수도 많다. 코로나19로 인해서 각종 연수는 비대면으로 진행하고 있다. 실시간 화상으로 진행하기도 하지만, 보통은 대규모의 인원을 대상으로 진행하기 때문에 유튜브 스트리밍으로 회의나 연수를 진행한다. 이때 유튜브 링크를 씽크와이즈에 기록하면 언제든지 주요 연수를 다시 볼 수 있다. 링크는 전체 맵의 링크만을 따로 모아서 볼 수도 있어서 어떤 링크들이 맵에 삽입되어 있는지 확인도 가능하다.

[그림9] 업무일지 링크

또 연수 내용을 씽크와이즈로 정리하면 학교 대표로 연수를 받고 학교의 다른 선생님에게 연수 내용을 전달할 때 효율적으로 전달할 수 있다. 왜냐하면 연수 내용을 따로 설명하지 않아도 마인드맵 형식으로 전달할 내용이 시각화되어 있기 때문에 전달받는 사람이 이해하기 쉽다. 그리고 하위가지의 내용을 이리저리 바꿔보면서 연수 내용을 유목화하여 정리하기가 수월하다.

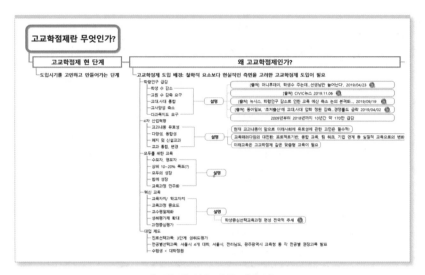

[그림10] 연수 내용 정리 맵

씽크와이즈를 사용하는 또 하나의 이유는 기본적으로 학교에서 많이 쓰는 엑셀과도 연동이 가능하다는 것이다. 학생 명단, 교사 명단, 신청자 명단 등 다양한 명단을 엑셀로 정리하고 씽크와이즈 맵에 삽입하면 엑셀 문서를 열지 않더라도 맵에서 바로 수정이 가능하다. 그러니까 "어, 이 사업 신청자 명단 어디에 있지?" 할 필요가 없다. 또 엑셀에서 수식이 가능하니 씽크와이즈에서 예산의 사용처, 합계, 남은 예산 등을 한 번에 확인하기가 쉽다. 이 기능은 내가 정말 잘 사용하는 기능이고, 씽크와이즈를 사용하는 사람에게 강력하게 추천하는 기능이다.

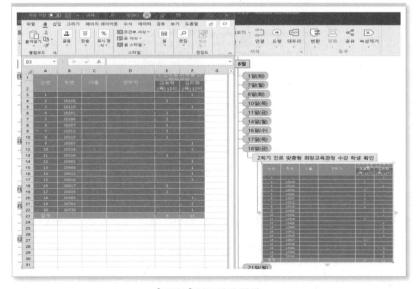

[그림11] 업무일지 엑셀

씽크와이즈는 맵 속에 맵을 하이퍼링크로 넣을 수 있다. 무궁무진하게 맵에서 맵으로 연결이 가능하다는 것이다. 어떤 업무를 실행할 때 꼭 거쳐야 하는 절차를 맵으로 정리하고 업무일지 맵에 링크하면 언제든지 해당 업무의 절차를 확인할 수 있다.

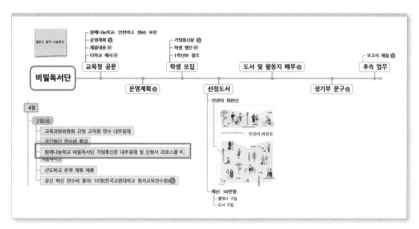

[그림12] 맵 속의 맵

씽크와이즈는 맵의 디자인을 다양하게 변형하여 볼 수도 있다. 이 기능을 활용하면 내가 전달하고 싶은 내용을 조금 더 잘 전달할 수 있는 모양으로 바꿀 수 있고, 나처럼 디자인 감각이 떨어지더라도 다양한 업무에 맞는 효율적인 맵 디자인을 찾을 수 있어서 좋다. 이렇게 저렇게 맵 디자인을 바꾸면서 가장 적합한 맵 디자인을 찾았을 때는 희열을 느끼기도 한다. 워드 작업의 경우에는 편집의 큰 틀을 변경하려면 한 번에 변경이 쉽지 않은데 씽크와이즈 맵은 그렇지 기 때문이다.

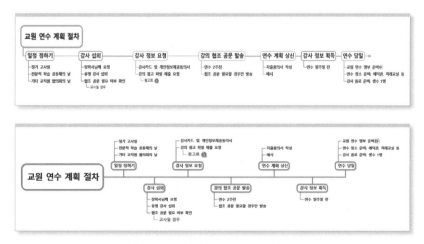

[그림13] 똑같은 내용인데 디자인이 다른 맵

또 어떤 업무를 계획할 때 SWOT를 분석하여 계획을 세우는 경우가 많은데 씽크와이즈는 [발상] 탭에 브레인스토밍을 비롯하여 SWOT 분석까지 다양한 기법을 쉽게 적용할 수 있도록 설계되어 있다. 한글에서 어렵게 표를 활용해 그렸던 기법도 씽크와이즈 맵으로 쉽게 완성한 후 한글로 이미지 복사하여 문서를 작성할 수 있다.

[그림14] 발상 탭 활용 맵

3. 일상편

(1) 몇 년에 한 번 하는 이사 딱 한 번만 맵 만들기

씽크와이즈는 내 생활 속에도 여러 가지로 활용할 수 있었다. 나는 올해 이사 계획이 있었는데 생각보다 빠르게 이사해야 하는 상황이 발생했다. 그런데 씽크와이즈 맵 자료실에서 이것저것 찾던 중에 다양한 샘플 맵과 다른 사용자가 제작한 맵이 공유된다는 것을 알았다. 역시나 이사에 관한 맵도 공유되어 있었기에 나는 공유된 맵을 나름대로 조금씩 변형하여 나만의 이사 맵을 만들고 사용할 수 있었다.

이사 맵은 내가 강추하는 일상 속 맵이다. 왜냐하면 보통 몇 년에 한 번 이사하게 되는데 매번 이사할 때마다 이사 준비 과정부터 이사 후의 일까지의 할 일을 잊어버리기 일쑤이기 때문이다. 특히 이사의 경우는 도시가스 이전 설치, 이사 업체 정하기 등 누구나 어느 때나 절차가 거의 비슷하기 때문에 한 번 이사 맵을 정리해 놓으면 평생 사용할 수 있는 맵이 된다.

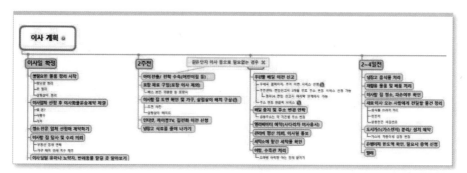

[그림15] 이사 맵

(2) 꼭 가고 싶은 여행지는 틈틈이 맵에 정리하기

요즘은 정보 과잉의 시대다. 포털사이트, SNS를 넘어서 여러 곳의 단체 대화방에 가입한 사람이 많다. 유튜브에서 본 유익한 정보도 구독 신청이나 보관함에 담아두더라도 다시 찾아서 보기가 쉽지 않다. 그런데 정말 좋은 정보라고 생각해도 모아두지 않으면, 아니 정리하지 않으면 계속 생성되는 정보로 인해서 자신이 마음에 들었던 정보는 다시 찾기가 어려워진다. 그중에서도 여행지 정보는 체계적으로 정리하면 진짜 여행을 가게 될 때 아주 유용하게 쓸 수 있다. 또 그렇게 정리한 여행 맵은 여행을 다녀와서 아이들과 여행 일정을 더듬으며 추억을 떠올리기에도 좋다. 그래서 여행지에 관한 정보를 얻게 될 때마다 씽크와이즈에 맵을 추가하면 좋다.

여행 맵을 만드는 것은 마음대로 하면 된다. 전국을 중심으로 하위가지 생성으로 여행 맵을 만들 수도 있고, 지역별로 만들어 전국 맵에 맵 링크를 연결할 수도 있다. 이렇게 하면 여행 맵에는 맛집에서 숙소까지 여행의 일체가 정리될 수 있는 것이다.

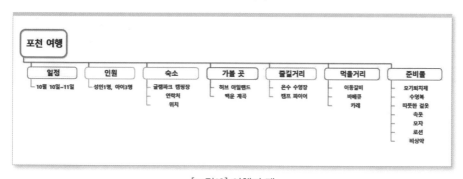

[그림16] 여행지 맵

(3) 자녀 진로 포트폴리오: 학교생활기록부도 씽크와이즈로

씽크와이즈 연수를 받을 때 또 인상 깊었던 것은 어떤 학생의 스터디 맵 연수였다. 자신의 학교 생활을 맵으로 정리한 것이었는데 감탄사가 나올 정도로 맵의 내용이 상세하고 체계적이었다. 특히 나는 성인이 아닌 아이들이 씽크와이즈를 활용하는 모습을 생각하지 못했기에 더욱 놀라웠다. 또 아들이 곧 중학교 입학을 앞두고 있었기 때문에 특별히 관심을 가지고 그 학생의 연수를 들었다.

아무래도 내가 교직에 있다 보니 학교생활기록부 기록 방법에 대해서는 잘 알고 있었고, 몇 년만 있으면 아이가 대학 입시를 치르게 될 테니 아이에게 중학교 생활부터는 씽크와이즈로 자치, 동아리, 진로, 봉사, 학습 활동 등을 체계적으로 기록할 수 있도록 연습을 시키고 싶었다. 그렇게 누적된 기록을 바탕으로 보다 체계적인 고등학교 생활을 보낼 수 있게 되기를 바랐기 때문이다. 아직 이 맵은 시작을 하지 않았지만, 아이가 중학생이 되는 금년 겨울 방학에 같이 진로 포트폴리오 맵을 만들어볼 생각이다.

(4) 씽크와이즈의 확장과 호환

씽크와이즈의 확장성과 호환성은 무한하다. 씽크와이즈는 한글과 PDF문서뿐만 아니라 워드, 파워포인트, 엑셀에다 원노트로 보내기까지가 가능하다. 내보내기와 반대로 가지고 오기 기능도 있으니 얼마든지 문서의 종류를 변환할 수 있다.

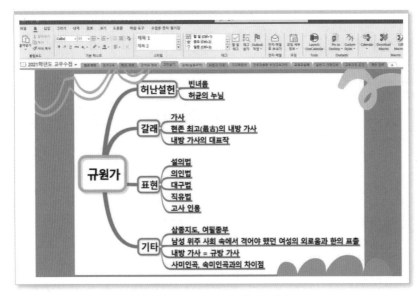

[그림17] Onenote로 인쇄된 맵 화면

한글 프로그램을 많이 이용하는 경우에도 맵을 한글 파일로 내보내기를 하면 가지 순서대로 문서 변환이 가능하기에 기존의 업무에 추가되는 부담은 많지 않다. 그리고 나는 원노트로 필기를 하는데 원노트로 내보낸 수업 자료 맵에 스타일러스펜 기능이 있는 태블릿 PC를 이용하면 씽크와이즈 맵에서 자유로운 필기가 가능하지 않은 단점을 극복할 수 있게 해준다.

씽크와이즈는 모바일에서 앱으로도 잘 활용할 수 있다. 씽크와이즈 맵은 기본적으로 구글 드라이브에 저장이 가능하기 때문에 모바일 앱이 PC버전처럼 편집이 용이하지는 않아 아쉽지만, 그래도 언제 어디서나 맵의 내용 확인이 쉬운 것은 장점이다. 중요한 일정을 정리한다거나 문서를 확인하는 것은 앱 버전도 활용이 간편하다. 스마트폰이나 태블릿 PC가 많이 사용되고 있는 요즘 씽크와이즈앱도 더욱 편리하게 개선될 것이라고 생각한다.

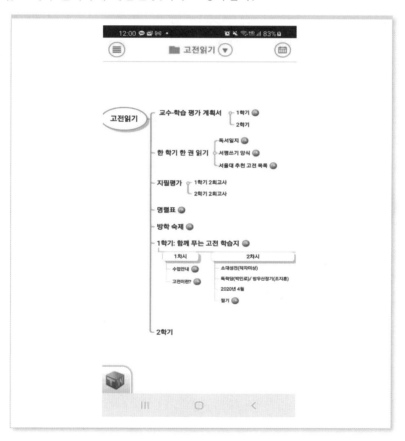

[그림18] 앱 버전 맵

씽크와이즈 연수를 처음 신청했을 때 사실 '나는 이런 것도 배우는 열심히 연구하는 교사야.'라는 우쭐하는 마음이었다. 그런데 나말고도 같은 학교에 씽크와이즈 연수를 신청한 선생님이 계셨고, 화상으로 연수를 진행하는 것임에도 다른 학교의 많은 선생님이 씽크와이즈를 배우려고 연수에 참여하신 것을 보고 '나는 아직 멀었구나!'라는 생각이 들었다.

방학 중이었는데도 불구하고 참여하신 선생님 모두 열정적으로 연수에 임하셨고, 과제로 만든 맵도 처음 씽크와이즈를 배우셨다고 믿지 않을 만큼 다양하고 활용도 높은 맵이었다. 그렇게 만들어진 맵을 서로 공유하며 연수의 의미를 더욱 빛나게 만들었다. 아직 서툴지만 씽크와이즈를 이용하여 수업과 업무, 일상을 더 쉽고, 빠르고, 간편하게 정리할 수 있게 된 것도 함께하는 선생님이 있어서이지 않을까 생각한다.

씽크와이즈의 맵이 주제에서 하위가지로 뻗어나가는 것처럼 또 협업을 통해 쌍방향으로 소통할 수 있는 것처럼 맵 전달을 통해 서로 좋은 맵을 나눠주고, 공유할 수 있다는 것이 씽크와이즈를 Think-together 할 수 있게 만들어 주었다. 앞으로도 씽크와이즈를 통해서 업무의 효율을 높이고, 수업의 전달력을 높이고 싶다.

Chapter 12

나의 또 다른 방,
씽크와이즈

박혜진(인천광역시교육청, 중등교육과 장학사)

나의 또 다른 방,
씽크와이즈

1. 업무편

(1) 온고지신(溫故知新), 따라하며 만들고, 고쳐서 새롭게 하다

학교에서는 매년 다르면서도 같은 일상을 경험하고, 같은 업무를 처리하고, 같은 활동을 반복하기 마련이다. 그래서 가장 중요한 건 매년 같지만 다른 일을, 다르지만 같은 일을 비슷한 시기에 해내야 한다는 점이었다. 2월부터 긴장으로 시작해서 여름에는 자기소개서와 진학 상담으로 정신없이 수시 접수를 끝내고, 겨울에는 수능을 보는 고3 13년의 삶은 매번 업그레이드되었다고 믿고 싶었지만, 무한한 반복이기도 했다.

13년의 삶이 같으면서도 달랐던 건 학생이 바뀌었고, 해가 바뀌었고, 입시 정책도 조금씩 바뀌고, 가르치는 내용도 달라졌기 때문이다. 매번 새로운 마음으로 임했지만 지금 와서 돌이켜보면 13년은 크게 봐서는 하나의 중심 사이클로 순환되고 있었던 셈이었다.

> ☞ 씽크와이즈를 알게 된 이후 이 사이클은 [제목]에 내용 입력 후 Enter↵, 그리고 Space Bar 치고 내용 입력, 다시 Enter↵, 그리고 Space Bar의 반복을 통해 만들었다. Space Bar와 Enter↵, 두 개만 있으면 생각의 뼈대를 갖출 수 있다.

고3을 처음 맡을 때는 어느 시기에 뭘 하는지 따라가기 바빴고, 두 번째 해에는 그나마 분위기 파악을 할 수 있었고, 세 번째 해부터는 작년 고3 담임 업무 폴더를 뒤져서 3월의 파일을 가공해 다시 올해의 폴더에 저장해 넣기 시작했다. 학기 초에 꼭 필요한 연락처, 자기주도학습 출석부, 신학기 학부모님께 드리는 편지, 우리반 월별 계획표, 상담계획표, 학기 초 자기소개서, 전국연합학력평가 가채점표 등 학급 담임으로서 활용해야 할 파일이 넘쳐났다. 그러다 보니 2010 학급, 2011 학급, 2012 학급 등의 폴더가 매년 생성되고 파일명 역시 이름을 바꿔가며 계속 늘어났다.

> ☞ 폴더명은 씽크와이즈의 [제목]으로 변환된다. 폴더에 들어가는 파일들은 [가지]와 [하이퍼링크]로 연결된다. [하이퍼링크]는 마우스로 드래그하는 것만으로도 해결된다. 씽크와이즈 오른쪽 세로 바의 [하이퍼링크]를 눌러 이 맵에 연결된 파일을 한 번에 확인해볼 수 있다.

6월 모의평가가 끝나고 아이들에게 나눠주었던 편지도 그다음 해 6월쯤에 열어보고 내용을 수정하거나 보태어 나눠주기도 했다. 시험기간에 나눠주었던 계획표도 그해 달력에 맞게 가공해서 재사용했다. 일 년의 시기별로 정리된 폴더를 하나 가지고 있으니 그다음 해는 별 고민 없이 그 폴더 파일을 날짜순으로 보면서 해야 할 일을 놓치지 않으려고 노력했다.

새로 상담엑셀표를 만든다거나, 학부모총회 자료를 만든다거나, 자기소개서나 면접 준비에 필요한 서류를 만드는 것은 해를 거듭할수록 쉬워졌다. 왜냐하면 작년에 만든 폴더에 고스란히 파일이 남아 있었기 때문이었다. 담임 때 만든 파일을 학년부장이 되었을 때도 가공하여 유용하게 사용할 수 있었다.

> ☞ 씽크와이즈의 [맵]은 매년 새로 만들지 않아도 된다. 하나의 [맵] 속에서 [가지]가 분화되고, 그래서 12개월, 10년의 복잡한 작업도 하나의 [맵]에 정리되는 마법이 있다. 주제별로 다양한 [맵]을 만들긴 하지만, 공통으로 묶이는 내용이라면 따로 새 맵을 만들지 않고, 초기 맵에 [가지]를 덧붙이고 파일을 [하이퍼링크] 하는 것만으로도 내용을 확대할 수 있다.

학교를 옮겨도 나에게 가장 유용한 폴더는 바로 2010 학급, 2011 학급, 2010 수업, 2011 수업, 2010 업무, 2011 업무 등 연도의 이름을 건 폴더였고, 그 속에 잡다하게 들어간 파일은 매년 같은 시기에 내 PC로 소환되었다. 이런 일은 내가 씽크와이즈를 알기 전 매번 반복했던 일이었다.

해를 거듭하며 조금씩 수정, 추가되며 연도별 폴더가 만들어져 있다. 문제는 그 파일이 지금도 나의 외장하드 속에 한꺼번에 정리되지 않은 채로 남아 있다는 것이다. 언젠가 필요할 때 찾아

쓰리라는 마음으로 저장해서 근무지를 옮겨 다녔다. 그런데 폴더명도 매번 똑같은 형식으로 만들지 않아서 정작 필요할 때 외장하드를 연결하고 들어가서 파일명 검색을 통해 필요한 내용을 찾기까지가 시간도 걸리고 귀찮아지기 시작했다. 그래서 외장하드 속의 유용한 파일은 결국 나에게 무용지물이 되고 만 것이다.

한 학교에서 한 것은 내 자리 PC에 저장되어 있는 경우가 많아서 그대로 파일명을 검색해서 찾곤 했다. 그런데 5년이 지나 다른 학교로 옮기게 되면 이 모든 파일을 외장하드에 넣고 가서 다시 과거의 파일을 열기 위해 외장하드를 연결해야 하는 수고를 거쳐야만 했다. 문제는 파일명을 제대로 기억하지 못하는 내용을 작업할 때의 어려움이었다. '학급경영', '학년경영', '교재연구', '8월짬뽕', '9월짬뽕' 등 너무나 자유로운 폴더 작명으로 작업을 하고 그때그때 파일을 잘 정리해두지 않는 나는 매번 파일 찾기에 어려움을 겪었다. 특히 너무 바쁠 때는 그냥 날짜별로, 월별로 폴더를 만들어 급하게 파일을 만들어 놓는 경우가 많아서 그런 파일은 파일명을 모르고 경로가 어딘지 몰라서 활용하지 못할 때가 많았다. 지금도 이런 습관은 잘 고쳐지지 않아 폴더 이름을 간명하게, 그리고 정확하고 체계적으로 정리하는 사람들을 보면 너무나 부럽다.

구조화나 목록화가 잘 안 되는 나에게, 2020년 처음 알게 된 씽크와이즈는 엄청난 전환점이 되었다. 학교에 있을 때 씽크와이즈를 알았다면 연속적인 학년 업무나 작업이 훨씬 더 체계화되었을 것이라는 후회와 아쉬움 속에서 이제라도 나는 씽크와이즈를 내 업무 속에 끌어들이기 시작했다. 새로운 근무지였던 연수원에서 알게 된 씽크와이즈의 기초적인 기능을 중심으로 나의 연수원 업무를 씽크와이즈라는 도구를 통해 배워보기로 마음먹었다. 무엇보다 하나의 맵에서 내가 필요한 자료를 검색을 통해 쉽게 찾아낼 수 있다는 점이 매력적이었다.

> ☞ 아직 5년 이상을 활용한 것은 아니지만 하나의 주제로 필요한 자료를 제대로 [가지]를 분류해서 만들지 않아도, 주제별 [맵]에 가면 메뉴바의 오른쪽 [검색]의 돋보기 옆의 [▼]를 눌러보면 [찾기&바꾸기]가 나온다. 한글이나 엑셀처럼 필요한 내용을 찾을 수 있고, 내용을 바꿀 수도 있다. 중요한 것은 내용을 찾을 때, [노트 포함], [보이지 않는 가지 포함], [바탕 문자열 포함] 등을 선택할 수도, 해제할 수도 있다는 점이다.

내가 맡은 업무는 중등교원연수 기획 및 운영이었다. 그중 가장 큰 것은 바로 중등교원 자격연수 중 중등 국어과 1급 정교사 자격연수였다. 학교에서 업무를 하긴 했어도 수업이 가장 중심이었던 나에게 연수원에서의 근무는 마치 사무직으로, 행정직으로의 이직이나 마찬가지였다. 학교에서 행정적인 일이나 공문 작성 등은 해보았지만, 연수원에서의 업무처리 방식이나 일 년의 흐름,

분기별의 흐름은 인수인계만으로 파악하기는 어려웠다. 일 년을 경험하고 나면 흐름이 보이겠지만 처음 시작하면서는 그 경험을 문서로만 해야 했다.

그래서 우선 전임자의 업무 파일을 쭉 살펴보기로 했다. 몇 월에 이런 일을 했구나, 이런 연수를 위해서 몇 개월 전에 이런 작업을 하는구나, 품의서는 이런 식으로 올렸구나 등등. 이런 자잘한 의문을 그때그때 찾아보며 내 나름대로 메모하고 정리하면서, 작년 일 년의 자료들을 한꺼번에 정리해서 내 일 년의 계획을 짜고 싶다는 생각이 들었다. 그래서 업무포털의 자료를 다운받아서 날짜별로 엑셀로 정리하고, 그때 올렸던 모든 공문을 다운받기로 했다. 전임자에게 한꺼번에 다운받아 정리하는 방법을 배웠기에 그건 손쉽게 할 수 있었다. k-에듀파인의 공문을 다운받는 것은 이 책에서는 다루지 않아도 될 것 같다.

> ☞ 한꺼번에 많은 파일을 폴더별로 맵 하나에 정말 손쉽고 빠르게 옮기고 싶을 때 활용할 수 있는 도구는 바로 메뉴 [도구]의 [폴더구조 생성]이다. 이 두 가지를 연달아 누르면 맵으로 변환할 폴더를 선택하라고 한다. 옮기고 싶은 폴더를 선택한다. 그리고 [옵션]에서 [파일명으로 가지 추가], [선택한 가지를 폴더명으로 교체] 등을 체크, 해제하고 확인을 누르면 신세계가 열린다. 어지럽게 정리된 여러 폴더의 파일과 제목들이 복잡한 나선으로 가지로 정리되는 것을 볼 수 있을 것이다. 빠르게 폴더 안의 내용을 맵으로 옮겨서 이동해야 할 때 쓰면 좋을 것 같다.

문제는 그 많은 파일을 폴더 하나에 넣어두고 나니 필요할 때마다 매번 들여다볼 수도 없을 만큼 바쁘기도 하고, 사무실에서 혹은 집에서, 혹은 다른 공간에서 그 파일을 보고 싶은데 그 많은 걸 매번 클라우드에 올려놓기도 어려웠다. 그래서 씽크와이즈로 정리를 시작했다. 우선 연수별로 가지 제목을 만들었다. 엑셀에 날짜별로 정리된 것은 따로 눈에 띄게 배치하였다. 날짜별로 가지를 만들었고, 거기에 따로 저장해둔 파일을 연결했다. 같은 종류로 묶을 수 있는 것은 동일 가지의 하위가지로 배치하였다. 그러다 보니 연수의 흐름이 보였다.

몇 개를 정리하다 보니 어떤 업무는 좀 더 빨리 하거나 어떤 업무는 한꺼번에 처리하고, 어떤 건 분리해서 하는 게 좋겠다는 여러 가지 아이디어가 떠올랐다. 그런 아이디어는 [노트] 기능을 사용하여 정리하면 도움이 될 것 같았다. 노트는 [말풍선] 기능보다 맵을 깔끔하게 정리하면서 가지마다 얽힌 이야기를 정리하는 데 도움이 되었다.

> ☞ [노트]는 오른쪽 세로 메뉴바에서도 활용할 수 있고, [홈]의 노란색 [노트]에서도 활용이 가능하다. [말풍선]도 [노트] 옆의 [일정], 그리고 그 옆에 있어서 언제든 메모 기능처럼 사용할 수 있다. [말풍선]은 간단하게 메모할 때 좋고, [노트]는 주석처럼 제목이나 가지에서 세부 내용을 따로 보고 싶을 때 활용하면 좋다.

가지로 만들 때 필요한 기능은 [가지] 만들기, [하이퍼링크] 기능, [메모] 기능 등이 전부였다. 혼자 보고 업무를 익히는 맵이라 디자인은 고려하지 않았다. 철저히 자기주도적인 업무를 위한 나 혼자만의 맵이었다.

사무실에서 일할 때 언제든 열어볼 수 있고, 집에 가서 작업을 이어갈 때 필요한 기능은 바로 [협업]이었다.

[협업] 기능을 쓰지 않아도 맵으로 정리하거나 작업 구상에 도움이 되지만, 나는 [협업] 기능을 꼭 추천하고 싶다. 왜냐하면 외장하드, 클라우드 등의 모든 기능을 한꺼번에 쓸 수 있는 게 바로 [협업]이라고 생각하기 때문이다. [협업] 기능이 있으면 같이 공유하고 싶은 사람을 초대해서 업무 과정이나 결과 등을 시공을 초월해서 나눌 수 있다는 점이 좋고, 언제든 내가 개설한 협업 맵을 열어서 작업 과정과 관련 파일 등을 확인할 수 있다는 점이 가장 큰 장점이다.

> ☞ [협업] 맵을 만들기 위해서 필수는 [맵] 작성 후, [저장]을 해야 한다. [저장]은 [파일] 메뉴에 있기도 하고, 메뉴바 제일 위의 ↓를 써도 된다. 이 과정이 끝나면 [협업] 메뉴의 [개설]을 누르고 협업 명과 비밀번호(이건 필요한 경우), [현재 맵]을 선택하고 개설을 누르면 끝이 난다. 새로 [협업] 맵을 만들고 싶으면, [새 맵]을 선택하고 개설을 누르면 된다.

이렇게 연수 진행 흐름도를 파악하고 나서, 한꺼번에 부서원끼리 공유할 내용이 생겼을 때도 [협업] 기능은 매우 유용했다. 협의 내용을 매번 메시지로만 주고받고 다시 합쳐서 모두에게 보내고 누군가 한 명 수정하면 다시 메시지로 보내고 하다 보니 효율성도 떨어지고 시간도 걸리는 것이 문제였다. 특히 한꺼번에 자격연수를 진행하면서 서로의 일정을 빠르게, 한꺼번에 조율해야 하는데, 그때 누군가가 이걸 취합하고 다시 나눠주는 수고를 덜기 위해 협업 맵을 활용하여 각자의 작업 속도에 맞게 넣어놓고 전체적인 진행 과정을 공유하기로 했다. 그 업무는 끝난 지 한참이 지났지만, 가끔 그 맵에 들어가 보면 그때 그 치열하고 정신없었던 여름날들이 일기처럼 떠오르기도 한다.

> ☞ 내가 그동안 개설한 [협업]이나 초대받은 [협업]을 다 보고 싶을 때에는 왼쪽 세로 메뉴바의 맨 아래 [협업]을 누른다. [협업 목록]을 클릭하고, [내가 개설한], [초대받은]을 누르고, 왼쪽 아래 [새로 고침]을 눌러서 협업 목록을 현행화한다. 그중 들어가고 싶은 맵을 클릭 후, 오른쪽 아래 [참여]를 누르면 된다. 연습용으로 만든 협업 맵을 삭제하고 싶을 때에는 해당 협업 목록을 클릭한 후, [참여] 메뉴 옆의 ▼를 눌러 [삭제]를 누른다.

같은 작업을 하는 사람의 속도나 진행 과정이 궁금할 때, 내가 놓치고 있는 것은 없는지 살펴볼 때, 진행 과정에서 알아야 할 공지사항이 알고 싶을 때 등 우리가 순간순간 궁금한 것을 하나의 맵에서 다 해결할 수 있다는 점이 협업 맵의 가장 큰 장점인 것 같다. 전임자가 작년에 했거나 누군가 이전에 작업했던 파일이 나의 새로운 업무의 길잡이나 기준점이 되어 주었다. 나는 씽크와이즈에 구현된 오래된 것을 현재에 맞게, 지금에 맞게 새롭게 바꿀 수 있었다. 결국 씽크와이즈는 온고지신(溫故知新)에 특화된 도구라고 할 수 있겠다.

이 맵은 씽크와이즈를 알게 되고 처음 칠판에 낙서하듯 만들었던 아주 단순한 맵이다. 단순하지만 참고할 전년도 자료가 들어 있고, 해야 할 일을 새롭게 정리할 수 있는 매우 유용한 자료가 되었다.

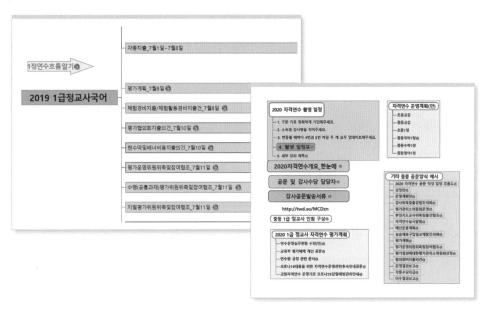

(2) 백지에서 복잡한 맵으로, 가지치기로 아이디어를 구체화하다

코로나19로 작년의 업무는 새롭게 재편되거나 없어지거나 새로 만들어야 하는 일 천지였다. 예산도 새롭게 바뀌어야 했고, 집합으로 모이지 못하기 때문에 온라인으로 새롭게 만들어야 하는 연수가 많았다. 문제는 일 년 전에 기획하고 준비했던 연수가 아니라 한 달 전에, 두 달 전에 예산과 함께 전체적인 연수 흐름을 새롭게 구상해야 한다는 점이었다. 머릿속에 떠오르는 아이디어를 정리해서 같이 협의하고 실제로 연수로 만들기 위해서는 보고해야 할 문건을 만들어야 하는데, 한글파일에 줄글로 쭉 써 놓은 보고서를 만들기까지는 연수의 처음부터 끝까지를 미리 그려보는 작업이 필수적이었다.

어떤 내용으로, 누구를 대상으로, 일정과 방식은 어떻게 할 것이며, 예산은 얼마 정도가 필요한지를 전체적으로 정리하지 않은 채로, 아이디어만 대충 보고할 수는 없었다. 그때 필요한 게 빈 맵에서 새로 머릿속에 정신없이 떠오르는 생각을 하나씩이라도 정리하는 일이었다. 어차피 그려보다가 아닌 것 같으면 지워버리면 그만이기 때문에 새로운 연수를 구상하는 일은 마치 스케치북에 낙서하듯 메모하면서 간단하게 할 수 있어서 부담이 크게 없었다.

국어과였던 나는 독서와 글쓰기를 겸하는 연수와 스마트폰으로 영상 편집하는 연수를 만들어 보고 싶었다. 이렇게 큰 주제 아이템만 가지고 연수를 구체화해야 했는데, 그때 제일 먼저 씽크와이즈를 열고 빈 맵에 제목부터 생각했다. 제목을 생각하고 난 뒤에는 일정, 방법, 대상, 예산 등을 거칠게 써 내려갔다. 빈 맵에 작업을 구상할 때 좋은 점은 언제든 가지치기를 해서 생각을 확산해나갈 수 있다는 점과 언제든 필요 없는 가지를 없애고, 다방면의 작업을 자유자재로 수정할 수 있다는 점이었다. 그리고 무엇보다 좋은 점은 간단하게 한 장으로 맵을 정리하여 보고할 때 이 아이디어가 어떤지 설득하기에 유용하다는 점이었다. 한글로 여러 페이지를 가지고 가서 설득하기보다는 하나의 맵으로 시각적으로, 한눈에 연수의 시작과 끝을 보여주는 건 몇 장의 문서보다 훨씬 집약적이고 체계적이었다. 닉 수재니스의 『언플래트닝』이라는 책에서 이미지에 대한 설명을 인용해본다.

> 이미지에 대한 설명은 이미지 자체를 실제로 나타내지 못한다. 마이클 박산달이 지적했듯, 그런 설명은 한 폭의 그림을 본 경험에 '대한' 사고의 표현이다. 이러한 설명은 이미 우리의 언어로 형성되어 있다. 이미지는 '존재 자체'를, 텍스트는 '어떤 견해'를 표현한다.(66쪽)

저자의 생각에 따르면 이미지 자체로 존재 자체를 드러낼 수 있고, 그 이미지에 대한 설명은 이미 그 존재 자체가 아니라 존재에 대한 사고의 표현이라고 한다. 씽크와이즈의 맵은 텍스트를 동반하지만 닉 수재니스의 의견처럼 이미지화를 통해서 존재 자체를 집약적으로 보여줄 수 있다. 물론 가지의 내용까지 동반하여 이미지까지 보여주는 씽크와이즈는 존재 자체와 그에 대한 사고까지 보여주는 멀티 기능까지 담아내고 있다는 점에서 더 좋은 것 같다.

이후로는 뭔가 새로운 걸 기획하거나 아이디어를 정리할 때마다 씽크와이즈 새 맵을 열었다. 끄적거리듯 떠오르는 생각을 정리하다 보면 어떤 생각은 그냥 삭제해버릴 때도 있고, 어떤 생각은 좀 더 발전적인 기획안으로 자리 잡기도 한다. 결국 나의 머릿속에 있는 다양한 생각 중에서 버려야 할 것과 취할 것이 맵을 구현하면서 정리가 되기도 한다. 씽크와이즈 맵을 작성하는 것은 그래서, 답을 찾는 과정이기도 하다. 지금도 뭔가 머리가 복잡해지면 그냥 협업 맵을 열어서 아무거나 가지에 써 본다. 그러다가 별로면 저장하지 않고 그냥 꺼버리거나 괜찮으면 저장하고, 다시 추가로 작성하며 맵을 확장한다. 결국 머릿속에 떠돌아다니는 생각 중 버려야 할 것과 버리지 말아야 할 것을 깔끔하게 정리할 수 있게 도와주는 것이 바로, 씽크와이즈이다.

이 맵은 코로나19로 혼란스러웠던 2020년 4월에 구상했던 원격수업 사례 나눔 연수의 초안을 잡았던 맵의 일부이다.

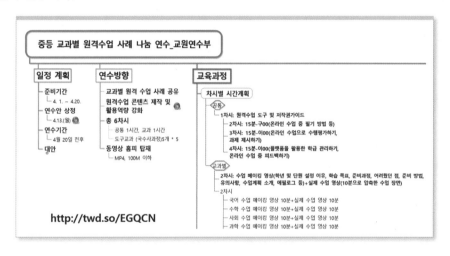

(3) 슬라이드 20장을 씽크와이즈 1장으로 발표하다

일하다 보면 협의회나 연수 등을 통해 일정이나 내용 등을 전달해야 할 때가 있는데, 그럴 때 대부분은 ppt를 활용하곤 했다. 슬라이드 몇 장에 꼭 전달할 내용을 담아서 요약해 전달하고, 세부 내용은 첨부파일로 대신할 때가 많다. 그러다 보니 첨부파일에서 보여줘야 하는 부분을 캡처해 이미지로 넣거나 붙임 파일로 따로 제시할 때가 많다.

☞ 협의회 자료를 맵으로 만들다 보면 내용을 가지로 쳐야 하는 경우도 많지만 이미지를 직접 붙여넣을 때도 있다. 그럴 때에는 이미지를 [도구]–[화면캡처]한 이후 상위가지를 클릭한 상태에서 붙여넣기를 하면 된다. 그러면 원하는 이미지가 하위가지로 붙는다. 가지에는 내용만 넣을 수 있는 게 아니라 이미지, 엑셀 등도 넣을 수 있다. 엑셀은 [도구]의 [엑셀]–[sheet]를 선택하고 엑셀이 열리면 원하는 내용을 넣으면 된다. 해당 가지를 클릭하면 다시 엑셀이 열려서 내용 수정이 가능하다.

2021년 자리를 옮기고 교육청과 대학이 공동으로 주관하는 청소년 학술제의 간략한 기획안을 대학 관계자와 간단히 협의할 일이 있었다. 학술제 개요는 물론이고 일정, 서류 제출 사항, 수상 내역 등 여러 가지를 슬라이드에 넣으려니 슬라이드가 족히 20장은 되었다. 화면을 바꾸지 않고 한 화면에서 전체적인 윤곽을 보여주면서 동시에 첨부파일도 열어서 보여주고 싶을 때 활용한 것이 바로 씽크와이즈였다.

꼭 전달해야 할 말들은 말풍선에 넣었고, 제일 먼저 가지를 대부분 접고서 전체적인 윤곽을 설명하며 협의회에서 말할 것을 전체적으로 보여주고 가지 하나씩만 남겨서 세부적으로 설명하였다. 또 중간에 보여줘야 할 내용은 하이퍼링크로 연결된 파일을 직접 열어 보여줄 수 있었다. 그리고 중간에 새롭게 제시하거나 수정해야 하는 의견을 바로바로 가지에 직접 넣어가면서 하다 보니 미리 준비한 내용을 가공하여 협의 결과까지 한꺼번에 정리할 수 있었다. 협의회 이후 따로 시간을 내서 협의 내용을 정리하는 시간을 절약할 수 있다는 점에서 편리했다. 이렇게 정리한 맵은 학술제에 참여하는 지도교사협의회에서도 유용한 자료로 활용할 수 있었다.

☞ 맵 전체를 보여주기보다는 특정 [가지]를 중심으로 설명할 때에는, [가지]를 선택하고 [Ctrl] [Enter↵]를 누르면 된다. 그러면 다른 가지는 사라지고 해당 가지만 남는다. 이때 이걸 확대해서 보여주려면 빈 화면에 더블클릭(화면에 맞춤, 다시 묻지 않기)하면 된다. 다시 전체 맵으로 갈 때에는 맵 화면 왼쪽 위의 파란색 돋보기를 누르면 된다.

이 맵은 협의회 때 화면 공유했던 맵의 일부이다. 하이퍼링크로 연결된 파일도 열어서 직접 짧게라도 보여주면서 진행해서 파일 양식 등을 공유하고 협의하기에 유용했다.

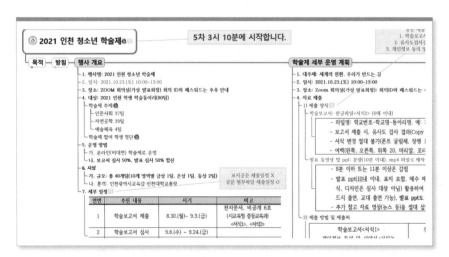

(4) 산재된 업무파일을 주제별로 한 화면에 담다

중등교육과에서 일반고와 자공고, 학술제 업무 등을 담당하다 보니 교육과정과 학교생활기록부 등과 연결되어 공부해야 할 것이 많았다. 학교에서 들어오는 문의는 대부분 교육과정과도 얽혀 있었고, 학교생활기록부와도 관련된 일이었다. 여러 매뉴얼과 지침이 있지만 하나하나 정리하기가 쉽지 않았다. 쪽지를 통해 유용한 자료가 엄청나게 밀려 들어오지만 다운받기에만 급급했다. 전임자나 관련 업무 담당자에게 받은 파일을 폴더에 넣어두었다가 필요할 때 열어보기도 했는데, 나중에 자리를 옮기거나 시간 차이를 두고 오는 문의에 답할 때는 폴더 찾는 게 일이었다. 그래서 아예 교육과정을 공부하면서 하나하나 가지로 만들어 정리하고, 필요한 파일을 유목화하여 모으기 시작했다.

> ☞ [가지]를 만들다 보면 이미 만든 [가지] 위에 다른 [가지]를 만들고 싶을 때가 있다. 그럴 땐 마우스로 움직여도 좋고, [홈]의 [추가] 메뉴를 활용하여 [형제가지 추가], [앞쪽 형제가지 추가], [부모가지 추가]로 원하는 곳에 가지를 만들 수 있다. 가지를 하나하나 만들기 귀찮을 때에는 [다중가지 추가]가 있다. 이 메뉴의 단축키는 Ctrl Space Bar 이다. 이걸 누른 후, 만들고 싶은 가지 명을 Enter↵ 로 여러 줄 입력 후 탭⇥ 을 눌러 하위 가지 등을 표시하면 한 번에 많은 가지를 만들 수 있다. 특히 책의 목차 등을 한꺼번에 복사해서 붙이고 이를 바탕으로 가지를 만들 수 있다.

그래서 교육과정과 학교생활기록부 관련된 내용은 이 맵에 들어가면 어디서든 찾아볼 수 있게 정리하였다. 그리고 유용한 파일을 얻을 때마다 맵을 열어서 우선 링크해 놓고 시간이 날 때 링크해 놓은 파일을 체계적으로 정리하였다. 물론 체계라 해도 내 시선으로만 보이는 거라서 남에게 어떻게 보일지 모르겠지만, 그래도 이렇게 모으다 보니 관련 일을 하는 친구에게도 공유해줄 수 있었다. 내가 공부한 교육과정 해설서의 내용을 정리한 것은 간단하게 가지를 접어놓고, 교육과정과 관련된 다양한 경로의 파일도 올려놓아 참고할 수 있었다. 예쁘게 깔끔하게 정리된 맵은 아니지만 공유폴더의 전임자 업무파일을 보듯이 언제든 교육과정과 관련된 것은 이 맵 안에서 다 찾게 만들어야겠다는 목표로 지금도 맵은 진행 중이다.

> ☞ [가지]의 글꼴 색을 바꾸거나 [홈]의 [도형], [테두리], 오른쪽 세로 메뉴의 [기호] 등을 통해 내용상 분류, 형식상 분류 등을 할 수 있다. 또한 [홈]의 [붙여넣기]의 [복사] 메뉴를 활용하면 [가지]의 디자인 스타일을 그대로 다른 [가지]에 적용할 수 있다.

아주 바쁠 때는 하나의 폴더에 정리한 파일을 앞에서 설명했던 [폴더구조 생성]이라는 메뉴로 한 꺼번에 정리하기도 하였다. 이렇게 하면 하나의 폴더에 있는 파일이 맵으로 순식간에 들어오면 서 가지 이름만 수정하면 되므로, 연말에 파일 정리할 때 유용하게 쓰일 수 있을 것 같다. 물론 가 지 하나하나 만들면서 정리하는 것이 훨씬 더 깔끔하지만, 시간은 없고 한꺼번에 파일을 정리해 야 할 때 써 보면 유용한 기능이다.

이 맵은 지금 교육과정, 학교생활기록부, 고교학점제 등과 관련된 업무로 공부하고 읽어봐야 할 파일을 정리한 맵이다. 유용한 파일을 받게 되면 그냥 컴퓨터 폴더에도 저장하지만, 맵을 열어서 가지를 만들고 하이퍼링크로 연결한다. 그리고 비슷한 업무를 하는 친구도 초대해서 자료를 공 유한다.

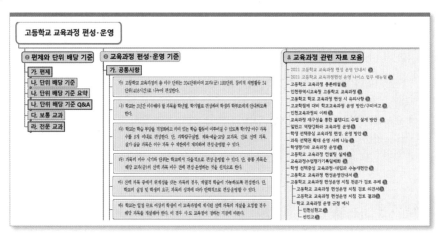

2. 일상편

(1) 독서 달력과 감상문을 한눈에 담은 독서이력서 만들기

어릴 적에는 책이 좋아서 읽다가, 한동안은 필요에 의해서만 책을 읽었다. 이런 독서를 반복하면 서 독서를 통해 꽤 많은 것을 얻는다는 것을 체득하게 되었다. 그렇지만 읽기만 하면 몇 년이 지 나서 내가 읽은 책의 제목도, 내용도, 내가 느꼈던 느낌도 흐려진다는 아쉬움이 있었다. 고3 아이 들을 오랫동안 지도하면서 자기소개서를 지도할 때 내가 읽었던 책의 내용이 아이디어로 떠올라 도움을 줄 때가 많았는데, 그러려면 책의 구절을 인용한 것이나 책에 대한 느낌을 기록한 파일을 찾아야 했다.

몇 년 전에는 책을 읽고 말았는데, 언제부터인가 책에서 남기고 싶은 구절이나 그에 대한 느낌을 간단하게 몇 줄이라도 적어보자는 마음으로 블로그를 시작했다. 블로그를 보러 오는 사람이 많은 것도 아니고 혼자서 내 일기를 쓴다는 마음으로 시작했다. 어떤 때는 책을 읽는 일이 기록으로 남기기 위해서 읽는 건 아닌가 싶을 정도로 아무리 귀찮아도 책을 읽고 나면 꼭 시간을 내서 블로그에 옮겨 적었다.

☞ 독서일기지만 크게 보면 정확한 연도와 월이 나와 있어서, 몇 년간의 독서 현황도 파악할 수 있는데, 씽크와이즈는 활용할 수 있는 유용한 맵 형식을 제공하고 있다. 이와 비슷한 것이 [플래닝] 메뉴의 [비전], [라이프 플랜], [연간 계획], [일기] 등이 있다. 이렇게 이미 만들어진 틀에 아주 간단한 의견을 넣어놓는 것만으로도 우리의 일상을, 우리의 업무를 계획하고 성찰할 수 있다.

시간이 조금 흐른 후에 내가 쓴 글을, 책에서 인용한 글을 다시 읽어볼 때가 있다. 책을 바로 읽고 난 다음에 쓴 글이 몇 년 뒤에 읽어보면 또 다른 생각의 물꼬를 열어주기도 한다. 이렇게 블로그에 독서감상문(?)을 남겨놓다 보니 내가 언제 무슨 책을 읽었는지는 한눈에 보기 어려웠다. 그냥 키워드나 제목, 저자명 등을 검색해서 내용을 찾을 수는 있지만 내가 몇 년 몇 월에 어떤 책을 읽었고, 어떤 해에는 지난해보다 책을 적게 읽었고, 어떤 때에는 어떤 작가에 관심이 있었는지 등을 한눈에 보고 싶다는 생각이 들었다.

그때 마침 씽크와이즈를 알게 되었고, 씽크와이즈에 내가 기록한 블로그 글을 연동해서 웹독서 이력서를 만들게 되었다. 남에게 보이기 어려운 감상문이지만 책을 추천해달라는 사람에게 이 맵을 보여주면 들어가 인용된 구절을 보고 책 선택에 활용할 수 있어서 좋은 것 같다. 물론 책 제목을 검색하면 리뷰가 많이 나오지만 잘 모르는 사람이 아닌 아는 사람이 읽은 책과 인용된 구절, 느낌 등이 책 선택에 도움을 줄 수 있을 것 같다. 또한 아이들이랑 독서토론으로 같이 읽은 책도 많이 포함되어 있어서 독서목록을 정할 때도 활용할 수 있을 것이다. 사실 여기에서 쓰인 메뉴는 정말 너무나 간단한 것이었다. 책은 읽은 달, 책 제목, 이미 써 놓은 블로그 게시판 URL 링크로만 이루어져 있는 맵인데도 괜히 나의 몇 년의 독서이력이 한눈에 보이는 것 같아서 개인적으로는 뿌듯하다.

책을 읽지 않은 달도 있는 걸 보면서 아무리 바빠도 한 달에 한 권이라도 꼭 읽어야겠다고 다짐하기도 했고, 바쁘지만 책을 많이 읽은 달에는 시간을 쪼개서 책을 읽은 나 스스로를 칭찬하고 싶기도 했다. 누군가에게 보이기 위해서 쓴 건 아니지만, 나의 독서이력서처럼 남겨둘 수 있어서 지금도 블로그에 글이 올라오고 나면 주기적으로 들어가서 링크를 연결해 놓고 있다.

> ☞ 네이버 블로그의 게시판의 URL을 복사해서 책 제목으로 가지 이름을 만들고 마우스 오른쪽을 눌러 [하이퍼
> 링크]의 인터넷주소에 넣는 것만으로 블로그의 글이 맵에 연동된다. 씽크와이즈 맵에서 궁금한 책 제목을
> 눌러서 글을 확인하고, 다시 새로운 책을 열어보는 것만으로도 읽고 싶은 책을 골라볼 수 있다.

이 맵은 2013년 정도부터의 독서블로그 내용을 아주 단순하게 연결해 놓은 맵이다. 이미 블로그
에 독서일기를 쓰고 있지만, 이걸 맵으로 만들어 놓으니 한눈에 읽었던 책, 읽었던 시기 등을 대
략적으로 정리해볼 수 있었다. 블로그 초대말고도 맵 초대를 통해 책을 간접적으로 추천하고 공
유할 수 있다는 장점도 있다.

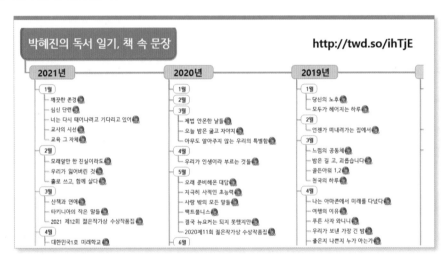

(2) 나도 학생처럼 공부하고 싶을 때, 웹으로 노트 필기하기

학교에 있으면 필수로 들어야 하는 연수가 있다. 물론 제대로 잘 듣지 못한다. 그런데 이번 한국
사 연수는 달랐다. 출석고사가 있었다. 직접 가서 시험을 봐야 했다. 고등학교 때부터 객관식 시
험은 너무나 힘들어하고 오히려 서술형이나 논술형을 좋아했던 나는 객관식 한국사 시험이 듣기
전부터 너무나 힘들게 넘어야 하는 부담스러운 과정이었다. 그래서 씽크와이즈로 공부해야겠다
고 생각했다.

고대부터 현대까지 맵으로 만들어서 연수 듣고 필기도 하고, 공부도 해야겠다는 마음이었다. 물
론 잘 지켜지지 않았고 전체적인 윤곽을 잡는데 그치긴 했지만, 특히 씽크와이즈는 업무를 하는
어른뿐만 아니라 학생에게 유용한 도구인 것만은 분명했다. 임용고사를 공부하는 제자도 이 씽

크와이즈를 통해 기출문제를 하나의 맵으로 정리하고 색깔별로 공부한 것과 영역을 구분해서 공부한다고 했다.

방대한 양을 공부할 때 노트 여러 장이 아닌 하나의 맵에서 가지에 가지를 뻗어나가는 방식이 공부에 엄청난 시너지효과를 준다고 증언하기도 했다. 사실 그 말을 듣고 한국사 공부를 해보려고 했는데, 나는 업무가 바쁘다는 핑계로 실천하지 못했지만 다양한 주제를 공부할 때 씽크와이즈만한 게 없다는 생각은 여전하다. 씽크와이즈에서 다룰 수 있는 영역은 무한하다. 공부, 업무, 취미 등 다양한 주제로 뭔가를 쌓아서 기록하고 정리하고 싶은 사람은 빈 맵에서 스페이스와 엔터만으로 생각을 모아보기를 권한다.

한국사능력검정시험

연수계획

	교재	연수		교재	연수
1	역사는 왜 배우는가	역사를 배우는 이유	31	국권 피탈과 저항	조선 사회2(사회 모습)
2	선사 시대	선사시대	32	개항기(경제)	조선 문화1(전기 - 학문, 역사, 지리, 법)
3	여러 나라의 성장	여러 나라의 성장	33	개항기(문화)	조선 문화2(전기 - 천문, 의학, 건축, 공예, 회화
4	고대(고구려, 가야)	고대 국가(백제와 고구려)	34	일제 강점기(식민 통치)	조선 문화3(후기 - 학문, 역사, 지리)
5	고대(백제, 신라)	고대 국가(신라와 가야)	35	일제 강점기(1910년대 저항)	조선 문화4(후기 - 천문, 의학, 건축, 공예, 회화
6	고대(통일신라, 발해)	고대 국가(통일 신라)	36	일제 강점기(1920년대 저항)	흥선 대원군의 정치
7	고대(경제, 사회)	고대 국가(발해)	37	일제 강점기(1930년대 저항)	흥선 대원군의 외교
8	고대(문화 1)	고대 경제	38	현대(광복 ~625전쟁)	개항기(개항~통리기무아문)
9	고대(문화 2)	고대 사회	39	현대(민주주의의 발전)	개항기(임오군란~갑신정변)
10	고려(초기 정치)	고대 문화1(삼국~유교, 불교)	40	현대(경제 발전과 통일 정책)	개항기(동학농민운동)
11	고려(중기 정치~무신 정변)	고대 문화2(삼국~과학, 고분)	41		개항기(갑오개혁~광무개혁)
12	고려(경제, 사회)	고대 문화3(남북국~유교, 불교)	42		국권 침탈과 경제적 구국운동
13	고려(외교)	고대 문화4(남북국~과학, 고분)	43		개항기(의병 운동과 애국 계몽 운동))
14	고려(문화 1)	고려 정치1(시기 구분, 초기)	44		개항기(언론, 근대 시설)
15	고려(문화 2)	고려 정치2(중기~후기)	45		개항기(교육, 국학 연구)

나도 한번 해볼까?
씽크와이즈 사용하기

나도 한번 해볼까?
씽크와이즈 사용하기

선생님들의 다양한 씽크와이즈 활용사례를 보니 '나도 한번 해볼까?' 하는 생각이 절로 납니다.
지금 바로 컴퓨터앞에 앉아 씽크와이즈를 시작하세요.

씽크와이즈 설치하기

■ 프로그램 다운받기

① www.thinkwise.co.kr 홈페이지로 접속하여 씽크와이즈 무료체험하기 중 'ThinkWise 2020
Premium 30일 체험판 설치하기'를 눌러 프로그램을 다운로드 받으세요. 이 때 [추천인 입력]
창의 건너뛰기를 누르세요.

② 다운로드 받은 파일을 더블클릭하여 설치를 완료합니다. 설치 마지막 화면에서 [인증암호]
입력 창이 나타나면 창을 닫아 **[30일 체험판]**으로 씽크와이즈 체험을 시작합니다.

③ 설치 완료 후 씽크와이즈 프로그램이 자동으로 실행되지 않을 경우 바탕화면에 생성된 **씽크와이즈 실행파일**을 더블클릭하여 씽크와이즈 프로그램을 실행합니다.

■ 프로그램 시작하기

① 씽크와이즈 프로그램을 설치하고 실행하였다면 가장 먼저 대시보드 화면을 볼 수 있습니다.

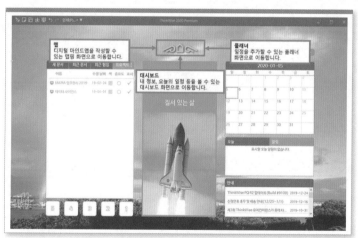

② 왼쪽 날개를 눌러 맵 화면으로 이동합니다.

새로운 맵문서 만들기

씽크와이즈로 새로운 문서를 만드는 방법은 두 가지가 있습니다. 하나는 작성되어 있는 맵을 활용하는 것이고 다른 하나는 새 문서를 이용하여 문서를 작성하는 것입니다. 다음은 이 두 가지 방법에 대해 살펴봅니다.

■ 빈 맵으로 시작하기
새 문서를 작성하기 위해 새 파일 메뉴를 실행합니다.

① 빠른 실행 도구 모음의 **[새 파일]**메뉴를 클릭합니다. 또는 키보드 단축키 Ctrl+N을 누르면 새 창이 열립니다.

■ 새로 만들기
맵 디자인을 어렵게 생각하는 초보자들은 맵 문서를 작성할 때 프로그램에서 제공하는 스타일, 템플릿, 샘플맵을 활용하는 것이 편리합니다. 미리 지정해놓은 다양한 스타일을 가지고 맵을 쉽게 작성할 수 있습니다.

① **[파일]**메뉴에서 **[새로 만들기]** 메뉴를 클릭합니다.
② **[새로만들기]** 대화상자가 나타나면 **[기본 스타일]** 또는 **[템플릿 선택맵]**에서 새로 만들고자 하는 맵 문서의 서식과 스타일을 선택합니다.

제목(중심주제) 입력하기

새 파일을 실행하면 중앙에 **제목**이라고 입력된 중심 **제목**이 나타납니다. 제목이라는 글자를 마우스로 더블클릭한 후 중심 주제를 수정하고 Enter↵를 누르면 입력이 완료됩니다. 또는 마우스로 중심 제목을 선택한 후 Enter↵를 누르면 글자를 수정할 수 있는 상태가 되며 이때 중심 주제를 수정하고 다시 한번 Enter↵를 누르면 입력이 완료됩니다.

① 빠른 실행 도구 모음에서 **[새 파일]**을 클릭합니다.
② 새로운 맵 문서가 열리면 "**제목**"이라고 입력된 중심 주제를 "**중심제목**"으로 수정하고 Enter↵ 를 누릅니다.

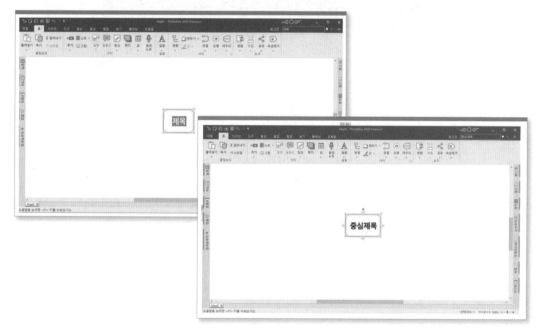

가지 만들기

새로운 맵 서를 만들고 맵 문서의 제목을 입력한 후, 다음 단계로 가지를 추가해야 합니다. 가지
는 선택한 가지를 기준으로 그 하위에 추가됩니다. 중심 제목에 하위 가지를 추가하는 가장 쉬
운 방법은 기준이 되는 가지를 선택하고 키보드의 [Space Bar]를 눌러 글자 입력 후 Enter↵를 누
르면 됩니다. [Space Bar]는 제목(또는 선택한 제목)에 하위 가지를 생성하는 단축키입니다.

■ '단일 가지' 추가 하기

① **중심 제목**을 마우스로 선택한 후 [Space Bar]를 누릅니다.

또는 [**홈**] 탭의 '**가지**' 그룹에 있는 [**추가**] 메뉴를 선택합니다.

② 가지가 추가되고 서가 깜박이는 것을 확인한 후 하위가지 "**주제1**"을 입력하고 Enter↵를 누릅
니다. 중심 제목뿐 아니라 맵 문서 내 모든 가지에서 같은 방법으로 하위가지를 추가할 수 있습
니다.

■ '다중 가지' 추가하기

가지추가 시 보통의 경우 한 번에 한 개의 가지를 생성하지만 필요에 따라서 한 번에 여러 개의 가지를 생성할 수 있습니다. 한 번에 여러 개 가지를 생성할 때 같은 레벨의 가지만 생성하는 것이 아니라 레벨이 다른 다중 가지도 한 번에 추가할 수 있습니다. 한 줄에 한 가지가 만들어지고, 맨 앞에 한 칸(space)을 띄우면 상위가지에 종속된 형태로 만들어집니다. 하나의 주제를 선택하고 한 번에 여러 개의 하위 가지를 추가하는 방법은 아래와 같습니다.

① 다중가지를 추가하고자 하는 중심 주제 또는 특정 가지를 선택합니다.
② [Ctrl + Space Bar]를 누릅니다. 또는 [홈] 탭의 **'가지'** 그룹에 있는 **[추가]** 메뉴 아래 역삼각형 **'▼'**를 누른 후 **[다중가지추가]**를 선택합니다.

③ **[다중 가지 추가]** 대화상자가 나타나면 하위가지로 추가할 주제를 Enter↵를 이용해 각각 다른 줄로 입력합니다. 이때 **다중 레벨로 구분할 주제는 글자 앞에 빈칸이나 탭을 넣습니다.** 빈칸 또는 탭의 유무에 따라 레벨이 구분됩니다.

④ 모두 입력 후 **[확인]** 버튼을 누릅니다. 여러 개의 주제가 다중 레벨로 구분되어 추가됩니다.

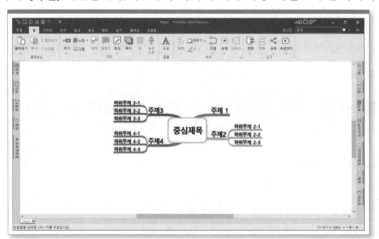

가지 방향 변경하기

맵에서 선택한 가지를기준으로 그 하위의 방향을 바로 변경할 수 있습니다.

① 방향을 변경하고자 하는 가지를 선택합니다.

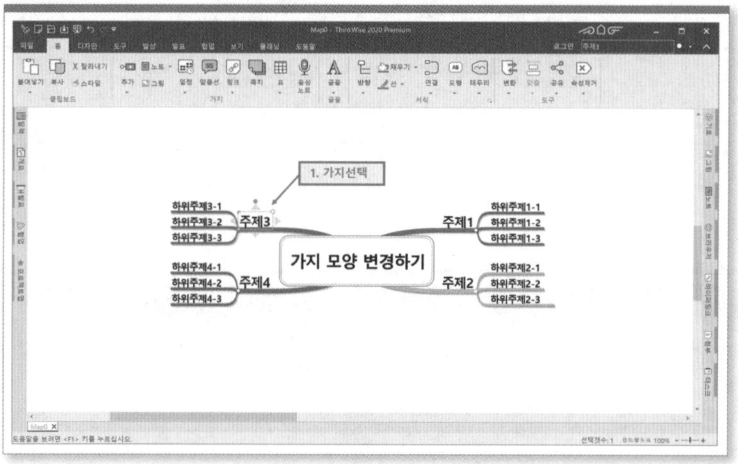

② 선택된 가지 테두리의 가운데 '**네모 조점(ㅁ)**'에 마우스 포인터를 올려놓습니다.

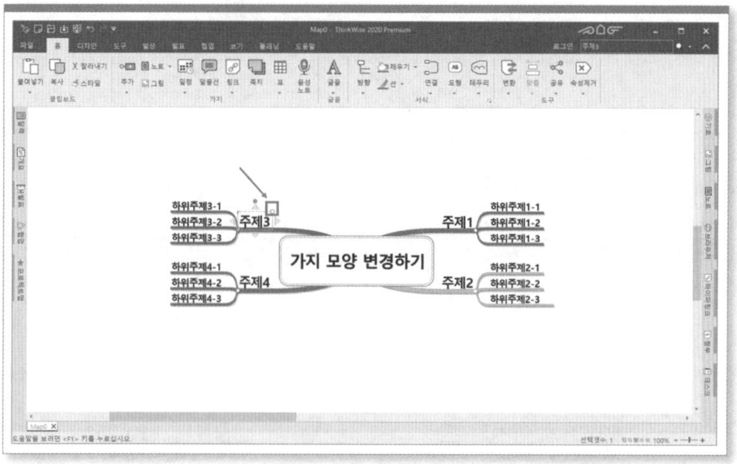

③ 단축 메뉴가 활성화되면 원하는 가지모양 클릭합니다.

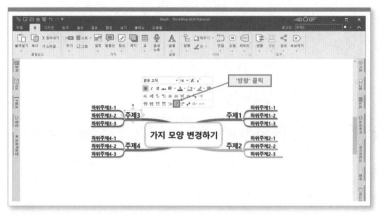

④ 선택한 가지의 가지모양이 변경된 것을 확인 수 있습니다.

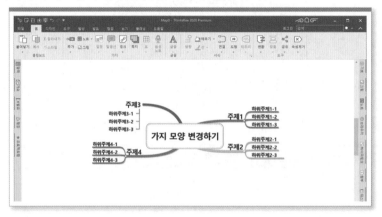

⑤ 또는 목록상자를 열어 원하는 가지를 선택합니.

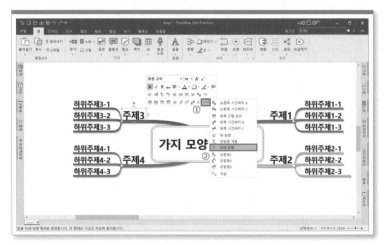

노트창을 활용하여 설명 입력하기 (문장으로 기록기)

가지에 입력한 주제에 대한 상세정보를 기록하고자 할 때 노트창을 이용합니다. 노트창을 이용하면 문서 작성 시 생각나는 내용을 더욱 구체적으로 빠르게 적을 수 있으며 작성 후 추가적으로 발생하는 정보를 기록하는데도 매우 유용합니다. 노트의 내용은 노트 창 열기를 하거나 노트가 삽입된 가지의 노트 아이콘을 클릭하면 볼 수 있고 맵의 내용과 함께 텍스트 형태로 인쇄할 수 있습니다.

■ 노트 입력하기

맵 문서의 모든 가지에는 노트를 입력할 수 있으며 언제든지 노트를 열어보거나 수정할 수 있습니다.

① 노트를 입력하고자 하는 가지를 선택합니다.

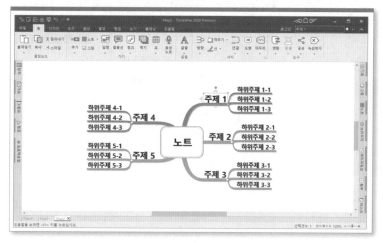

② [홈] 탭의 [가지] 그룹에서 [노트] 메를 실행하거나 키보드의 [F3]을 누릅니다. 또는 화면 오른쪽 작업 창 중 [노트창]을 실행합니다.
③ 화면 오른쪽에 노트창이 열리면 선택한 가지에 대한 상세 내용을 입력합니다.

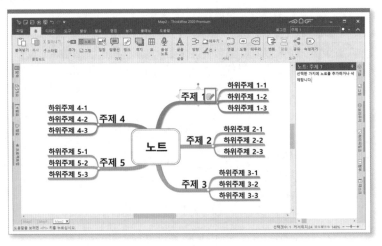

④ 입력이 완료되면 맵 문서로 돌아와 바탕화면을 마우스 한번 클릭합니다.

⑤ 노트입력이 완료되고 가지의 글자 옆에 아이콘이 생성되어 이 가지에 노트가 기록되어 있음을 알려줍니다.

■ 노트보기

노트창은 사용자가 원하면 언제든지 볼 수 있으며, 또한 편집할 수 있습니다.

① 노트를 보려면 가지에 추가된 📑노트 아이콘을 마우스로 선택합니다.

또는 노트가 입력된 가지를 마우스로 선택한 후 키보드의 [F3]을 누르면 노트창이 활성화됩니다.

책 속의 깨알 팁
씽크와이즈 무작정 따라하기

자료연결(하이퍼링크)

업무 맵 또는 수업 맵을 작성하였다면 맵 문서의 가지에 여러 가지 형식의 파일을 연결할 수 있습니다.

연결이 가능한 파일은 사용자의 컴퓨터에 있는 모든 파일로 맵 문서와 한글, 워드, 엑셀, 파워포인트뿐만 아니라 이미지 파일, 동영상 파일 등이 가능하며, 폴더와 인터넷주소, 전자메일주소까지도 링크가 가능합니다. 링크된 파일은 언제든지 마우스 클릭만으로 열어서 볼 수 있습니다.

한 개의 가지에 링크할 수 있는 항목의 개수에 제한이 없으므로 흩어진 자료를 링크하여 관리해보세요.

■ 하이퍼링크 – 파일 연결하기

가지에 한 개 혹은 여러 개 파일(맵 문서 파일, 다른 프로그램 파일, 웹 페이지, 전자메일)을 연결할 수 있습니다.

① 링크를 설정할 가지를 선택합니다.

② [홈] 탭의 [가지] 그룹에서 링크 메뉴의 화살표 '▼' 를 클릭하여 '**하이퍼링크**' 메뉴를 선택합니다.

③ 또는 가지를 마우스 오른쪽 버튼으로 눌러 하이퍼링크 메뉴를 행합니다.

④ 하이퍼링크창이 실행되면 추가 그룹의 파일 버튼을 누릅니다.

⑤ 내 컴퓨터에서 링크할 파일을 선택하고 열기를 누릅니다.

⑥ 선택한 파일이 하이퍼링크창에 등록되고 링크 주소, 설명 그리고 경가 표기된 것을 볼 수 있습니다.

⑦ 다른 파일을 추가로 등록하려면 하이퍼링크창 파일 버튼을 다시 누르고링크하고자 하는 파일을 선택하면 됩니다. 하이퍼링크는 개수에 제한 없이 등록이 가능합니다.

⑧ 하이퍼링크창 오른쪽 상단 [열기]를 클릭합니다.

⑨ 선택한 가지의 글자 옆에 하이퍼링크 아이콘이 추가된 것을 확인할 수 있습니다.

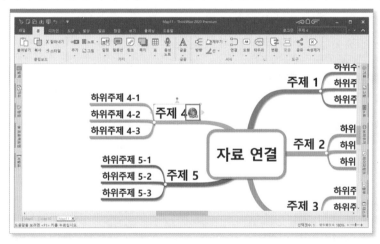

■ 하이퍼링크 - 파일을 드레그하여 연결하기

윈도우 탐색기를 실행하여 하이퍼크를 하고자 하는 다수의 파일, 폴더를 선택한 후 드레그하여 링크를 설정할 가지 위에서 마우스 버튼을 놓으면, 해당 가지에 한 번에 여러 개의 파일, 폴더를 링크할 수 있습니다.

Tip2. 수업 맵에 유튜브 영상, 웹사이트 연결(링크)하기

웹페이지, 유튜브 영상 링크

유튜브 등 다양한 매체의 발달로 우리가 수업에 활용하는 콘텐츠 또한 그 종류가 다양해지고 있습니다.

위에서 우리는 내 컴퓨터에 있는 파일을 링크하는 방법에 대해 배웠다면, 각종 웹사이트에 있는 다양한 미디어 자료들을 수업 맵에 링크하는 방법을 배워보겠습니다.

■ 웹사이트 링크하기

유튜브, 위피키디아 등 자주 접속하는 사이트 정보를 맵의 가지에 직접 연결할 수 있습니다.

① 맵의 가지에 연결하고 싶은 웹사이트에 접속합니다.

② 웹사이트 주소 앞에 있는 표시 부분을 마우스로 클릭하여 드레그합니다.

③ 링크를 연결할 가지 위에서 마우스를 놓습니다.

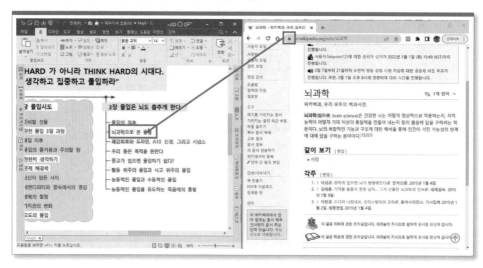

④ 지구본 모양의 하이퍼링크가 생성된 것을 볼 수 있으며 클릭 시 언제든 해당 웹이트에 접속할 수 있습니다.

⑤ 동일한 가지에 여러 개의 사이트를 같은 방법으로 연결할 수 있으며 2개 이상의 하이퍼링크 가 설정된 경우 하이퍼링크 아이콘을 클릭 시 실행하고자 하는 사이트를 선택하여 실행할 수 있습니다.

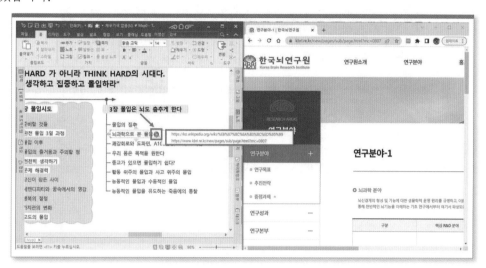

씽크와이즈를 이용하여 Cloud(라우드), Collaboration(협업), Communication(소통) 기능을 가진 클라우드 기반의 협업 서비스로 학생들과 맵 문서를 공동으로 편집하면서 프로젝트 수업 운영이 가능합니다.

협업개설

씽크와이즈를 이용하여 협업 서비스를 사용하려면 씽크와이즈 홈페이지에 회원가입이 필요합니다.
협업은 별도의 협업 서비스 페이지로 접속하여 사용이 가능하며 반드시 인터넷(전용서버 사용자는 인트라넷) 연결이 필요합니다.

■ 새 문서를 이용한 협업개설

① [협업] 탭의 [세션] 그룹에서 [개설] 메뉴를 선택합니다.

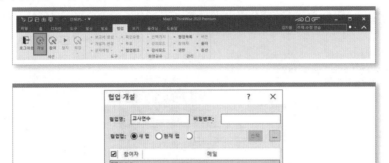

② 개설할 협업이 내 PC에 저장된 파일을 이용하여 협업을 개설할 것인지 새문서를 용 협업할 것인지 선택할 수 있습니다(여기서는 내 PC에 저장된 파일을 이용하는 것보다 새문서를 만들어서 협업을 실행하도록 하겠습니다).

③ 협업 명에 개설하고자 하는 협업 명을 적어 줍니다. 비밀번호는 선택사항입니다.

④ 협업에 초대할 사람은 참여자 메뉴에서 초대할 수 있습니다. [참여자추가/편집]을 눌러 참여자를 선택하거나 [추가] 버튼을 클릭하면 참여자 정보를 추가하세요.

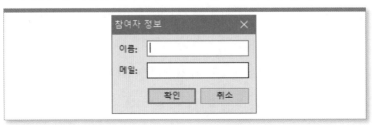

⑤ 초대 인원이 많은 경우 엑셀의 csv 형식을 이용하여 다수의 인원을 한 번에 초대할 수 습니다(씽크와이즈 홈페이지에 접속하여 마이 페이지에서 주소록 메뉴를 이용하세요).

⑥ **[개설]** 버튼을 클릭하면 등록된 이메일로 초대 메일이 발송됩니다.

⑦ 참여자는 도착한 이메일을 확인하여 [진행]을 누릅니다. 이때 씽크와이즈 정품 또는 체험판이 설치된 경우라면 [즉시 참여]를, 아직 설치된 프로그램이 없는 경우 [설치 후 참여]를 눌러 개설자가 초대한 협업에 참여할 수 있습니다.

■ 컴퓨터에 저장된 맵 문서 이용한 협업개설

① **[협업]** 탭의 **[세션]** 그룹에서 **[개설]** 메뉴 선택합니다.

② 협업 개설창이 실행됩니다.

③ 현재 열린 맵 문서로 협업을 개설하려면 '**현재 맵**', 다른 경로에 저장된 맵 문서로 협업을 개설하려면 '선택'을 클릭하여 맵을 선택합니다.

④ 맵 문서 선택 후의 절차는 위에서 설명한 '**새 문서를 이용한 개설**'과 동일합니다.

⑤ 참여자를 선택하고 하단의 '**개설**'버튼을 클릭해서 협업을 개설합니다.

협업참여

협업에 참여하려면 직접 협업을 개설하거나 다른 개설자에 의해 초대(이메일 또는 협업접속링크)를 받아야 합니다.

■ 개설자의 협업 참여

① 왼쪽 협업창의 **[협업목록]** 탭을 클릭합니다. '**내가 개설**'과 '**초대받은**' 목록이 실행됩니다.

② 접속할 협업 문서명을 선택하고 **[참여]** 버튼을 누릅니다.

③ 협업에 참여하기 위해 협업방의 정보가 확인되고 협업이 시작됩니다.

④ 화면 왼쪽 협업 리스트는, 초대한 참자가 비활성화된 상태로 표시되고, 초대받은 참석자가 협업에 접속하면 참석자의 아이콘이 파란색으로 활성화됩니다.

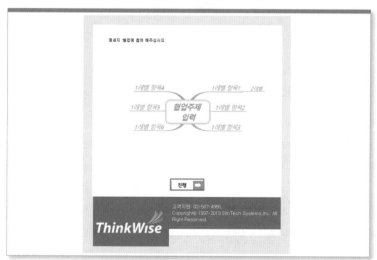

■ 초대받은 사람의 협업참여

협업참여 방법은 협업 개설자가 지정한 방법에 따라 이메일로 참여하기, 초대받은 협업에 참여하기, 협업접속링크로 참여하기가 가능합니다.

■ 이메일을 통한 협업참여 방법

① 협업참여자는 협업 개설자로부터 수신한 이메일의 [진행] 버튼을 클릭합니다.

② 협업초대 페이지가 열리면, 씽크와이즈가 설치되어 있는 참여자라면 '즉시참여' 버튼을 씽크와이즈설치가 되어 있지 않 설치가 필요한 참여자라면 '설치 후 참여'버튼을 클릭합니다.

③ 씽크와이즈가 실행되며 맵이 화면에 나타납니다.

④ 협업리스트에 개설자(M)와 참여자가 활성화되고, 아직 참여하지 않은 사람은 비활성화되어 보입니다.

■ 접속링크를 이용한 협업 참여

■ 협업접속 링크 생성

① 협업에 접속 가능한 링크를 생성하여 쉽게 누구든 협업에 접속하도록 초대할 수 있습니다. 협업을 개설 한 후 상단의 [협업링크]를 누르면 협업에 접속 가능한 인터넷 주소가 생성됩니다.

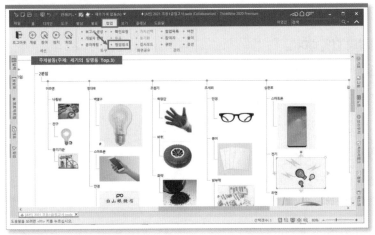

② 링크가 생성되면 [확인]을 누른 후 메신저 대화창에 붙여넣기 시 주소가 자동으로 입력됩니다. 이렇게 전달된 소를 클릭하여 협업에 접속하기 위해서는 씽크와이즈 정품 또는 체험판이 참여자의 컴퓨터에 설치되어 있어야 합니다.

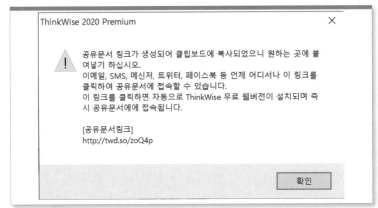

가지 전달 링크

내가 작성한 맵 문서의 일부 가지를 다른 사람에게 URL을 통해 전달하는 기능입니다. 해당 링크
로 접속 시 받은 사람들은 씽크와이즈가 없어도 바로 가지를 생성할 수 있습니다. 씽크와이즈
가 없는 사람들의 의견을 간단하게 취합할 수 있습니다.

① 전달할 가지를 선택합니다.

② **[도구]** 탭의 **[공유]** 그룹에서 '**가지전달 링크**' 메뉴의 '**링크생성**'을 선택합니다.

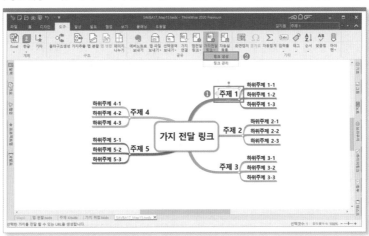

③ '**가지 전달 링크생성**' 대화상자에서 옵션을 설정 후 **[확인]** 버튼을 클릭합니다. **[확인]**을 클릭
하면 가지전달을 위한 링크가 립보드에 저장됩니다. 저장된 링크를 보내는 프로그램에 붙여
넣기하여 사용할 수 있습니다.

❶ 메시지 : 가지와 함께 전달할 메시지를 입력합니다.

❷ 전달범위 : 가지의 전달 범위를 설정합니다.

❸ 맵에 반영 시 작성자 표시 : 맵에 반영 시 작성자 표시 유무를 결정합니다.

④ '**가지전달 링크를 클립보드에 저장했습니다.**' 메시지 창을 확인 후 카카오톡으로 바로 전달
하려면 '**예**'를, 링크를 다른 매체로 전달하려 할 때는 '**아니오**'를 클릭합니다.

⑤ 전달할 가지에 아이콘이 생성된 것을 확인할 수 있습니다.

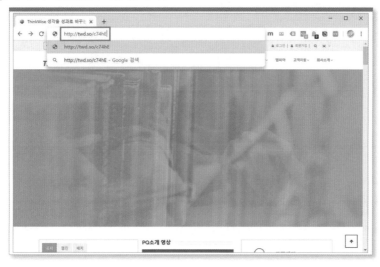

⑥ 클립보드에 복사된 링크를 웹브라우저를 실행시켜 주소 입력창에 복사한 주소를 붙여넣기 (Ctrl+V)하여 가지전달로 이동합니다.

⑦ 가지전달 입력창이 실행되면 내용을 추가하고자 하는 가지를 선택 후 가지에 화면 하단의 입력창에 이름과 추가할 내용을 입력하고 Enter↵를 클릭거나 [추가] 버튼을 클릭합니다. 내용이 추가된 것을 확인할 수 있습니다.

❶ 내용을 추가할 가지를 선택합니다.

❷ 작성자의 이름을 입력합니다.

❸ 전달할 내용을 입력합니다.

❹ 남은 배포 시간을 표시합니다.

⑧ 선택된 가지에 이미지를 추가할 수 있습니다. 이미지를 추가하고자 하는 가지를 선택 후 카메라 아이콘(📷)을 클릭합니다.

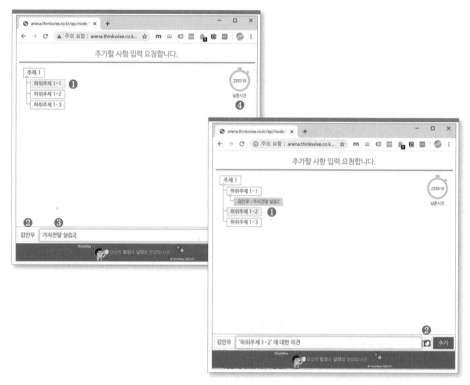

⑨ '업로드할 파일 선택' 대화상자가 나오면 가지에 추가하고자 하는 파일을 선택 후 [열기] 버튼을 클릭합니다.

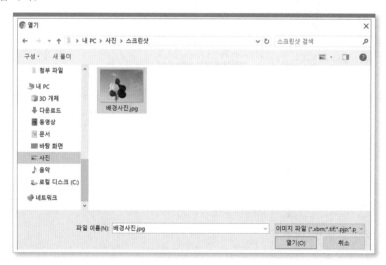

⑩ '**사진첨부 성공**'메시 창이 뜨면 [**확인**] 버튼을 클릭합니다.

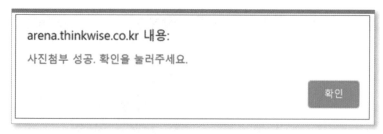

⑪ 선택한 가지에 이미지가 추가된 것을 확인할 수 있습니다.

⑫ 추가된 가지의 내용을 맵에 반영하기 위하여 가지전달 속성을 가진 가지를 선 후 가지전달 아이콘(📷)을 클릭합니다.

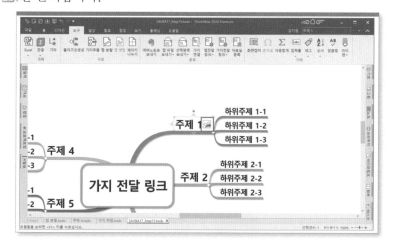

⑬ 선택된 가지 내용이 반영된 것을 확인할 수 있습니다.

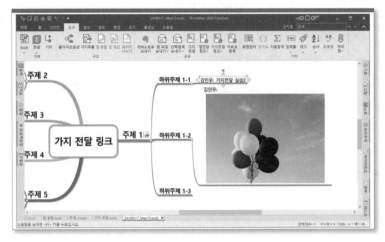

지금까지 책 속의 깨알 팁! 씽크와이즈 무작정 따라하기 4가지 방법을 배웠습니다. 이밖에도 다양한 활용팁과 유용한 활용정보를 얻으려면 씽크와이를 검색하세요.

저자의 사례발표 영상보기

[인천시교육청 – 디지털 맵 씽크와이즈 활용사례 나눔연수]

발표1 손글씨가 오가는 쌍방향 국어 수업
정현아
https://youtu.be/MeVQVjotc5I
[비공개 요청 영상]

발표6 신규 교사에게 알려주는 학교생활
노하우 맵 구성 이수운
https://youtu.be/FbwOg5eB4cc

발표2 디지털 맵 노트 활용 과학수업
박인숙
https://youtu.be/73mFyQ_UsDg

발표7 특수교사의 일 년 업무 정리
이소라
https://youtu.be/X39C3W1Sc7Y

발표3 중학교 사회과 성취기준 재구조화
강수정
https://youtu.be/gG5xCOddZ0A

발표8 새내기 진로진학교사의 업무 익히기
김진경
https://youtu.be/YjbuanxisoQ

발표4 영어 기초학력 지도를 위한 맵 구성
문희연
https://youtu.be/WkwosKqNRmE

발표9 교육과정 부장의 한 달 엿보기
정영미
https://youtu.be/fCapseDb5q0

발표5 씽크와이즈로 정리한 고등학교 과학
동아리 운영 유소연
https://youtu.be/bUuToXII_IA

씽크와이즈 사례집

씽크와이즈가 학교를 만났을 때
_____

초판 1쇄 발행일 | 2022년 3월 11일

지은이　　| 강수정, 문희연, 김진경, 이소라, 이수운, 강영진
　　　　　　권예선, 유소연, 박인숙, 정현아, 정영미, 박혜진
펴낸곳　　| 북마크
펴낸이　　| 정기국
디자인　　| 서용석
관리　　　| 안영미

주소　　　| 서울특별시 동대문구 무학로45길 57 명승빌딩 4층
전화　　　| (02) 325-3691
팩스　　　| (02) 6442 3690
등록　　　| 제 303-2005-34호(2005.8.30)

ISBN　　 | ISBN 979-11-85846-96-5 13000
값　　　　| 18,000원